本书系2020年国家社科基金青年项目
"《冰心日记》疏证"
(20CZW038)阶段性成果

# 《冰心日记》研究

刘嵘 著

中国社会科学出版社

## 图书在版编目(CIP)数据

《冰心日记》研究/刘嵘著.—北京：中国社会科学出版社，2023.8
ISBN 978-7-5227-2581-9

Ⅰ.①冰… Ⅱ.①刘… Ⅲ.①冰心(1900-1999)—日记—研究 Ⅳ.①K825.6

中国国家版本馆 CIP 数据核字(2023)第 169214 号

| | |
|---|---|
| 出 版 人 | 赵剑英 |
| 责任编辑 | 杨　康 |
| 责任校对 | 彭敬彦 |
| 责任印制 | 戴　宽 |

| | |
|---|---|
| 出　　版 | 中国社会科学出版社 |
| 社　　址 | 北京鼓楼西大街甲 158 号 |
| 邮　　编 | 100720 |
| 网　　址 | http://www.csspw.cn |
| 发 行 部 | 010-84083685 |
| 门 市 部 | 010-84029450 |
| 经　　销 | 新华书店及其他书店 |
| 印　　刷 | 北京明恒达印务有限公司 |
| 装　　订 | 廊坊市广阳区广增装订厂 |
| 版　　次 | 2023 年 8 月第 1 版 |
| 印　　次 | 2023 年 8 月第 1 次印刷 |
| 开　　本 | 710×1000  1/16 |
| 印　　张 | 20 |
| 插　　页 | 2 |
| 字　　数 | 291 千字 |
| 定　　价 | 109.00 元 |

凡购买中国社会科学出版社图书，如有质量问题请与本社营销中心联系调换
电话：010-84083683
版权所有　侵权必究

# 序　言

李　玲

冰心（1900—1999）是五四时期登上文坛、终身笔耕不辍的文学大家。青年冰心以"爱的哲学"和"冰心体"的文体风格闻名于世。[①]她早年的小说《两个家庭》《超人》、散文《笑》《寄小读者》《往事》、诗歌《繁星》《春水》，是中国新文学史上脍炙人口的名篇。郁达夫1936年引用雪莱吟咏云雀的诗句："是初生的欢喜的化身，是光天化日之下的星辰……"，认为这"一字不易地用在冰心女士的散文批评之上，我想是最适当也没有的事情"。三四十年代，冰心小说《相片》《我们太太的客厅》以及以"男士"为笔名创作的系列小说"关于女人"，六十年代，冰心的散文《樱花赞》《一只木屐》等，皆真挚优美典雅，是那个年代的空谷幽兰。晚年冰心又以"童年杂忆""关于男人"等系列回忆性散文和《我请求》《无士则如何》等杂感，完成了一次风格上的转型。

冰心一生70多年的文学创作，有两个方面是不变的，一个是主题以爱为中心，另一个是字里行间总表现着作者人格的高洁无染。也有两个方面是变化的，一个是文体方面，早期和中期多为抒情散文，晚年则以杂感和回忆录为主；另一个是语言风格，早期和中期散文偏于

---

[①] 黄英（阿英）1931年在《现代中国女作家》（北新书局1931年版）一书中首次以"爱的哲学"和"冰心体"概括冰心的文学贡献，而后这个说法受到广泛认同。

## 序　言

清丽典雅，有着"鸭梨儿"的"清脆"，[①] 晚年则洗练通脱，时有锋芒显露。冰心创作中这些变与不变的因素，也交织映现在她那些作为私人写作的当代日记中。

冰心经典作品的研究，历经百年，已经比较充分；而关于冰心日记、书信的整理和研究，则还处在初始阶段。刘嵘博士继冰心文学馆原馆长王炳根先生之后对冰心日记展开了细致深入的研究，这本《〈冰心日记〉研究》专著，和王炳根论文及其长篇传记《玫瑰的盛开与凋谢——冰心与吴文藻》的相关章节，共同填补了冰心日记研究领域的空白，也打开了冰心生平研究、冰心私人言说与公开作品互证研究的广阔空间，同时还从一个角度丰富了中国当代知识分子精神世界的研究。

关于冰心日记，还请读者看本书的详细阐释，我则简要概述一下我所理解的冰心文学创作特色，为本书的阅读提供一个铺垫，也以此向从事冰心日记研究的青年才俊致敬。

### 一　万全之爱与乐夫天命

冰心的"爱的哲学"有形而上思考与现实人生关怀两个层面。

时光永恒、人生有限，人常常难免为生命的短暂感到无奈和惶恐。在对生命作形而上思考的时候，青年冰心以"万全之爱"来抵御终极的虚无。在散文《"无限之生"的界线》中，冰心借人物之口表明死亡不过是生命"越过了'无限之生的界线'"罢了。想象中，死去的宛因[②]对活着的冰心说："我同你依旧是一样的活着，不过你是在界线的这一边，我是在界线的那一边，精神上依旧是结合的。不但我和你是结合的，我们和宇宙间的万物，也是结合的。"青年冰心在有差别

---

[①] 周作人："据我个人的愚见，志摩可以与冰心女士归在一派，仿佛是鸭儿梨的样子，流丽清脆，在白话的基础上加入古文方言欧化种种成分，使引车卖浆之徒的话进而为一种富有表现力的文章，这就是单从文体变迁上讲也是很大的贡献了。"（《志摩纪念》，《新月》1933 年第 4 卷第 1 期）

[②] 冰心本名婉莹的谐音。

的生命中看到了生死之间、万物之间的内在统一性，由此超越死亡给生命带来的恐惧，甚至赋予死亡以一层宁静的诗意美，并且在思辨中给孤独的个体生命带来宇宙大家庭的融融暖意。在《往事（一）之二十》中，青年冰心想象中的死亡是"葬在海波深处"，"在神灵上下，鱼龙竞逐，珊瑚玉树交枝回绕的渊底，垂目长眠"，"从此穆然，超然"。在这空灵无迹的浪漫想象中，死亡意境有着生的灵动，却没有尘世的芜杂，从而实现了生命在凡间难以企及的超然、静穆。

晚年冰心，不再构建死是生之延续的浪漫图景，而是坦然接受生命必然会终结的真相，在生死问题上展现出旷达、幽默的智慧。88岁时，冰心在病痛的困扰中，想起老子《道德经》中的句子："吾有大患，为吾有身；及吾无身，吾有何患"，展示出对躯壳不执念的通脱态度。（《病榻呓语》）她受孔子"骂"原壤"老而不死是为贼"的启发，请人刻了一枚"是为贼"的闲章，嘲弄自己的长寿。（《一颗没人肯刻的图章》）到91岁高龄，她依然既保持着生活的热忱，又了无牵挂地坦然直面随时可能到来的死亡。她说："我自己从来没觉得'老'，一天又一天忙忙碌碌地过去，但我毕竟是九十多岁的人了，说不定哪一天就忽然死去。至圣先师孔子说过：'自古皆有死'，我现在是毫无牵挂地学陶渊明那样'聊乘化以归尽，乐夫天命复奚疑'。"（《我从来没觉得老》）

## 二 母爱、儿童之爱和自然之爱

在现实关怀层面上，冰心终身都是母爱、儿童之爱和自然之爱的歌者，尽管它们的内涵在不同时期有所变化。

歌唱母爱，青年冰心首先是从女儿的角度、以感恩的心情，把母爱理解为遮挡人生风雨的精神庇护所。在《寄小读者·通讯十三》中，她说"写到'母亲'两个字在纸上时，我无主的心，已有了着落。"从个人所感受的母爱温暖出发，冰心又将母爱演绎出为整个世界的精神动力。她说："'母亲的爱'打千百转身，在世上幻出人和人，人和万物种种一切的互助和同情。这如火如荼的爱力，使这疲缓

## 序　言

的人世，一步一步的移向光明！"（《寄小读者·通讯十二》）。正是循着这个母爱济世的思路，中年冰心赋予了母爱以承担维持人类正义、反对侵略战争的历史使命，1946年她在《给日本的女性》的散文中说："全人类的母亲，全世界的女性，应当起来了！我们不能推诿我们的过失，不能逃避我们的责任，在信仰我们的儿女，抬头请示我们的时候，我们是否以大无畏的精神，凛然告诉他们说，战争是不道德的，仇恨是无终止的，暴力和侵略，终久是失败的？"

写作《寄小读者》时期，冰心不过是一个二十出头的青年女子，自己还无限留恋真率无伪的童年时代，也希望小朋友们能顺利走过成长时期。她把自己感受到美好事物叙说出来与小朋友共享。她对小读者说："我是你们天真队里的一个落伍者——然而有一件事，是我常常自傲的：就是我此前也曾是一个小孩子。为着要保守这一点天真直到我转入另一世界为止，我恳切的希望你们帮助我，提携我，我自己也要永远勉励着，做你们的一个最热情最忠实的朋友！"早年冰心不是站在一个优于儿童的位置上居高临下地以师长面目去教训儿童，而是以平等的态度、用自己热情诚恳的心去与儿童交朋友。晚年冰心则以慈爱的母性心怀把闹嚷嚷的孩子们看作"关不住的小天使"，建议人们春游的时候"只拣儿童多处行"（《只拣儿童多处行》）。

自然事物在冰心的眼中，总显得格外清新优美。碎雪、微雨、明月、星辰，都是冰心所爱，但最打动她心怀的，则是自幼看惯了的山东芝罘岛边的大海。《山中杂记·（七）说几句爱海的孩气的话》中，她列举了海比山强的种种理由之后，甚至极端地宣布："假如我犯了天条，赐我自杀，我也愿投海，不愿坠崖！"从海中，她看到的是"海阔天空"的境界，是"庄严淡远"的意味，以及"海上生明月，天涯共此时"的"妩媚、遥远、璀璨"。海对冰心而言，不仅是富有美感的客观景物，而且能够滋养性情、启迪人生。在《往事·十四》中，她对弟弟们说，"我希望我们都作个'海化'的青年"，因为"海是温柔而沉静"，"海是超绝而威严"，"海是神秘而有容，也是虚怀，也是广博……"。美国波士顿郊外雪中的沙穰青山，在冰心的感受中，

"只能说是似娟娟的静女,虽是照人的明艳,却也不飞扬妖冶;是低眉垂袖,缨络矜严"。(《往事(二)之三》)晚年,玫瑰的浓香、桂花的幽香、君子兰的静雅气质仍然滋润着冰心的心田,(《话说君子兰》)而梦中那"清脆吟唱着极其动听的调子"的小翠鸟,更是90岁冰心美丽心灵的外化。(《我梦中的小翠鸟》)

### 三 针砭现实与怀人忆旧

冰心并非是一个没有锋芒的人。1923年在东京的游就馆中看到中日战胜纪念品和战争图画,她说:"我心中军人之血,如泉怒沸。"她进而阐释自己的愤怒是基于对正义的维护,而不是出于弱者的怨恨。她说:"我心中虽丰富的带着军人之血,而我常是喜爱日本人,我从来不存有什么屈辱与仇视。只是为着'正义',我对于以人类欺压人类的事,我似乎不能忍受!"(《寄小读者·通讯十八》)冰心既有强烈的正义感、浓厚的家国情怀,又有超越种族、阶层、性别的人类爱精神。战后在日本,她更是把对日本人民的同情、热爱与对日本军国主义的否定融为一体两面的态度。改革开放后,她盼望中国社会能健康发展,尤为关注教育问题,写了《我请求》《我感谢》《无士则如何》等杂感为知识分子尤其是教师群体待遇低的问题大声疾呼。她说:"我只希望领导者和领导部门谛听一下普通群众、普通知识分子的心声,更要重视'无士'的严重而深远的后果。"(《无士则如何》)

冰心早年虽也有一些怀人忆旧的散文,如1936年创作的《记萨镇冰先生》就生动地刻画了一个清简自律、体恤下属而又文雅倜傥的海军将领形象,但是冰心大量的自传和怀人散文则写于1978年以后。晚年冰心,"回忆像初融的春水,涌溢奔流"。她在自传中记述了福州谢家祖父宽厚有威、兄弟姐妹和谐有趣的大家庭生活场景,也描绘了童年在烟台海边做父亲的野孩子的性别越界经历,还回忆了初入贝满女子中学、再进协和女子大学、而后又合校到燕京大学、毕业后再到美国威尔斯利女子大学读研究生的求学经历,梳理了自己在五四运动中的成长历程。她认为:"我比较是没有受过感情上摧残的人,我就能

## 序　言

够经受身外的一切。"(《童年杂忆》)怀念故交知己，冰心总是从品格和性情两方面切入，既概述人物的总体特点，也记叙某些有趣的生活细节。她既怀想自己的祖父、父母、舅舅、兄弟，也纪念吴雷川、司徒雷登、吴贻芳、老舍、孙立人、林巧稚、梁实秋这些文化人的嘉言懿行，还记取富奶奶等平凡人的高尚品质。《老舍与孩子们》中，第一次见面，"一转身看见老舍已经和我的三岁的儿子，头顶头地跪在地上，找一只狗熊呢"。《记富奶奶——一个高尚的人》中，她深情记述了抗战贫病交加的艰难岁月中，富奶奶与她一家相濡以沫的动人故事。

### 结　语

"爱在右，同情在左，走在生命路的两旁，随时播种，随时开花，将这一径长途点缀得香花迷漫，使穿枝拂叶的行人踏着荆棘，不觉得痛苦，有泪可掉，也不是悲凉。"(《寄小读者·通讯十九》)冰心在散文中展示出的圣洁的济世爱心，曾经温暖了无数在人生跋涉中感到孤寂的男女，引导人性往善良友爱的方向发展。1931年沈从文曾说："冰心女士的作品，以一种奇迹的模样出现，生着翅膀，飞到青年男女的心上去，成为无数欢乐的恩物。"[1] 冰心的爱的文学，仍然是21世纪人类不可或缺的精神资源。

冰心文学创作的经典性，奠定了冰心日记研究的意义前提。冰心日记，又自有深化冰心文学研究的价值。刘嵘的冰心日记研究有如下四个特点值得关注：

第一，第一手资料严谨真实。刘嵘在王炳根先生的带领下一起录入、注释冰心日记。他们遵循"整理时只做标点、断句、分段，文字一律保持原貌"[2]的原则，这最大限度保证了历史文献的真实性，展示了整理者尊重历史原貌的科学态度。

---

[1] 沈从文：《论中国创作小说》，《文艺月刊》1931年第2卷第4期。
[2] 王炳根：《冰心日记·后记》，载冰心著、王炳根编《冰心日记》，作家出版社2018年版，第475页。

第二，日记研究扎实深入。本书上编，刘嵘从国际交流状况、国内经济建设、国内文化建设、冰心个人生活四个方面多层次地归纳冰心日记的史料内涵，又将它与冰心创作展开细致的对照研究，从而深入地阐发了冰心日记的价值，深化了冰心史料的研究。

第三，学术视野宽广。本书下编，刘嵘把冰心日记放在当代作家日记比较研究的广阔背景中，从文体风格和日记内容等多方面展开对比阐释，不仅鲜明地揭示出冰心的个性气质和文风特点，也把作为比较对象的茅盾、周作人、叶圣陶等人在日记中所呈现出的个性特点勾勒得十分生动明晰。

第四，语言明白晓畅。这是一本规范的学术专著，却又不晦涩枯燥，语言相当简洁流利。这也展示了刘嵘良好的文风和优秀的汉语写作能力。

总之，这是一本扎实有益的学术著作。它承载了青年才俊刘嵘博士的慧心。

2023 年 4 月 3 日

北京五道口

# 目 录

## 上编 《冰心日记》中的史料

绪论 …………………………………………………………（3）

**第一章 关于国际交流状况的史料** ……………………（11）
 第一节 国外访问日记的内容概况 ……………………（11）
 第二节 日记中有关国际会议的史料 …………………（16）
 第三节 日记中有关国际关系的史料 …………………（35）

**第二章 关于国内经济建设的史料** ……………………（52）
 第一节 日记中有关农业建设的史料 …………………（52）
 第二节 日记中有关手工业建设的史料 ………………（70）
 第三节 日记中有关重工业建设的史料 ………………（81）

**第三章 关于国内文化建设的史料** ……………………（87）
 第一节 日记中有关文化交流活动的史料 ……………（87）
 第二节 日记中有关文化考察活动的史料 ……………（98）

**第四章 关于冰心个人生活的史料** ……………………（113）
 第一节 日记中有关冰心身体状况的史料 ……………（114）

· 1 ·

## 目　录

第二节　日记中有关冰心文学创作的史料 …………………… (117)

第三节　日记中有关冰心参加社会生活的史料 ………………… (133)

第四节　日记中有关冰心阅读生活的史料 ……………………… (139)

**结语** ……………………………………………………………… (150)

# 下编　冰心与同时代作家日记的互文研究

**绪论** ……………………………………………………………… (155)

## 第一章　作家日记概况 …………………………………… (157)
第一节　作家日记的出版情况 …………………………………… (157)

第二节　作家的日记态度 ………………………………………… (159)

第三节　作家日记研究现状 ……………………………………… (166)

## 第二章　日记的文体风格 ………………………………… (174)
第一节　文白相夹的语言特点 …………………………………… (174)

第二节　叙议结合的体例特点 …………………………………… (192)

第三节　真实与隐晦相结合的表达特点 ………………………… (202)

第四节　集体主语与朴素平实的风格特点 ……………………… (214)

## 第三章　日记中的家庭生活 ……………………………… (221)
第一节　作家与父母辈的关系 …………………………………… (226)

第二节　作家与同辈的关系 ……………………………………… (232)

第三节　作家与晚辈的关系 ……………………………………… (236)

## 第四章　日记中的劳动生活 ……………………………… (242)
第一节　日记中的劳动人民形象 ………………………………… (243)

第二节　日记中的劳动人民生活 …………………………（254）
　　第三节　日记中的劳动观念 ………………………………（263）

第五章　日记中的文学生活 ……………………………………（270）
　　第一节　作家的文学观念 …………………………………（270）
　　第二节　作家的文学风格 …………………………………（277）

结语 ………………………………………………………………（292）

参考文献 …………………………………………………………（295）

后记 ………………………………………………………………（304）

# 上 编

# 《冰心日记》中的史料

# 绪　　论

"文坛祖母"冰心笔耕70余载，小说、散文、诗歌创作丰富，文笔清丽、语言优美，为中国现当代文学留下了丰富的精神财富。2004年，在冰心逝世五周年之际，冰心家人共同商定，将冰心生前在中央民族大学教授楼34单元中的遗物，全部捐赠给冰心文学馆，其中包括冰心20世纪50—70年代之间的23本笔记本（笔记本中穿插记录着冰心的笔记、日记）。2017年，冰心家人又捐出冰心晚年的三本日记。2006年，中国现代文学馆举行了"冰心佚文与遗稿发布会"，公布了"大量未收入《冰心全集》的书信、日记、笔记和家庭账本等遗稿"[①]。

笔者在博士导师李玲老师的推荐下，在冰心家人陈恕老师、吴青老师和冰心文学馆原馆长王炳根老师以及文学馆其他老师的支持下，于2016—2017年参与了《冰心日记》的编纂整理工作，阅读了现发现的冰心的日记及笔记手稿。在此期间，王炳根将出版冰心日记的想法告诉了冰心版权的授权人——冰心女儿吴青、女婿陈恕，并得到了两位老师的授权。整理冰心日记期间，笔者与冰心的家人多有联系，得到冰心家人的指导和关怀。能够接触冰心的日记手稿，看到带有历史沧桑感的第一手文献史料，笔者心存感恩和敬畏，深感冰心日记整理与研究的必要。《冰心日记》已于2018年1月出版，内容包括"冰心日记"及"家庭账本"两部分。本书研究和探讨的是《冰心日记》中

---

[①] 王炳根：《冰心日记刍议》，《中华读书报》2017年5月24日第9版。

上编 《冰心日记》中的史料

的"冰心日记"部分(下文称为《冰心日记》)。《冰心日记》是根据冰心的手稿整理而成,具有很强的史料性。《冰心日记》出版后,受到新闻媒体的关注,中国社会科学网、中国作家网、凤凰网、《中华读书报》、《光明日报》、《人民代表报》、《文学报》、《文艺报》等纷纷报道了这一出版成果。

### 一 《冰心日记》的整理情况

《冰心日记》是分三个阶段整理的。

第一个阶段的整理者为冰心文学馆原馆长王炳根。在《冰心日记》"后记"中,王炳根说,自2008年写作《玫瑰的盛开与凋谢:冰心吴文藻合传》和编著《冰心年谱长编》时,就开始阅读、整理、录入冰心的日记,"从2008年6月起,我开始了《玫瑰的盛开与凋谢:冰心吴文藻合传》的写作,耗时整整六年,同时完成的还有《冰心年谱长编》。不用说,两部书的写作,都使用了冰心吴文藻的未刊日记,甚至可以说,没有他们的日记与笔记,两部书的资料将会大为逊色,甚至会影响到书的思想深度、传主的人生轨迹与艺术视野。因而,我在每一章节的写作前,总是要阅读与此章节相关的日记、笔记等,并将其录成文档,以便使用。冰心五十年代至七十年代的未刊日记,便是这样陆续整理的"[①]。

第二个阶段的整理者为笔者,整理时间为2016—2017年。因日记与笔记混杂在一起,王炳根结合冰心的生平经历,将含有20世纪50—70年代冰心日记的23个笔记本放到23个信封里,在每个信封的封面总结了该笔记本涉及的时间、主要事件。在整理日记过程中,卓如主编的《冰心全集》、范伯群主编的《冰心研究资料》、王炳根的著作《玫瑰的盛开与凋谢:冰心吴文藻合传》等冰心文学作品、传记及研究资料,为整理日记提供了参考资料。在整理过程中,笔者多次就

---

[①] 王炳根:《冰心日记·后记》,载冰心著,王炳根编《冰心日记》,作家出版社2018年版,第474页。

日记中的字迹模糊处等，向冰心家人及王炳根老师请教，得到了先生们的耐心指导和认真解答。"李玲的博士生刘嵘在来年的寒假尚未结束时，便只身来到冰心文学馆，翻阅、翻拍了冰心的二十三个笔记本。回到北京后，便开始录入、注释。我收到她的录入注释稿是在2016年9月间，速度之快，令我惊奇。此时，我将出版冰心日记的想法，正式告诉了吴青、陈恕二位老师，他们是冰心版权的授权人。2017年早春，我到北京拜访了吴青、陈恕教授，他们同意授权出版，并且提供了另外三本八十年代之后的日记，希望一并收入。"①

第三个阶段是《冰心日记》出版前的校对及定稿整理工作。校对整理者为王炳根，"从北京回榕后，我即着手进行冰心日记出版前的案头工作，即将我之前的录入与刘嵘的录入进行比对，疑难处依据原稿解决，做出最后的定稿整理；刘嵘则在北京，进行另三本日记的录入与注释，最后由我根据原稿复制件进行定稿整理。"② 为了使日记结构更为条理明晰，王炳根将冰心20世纪50—70年代各个阶段的日记予以命名；冰心20世纪80年代、90年代的日记，以年为单位，包括"晚年一"日记到"晚年六"日记（说明：本书根据王炳根对《冰心日记》各阶段日记的命名，将其称为"旅欧日记""福建日记""晚年日记"等）。《冰心日记》从最初的分类，到录入、整理、注释，再到出版，时间长达10年。

《冰心日记》在整理过程中，最大限度地坚持了冰心日记手稿的真实性，"冰心日记，不以发表为目的，多为写作积累素材，也有思想认知、身心感受，亦有人事纷沓的记录等，整理时只做标点、断句、分段，文字一律保持原貌"③。在《冰心日记·后记》中，王炳根对整理与注释的准则做了说明，本书不再赘述。

从对《冰心日记》的整理情况可以看出，出版后的《冰心日记》原生态地展现了冰心在日记中的记录，最大限度地呈现出日记的原始

---

① 王炳根：《冰心日记·后记》，载冰心著，王炳根编《冰心日记》，第474—475页。
② 王炳根：《冰心日记·后记》，载冰心著，王炳根编《冰心日记》，第474—475页。
③ 王炳根：《冰心日记·后记》，载冰心著，王炳根编《冰心日记》，第475页。

面貌，保持了《冰心日记》的真实性和完整性。由于日记文体本身固有的限制，如日记文体私人化带来的记录随意性、简洁性，字迹的连笔、模糊或冰心晚年记忆的失准，日记的录入难免有失准之处，在内容及注释的准确性方面还有可提升的空间。内容中模糊的地方部分已标记并说明；未标记或说明的地方，随着研究和考证的深入，将会得到修正、注释、考证，逐步完善。

## 二 《冰心日记》的研究状况

以2018年《冰心日记》出版为界，研究界对冰心日记的研究分为前、后两个阶段。

《冰心日记》出版前，共有一部研究著作，六篇研究论文，多篇新闻报道。

研究著作为2014年由我国台北独立作家出版的王炳根的《玫瑰的盛开与凋谢：冰心与吴文藻》。此著作分为两部，分别为《玫瑰的盛开与凋谢：冰心与吴文藻（一九〇〇——一九五一）》、《玫瑰的盛开与凋谢：冰心与吴文藻（一九五一——一九九九）》。简体版《玫瑰的盛开与凋谢：冰心吴文藻合传》，于2017年9月由福建教育出版社出版。此著作即是冰心及爱人吴文藻的传记，以"双峰并峙的方式来写冰心、吴文藻夫妇的命运遭际与内在精神，使得许多问题形成互文对照"，也是"内容丰富，史料和观点均富有创新性"的研究著作，"深入写出传主在穿越20世纪的漫长的人生之旅中各阶段精神演变的复杂历程"[①]，"作者既从日记、档案、佚文中发掘出许多前人未曾知晓的史料，丰富了我们对冰心、吴文藻这一对知识分子的认知，又能站在人的精神独立的角度评价他们不同时期的思想风采，阐发他们对人类文明的贡献，同情他们遭受的种种磨难，也惋惜他们在某些时候的精神萎顿，还能及时吸收学术研究领域的新成果，拓展该书人物

---

[①] 李玲：《玫瑰的盛开与凋谢：冰心吴文藻合传·序》，载王炳根《玫瑰的盛开与凋谢：冰心吴文藻合传（上编）》，福建教育出版社2017年版，第1—3页。

精神追问的深度与广度,并从特定的切入点回应了二十世纪中国文化、政治中的许多重要问题。这是一部深入写出传主精神演变复杂历程的力作。"①《冰心日记》等资料的加入,丰富了冰心的传记,为研究者了解冰心的社会生活、文学创作等提供了宝贵的史料和深刻的见解。

六篇研究论文。有的是对日记内容的介绍,分别为王炳根的《新发现的冰心还乡日记》(2004)、王炳根的《尘封的美文——冰心的佚文与遗稿》(2007)、笔者的论文《冰心日记中的时代生活——解读20世纪50至70年代冰心的日记》(2016)、王炳根的《冰心日记刍议》(2017)。王炳根的《新发现的冰心还乡日记》《尘封的美文——冰心的佚文和遗稿》,分析了《冰心日记》的史料价值,"还乡日记的发现,对研究冰心的故乡的感情和冰心的创作有很重要的意义,对认识和研究福建这一时期的社会生活、政治生活和文学界的情况,也有很高的价值"②;《冰心日记刍议》一文,介绍了冰心日记文本的整理过程,从《冰心日记》文本的来源和整理过程、日记中体现的精神脉络、日记中对社会和景观的记录等方面对《冰心日记》的内容和价值进行了细致的梳理和深入的分析。作者认为,冰心的日记"是一部中国现代知识分子的精神史,也是一部当代社会变迁的真实记录;它对诸多的文化景观做了立此存照,也显示了作者从生活到作品的奥秘;它体现了作者晚年的艺术观念与批判精神,更是一位百岁老人的生命绝唱"③。笔者的论文《冰心日记中的时代生活——解读20世纪50至70年代冰心的日记》从"出访生活的实录""时代场面的描绘""文学趣味的表达"④等方面分析了冰心20世纪50—70年代日记的内容。有的是对《冰心日记》的编纂体例进行说明,分别为王炳根的《冰心日记(1957年4月—5月)选注》(2017)、王炳根的《冰心日记·后记》(2018)。

---

① 李玲:《知识分子的命运遭际与精神风骨——评〈玫瑰的盛开与凋谢——冰心与吴文藻〉》,《扬子江评论》2015年第2期。
② 王炳根:《新发现的冰心还乡日记》,《厦门文学》2004年第4期。
③ 王炳根:《冰心日记刍议》,《中华读书报》2017年5月24日第9版。
④ 刘嵘:《冰心日记中的时代生活——解读20世纪50—70年代冰心的日记》,载刘东方主编《冰心论集2016(下册)》,海峡文艺出版社2017年版,第27—58页。

此外，2004 年，冰心家人将冰心的日记捐献后，日记就受到新闻媒体的关注。陆海的《冰心日记尘封 20 年首次面世》（2004）、蒋滨建的《冰心遗物回故乡》（2006）、姜小玲的《冰心日记现身，〈还乡杂记〉添佐证》（2013）、韩寒的《冰心日记近期面世》（2017）等，属于介绍冰心日记的新闻报道材料，对日记文本的内容探讨较少。

《冰心日记》出版后引起广泛关注，研究角度更加细致。与《冰心日记》相关的文献史实研究著作有一部，研究论文有九篇，学位论文有一篇，新闻报道有多篇。研究著作为王炳根编著的《冰心年谱长编（上下卷）》（2019）。研究论文为降红燕的《〈冰心日记〉中的昆明之行》（2018），荆墨的《"文坛祖母"的心灵史——读冰心新书〈冰心日记〉》（2018），何华的《〈冰心日记〉里的狮城文化人》（2018），降红燕的《〈冰心日记〉中的云南之行》（2019），周立民的《冰心晚年阅读点滴》（2020），熊飞宇和林小米的《泰华作家梦莉与冰心的交往考记》（2020），笔者的《〈冰心日记〉的整理与研究》（2021），《〈冰心日记〉里那位"老太太"》（2021），《从冰心〈忆读书〉说起》（2022）。与《冰心日记》有关的学位论文一篇，为笔者的博士学位论文《五四作家 20 世纪 50—70 年代日记研究》（2018）。

王炳根编著的《冰心年谱长编》，从资料的搜集到最后出版，"整个过程，前后持续二十余年"[①]，将冰心的日记、笔记、书信、手迹等都采入年谱中，"尽可能保持历史的细部、文化的细节"，"从生活的角落、尘封的档案、遗忘的佚文、久违的话语"，"追求着重要的事件、文章，人生转折之处，由尽可能多的不同侧面、不同人物的描写来显示，以求系统的、完整的记录"[②]。《冰心日记》为年谱提供了大量的信息，"丰富了年谱的内容，加强了年谱的准确性"[③]，全面、细

---

[①] 王炳根：《写在〈冰心年谱长编〉出版之际》，《福建文学》2020 年第 7 期。
[②] 王炳根：《冰心年谱长编·前言》，载王炳根编著《冰心年谱长编（上卷）》，上海交通大学出版社 2019 年版，第 3 页。
[③] 王炳根：《冰心年谱长编·再后记》，载王炳根编著《冰心年谱长编（下卷）》，第 1822 页。

致而深刻地展示了冰心一生的生活，是"收录有关冰心的文献和资料非常详细，真实可靠"又"博采众长，综合研析而得出成果"①的力作。

周立民的《冰心晚年阅读点滴》，认为《冰心日记》展示了"冰心后半生的个人生活和文坛风向"，论文从冰心晚年日记考察冰心晚年的阅读生活，认为冰心晚年阅读量大，并坚持了知识分子独立思考的精神，"冰心晚年的阅读，花费的时间多，看的种类多，从门类丰富的杂志到各类图书"，"冰心读书都在思考，这些思考中有她一贯坚持的审美标准，也有现实的感触。她日记中的评语常常是要言不烦、一语中的。对有几个人的书的评价很耐人寻味"②。熊飞宇、林小米的《泰华作家梦莉与冰心的交往考记》，结合梦莉的作品《珍藏一个喜悦的拜见》《温暖的手激动着我的心》以及《冰心日记》《冰心年谱长编》，细述了1991年4月24日冰心与梦莉的见面过程、1993年冰心为梦莉题词的内容、梦莉探望生病住院的冰心的过程，以及梦莉文章《冰心，永在我心中》的写作过程，论文认为"相关文献和史料，既有助于探讨梦莉散文艺术风格的成因，同时也有助于考察冰心和海外华文文学的关系"③。降红燕的《〈冰心日记〉中的云南之行》，分析了《冰心日记》的史料价值，"《冰心日记》的出版为冰心研究提供了新的资料和视角。《冰心日记》中对云南的有关记录，一方面显示出冰心对抗战期间在云南居住地和过往岁月的回忆，以及由此引发的主体情思的波动；另一方面也客观呈现了20世纪70年代中期云南社会生活、自然风物和历史文化的吉光片羽"；此外，论文还结合地名、人名、植物名和关于云南历史文化的一些知识，"对《冰心日记》中的少量文字讹误作点更正"④。

就《冰心日记》的研究现状而言，研究内容主要有四类。

第一类，强调《冰心日记》的史料价值。如王炳根的《冰心日记刍

---

① 洪砾漠：《〈冰心年谱长编〉浏览手记》，《爱心》2020年第77期。
② 周立民：《冰心晚年阅读点滴》，《现代中文学刊》2020年第3期。
③ 熊飞宇、林小米：《泰华作家梦莉与冰心的交往考记》，《华文文学评论》2020年第7辑。
④ 降红燕：《〈冰心日记〉中的云南之行》，《玉溪师范学院学报》2019年第4期。

## 上编 《冰心日记》中的史料

议》《尘封的美文——冰心的佚文和遗稿》《新发现的冰心还乡日记》。

第二类，从《冰心日记》分析冰心所处的时代环境及冰心的个人生活。由《冰心日记》考察冰心时代生活的，如王炳根的《玫瑰的盛开与凋谢：冰心吴文藻合传》、王炳根的《冰心日记刍议》、笔者的《冰心日记中的时代生活——解读20世纪50至70年代冰心的日记》；由《冰心日记》考察冰心个人交往、阅读习惯的，如熊飞宇、林小米的《泰华作家梦莉与冰心的交往考记》，周立民的《冰心晚年阅读点滴》。

第三类，对《冰心日记》的内容进行分析或注释。如王炳根的《冰心日记（1957年4月—5月）选注》、降红燕的《〈冰心日记〉中的云南之行》。

第四类，关于《冰心日记》的新闻报道。如陆海的《冰心日记尘封20年首次面世》、蒋滨建的《冰心遗物回故乡》、姜小玲的《冰心日记现身，〈还乡杂记〉添佐证》、韩寒的《冰心日记近期面世》。

我们可以看到，研究者都对冰心的日记进行了积极有益的探索；特别是《冰心日记》出版后，研究角度增加，研究更加细致。但是，由于《冰心日记》出版不久，对《冰心日记》的研究还处在初级阶段，所涉及的范围、深度及广度相对有限，研究成果数量不足，《冰心日记》还有许多研究空间。《冰心日记》多作为研究冰心的补充材料，以《冰心日记》为研究对象的专著还未出现。

《冰心日记》的史料性，决定了《冰心日记》具有很强的史料价值。本编在现有研究的基础上，重视史料的搜集、考证，以期为冰心研究提供一个准确、清楚、确定的文献，丰富冰心研究的史料，为中国现代文学和当代文学提供新的文献史料。

# 第一章 关于国际交流状况的史料

本章重在搜集、注释、考证、探究日记中与国际会议、国际关系有关的史料。国外访问日记中，以冰心旅欧日记为研究的重点；国内考察日记中，以冰心的河南日记、湖北日记等日记中记录有关国外状况的内容为研究的重点。

本章共分为三节。第一节，以旅欧日记为例，梳理、概括冰心国外访问日记的内容。第二节，以旅欧日记为例，结合相关文献，梳理、考证日记中与国际会议有关的史料，对日记中涉及的国际会议的时代背景、会议内容的模糊处、不完整处进行史料补注。第三节，从旅欧日记、河南日记、湖北日记等日记中冰心对外交关系、外交观念等方面的记录中，结合冰心所处的时代背景及冰心的文学作品，丰富对中华人民共和国成立初期国际关系的了解。

## 第一节 国外访问日记的内容概况

旅欧日记是目前所发现的冰心最早的日记，也是《冰心日记》中唯一一段以国外访问日程为主要内容的日记。1955年6—7月，冰心参加了以李德全为团长的中国妇女代表团，出席了在瑞士洛桑召开的世界母亲大会。冰心1955年6月29日—7月28日的日记完整地记录

## 上编 《冰心日记》中的史料

了中国妇女代表团从北京起飞,途经苏联、捷克①、瑞士、法国,后又经瑞士、捷克、苏联,返回中国的全过程。冰心等中国妇女代表团人员,不仅参加了在瑞士举行的世界母亲大会,还对沿途的苏联、捷克、法国的工业、农业、城市建设、历史名胜古迹等进行了访问、参观。日记为了解20世纪50年代欧洲的社会、政治、经济状况和中国与欧洲的国际关系提供了史料。

根据日记内容,冰心的旅欧日程概述如下:

1955年6月29日,上午九时自北京起飞,中午到达蒙古国首都乌兰巴托。乌兰巴托火车站较为简陋,机站上服务多为苏联人,晚上到苏联边境伊尔库茨克。

6月30日,上午,从苏联边境伊尔库茨克起飞,经过五站到莫斯科,看到沿途各站建筑一片新兴气象。在新西伯利亚站,有女士勉励"为和平斗争"。

7月1日,在莫斯科,上午八点开团会议。上午参观农业展览馆,下午参观油画馆,赞扬油画馆中的苏俄古典油画用色精巧,人物逼肖;看发言稿,起草去法国参加群众大会的演讲稿,开会商议发言稿。

7月2—4日,中国妇女代表团在捷克参观考察。7月2日上午,自莫斯科起飞,中午到达捷克首都布拉格。

7月3日,中国妇女代表团在捷克首都布拉格参观、访问。上午,看到多达十万人的游行队伍,广场上人山人海;在游行队伍中,看到了中国队伍,感到捷克人对中国人极好,沿途有人要求签字留念;写去法国参加群众大会的讲稿。下午,参观哥特瓦尔德殡宫,许多人来到山上拜谒,看到了捷克作家伏契克等人物的棺木。

7月4日,中国妇女代表团继续在捷克首都布拉格参观。在捷克布拉格,捷克妇联招待罗马尼亚及我国同志参观布拉格全城,首先参观的是布拉格一座中世纪天文钟"布拉格占星时钟"。冰心在日记中

---

① 捷克,即捷克斯洛伐克。1948年5月9日捷克斯洛伐克人民民主共和国成立,1960年7月11日改国名为捷克斯洛伐克社会主义共和国。1992年11月,捷克与斯洛伐克分离。冰心在日记中将捷克斯洛伐克简记为"捷克"。本书遵循冰心的记录。

## 第一章　关于国际交流状况的史料

介绍了大钟的设计过程、大钟的外形、大钟的记时方式和象征意蕴；随后，参观中欧最大的教堂——犹太教堂；参观犹太人坟场及附近广场，广场上立有14世纪捷克思想家扬·胡斯的石像；参观斯大林纪念碑，山上、台上立有九人石像。

7月5日，中国妇女代表团离开捷克布拉格，前往瑞士洛桑。7月5—12日，中国妇女代表团参加在瑞士洛桑举行的世界母亲大会，并与印度、奥地利、法国等国家的妇女代表们共同参加联欢会。7月5日上午4点到机场，由捷克布拉格起飞，11时35分到达瑞士洛桑。下午，开文艺组会，冰心起草文艺组会发言稿。

7月6日，在瑞士洛桑，中国妇女代表团准备参加世界母亲大会。上午，冰心同印度团长肯德夫人接触并谈话。下午，在交际室，印度代表团与中国代表团举行联欢会，印度代表跳"统一舞"，读泰戈尔小诗。晚上，亚洲组代表人员开会。

7月7日，在瑞士洛桑，世界母亲大会开幕。开幕式中，法国国际民主妇女运动领袖戈登夫人在开幕词中朗读的小诗十分动人。中午，中国妇女代表团与印尼妇女代表团接洽；晚上，与德国妇女代表团联欢；开文艺组预备会。

7月8日，在瑞士洛桑继续举行世界母亲大会。中国妇女代表团团长李德全的讲话，大得掌声；美国妇女代表团代表讲话，也很动人。午餐后，中国妇女代表团与印尼妇女代表团联欢。晚上，奥地利妇女代表团送给我国代表礼物；继续开会，许多国家代表发言。回到旅馆时，已十二时。

7月9日，在瑞士洛桑。上午，会见法国记者；中午，与亚细亚国家妇女代表团联欢；下午，参加致四大国书会议；晚上，瑞士妇联请客，并有文艺表演。

7月10日，在瑞士洛桑。中午，与日本妇女代表团联欢；下午，与罗马尼亚妇女代表团约谈；晚上，与苏联代表联欢。晚上九时开会，通过致四大国外长书、致联合国书、大会宣言及资格审查委员报告，场面十分热烈。

7月11日,在瑞士洛桑。下午,冰心帮助我国妇联妇女儿童福利部工作人员张淑义清理材料;在全国妇联书记处书记曹孟君处开会,商议赴法国参加群众大会的注意事项。

7月12日,由瑞士洛桑坐火车,上午九时半到达瑞士首都伯尔尼。下午,到瑞士公使馆小谈;晚上离开伯尔尼,准备前往法国首都巴黎。晚饭时,冰心见到了时任瑞士日内瓦世界卫生组织总部公共卫生行政科主任的朱章赓的妻子和孩子。

7月13—21日,中国妇女代表团都在法国巴黎参观、考察。上午,抵达法国首都巴黎;中午,与捷克、印度、越南的妇女代表同进午餐。下午,参观法国旧区,看到法国工人住宅,有的房子十年无人居住;到坟地,吊唁在集中营和战争中牺牲的战士们。

7月14日,中国妇女代表团在法国巴黎参观。上午,参观路易十四的客厅,看到了客厅外面的走廊和钟;下午,参观住宅大楼,内有单身人住宅,参观健身房、群众区。晚上,到人类学博物馆教授楼上看烟火;看完烟火后,到市区周游。睡觉时已凌晨二时。

7月15日,中国妇女代表团在法国巴黎参观。上午,参观雷诺五金工厂诊疗所,医生介绍英国自然生育法与无痛分娩法的不同,其中自然生产法的手段和效果更好;下午,参观帽子公司、衣装公司;晚上,参观卢浮宫。

7月16日,中国妇女代表团在法国巴黎参观。上午,参观大教堂、住宅区、学校;下午,到医院,参观医院小儿科及早产科;参观牛奶场、农场,在农场看公牛及人工授精场。

7月17日,中国妇女代表团在法国巴黎参观。上午,到施曼姊山斗夫人家参加鸡尾酒会。中午,到H宫,看拿破仑像及衣服;到凡尔赛宫,参观大小维尔宫,看到了凡尔赛宫前的路易十四雕像。晚上,到歌剧院看悲剧。

7月18日,中国妇女代表团在法国巴黎参观。上午,到瑞士使馆签证。中午,参观巴黎市府,副市长接见;参观市议会。下午,到南美洲俱乐部,参加妇女接待委员会茶会;参观埃菲尔铁塔。晚上,参加巴黎妇联举办的招待会。

7月19日，中国妇女代表团在法国巴黎参观。上午，参观畸形儿童医院，看到医院观察室。中午，在参议院午餐，参议院建筑辉煌，位于欧洲有名宫厅之首。下午，参观国际教育中心，看学校及学生成绩；到共选区，看到群众会，人们围坐在一起饮酒、谈笑，十分欢乐。

7月20日，中国妇女代表团在法国巴黎参观。上午，参观巴黎R市，市容幽雅；到住宅区，参观巴黎人的娱乐之地——真树旅馆和骑士旅馆。下午，参观雷诺汽车厂，原私有经营，现已转为国有经营，但管理方式未变。晚上，参加法国妇联举行的招待会，中法妇联代表互送礼物。

7月21日，中国妇女代表团在法国巴黎参观。上午，参观商店、仓库等。中午，中法文协请客。下午，参加辞别会和记者招待会。晚上，在阿蒙夫人家晚餐。

7月22日，开始返程。上午离开法国巴黎，斯丽曼夫人、法国朋友阿蒙等到机场送行，依依不舍。上午十时，从法国巴黎起飞，中午到达瑞士日内瓦，并到瑞士使馆谈话。下午坐火车，到达瑞士伯尔尼。

7月23日，在瑞士日内瓦停留一天。早饭时，隔窗看到大街上的秋收游行；早饭后，冰心同张淑义到银行；午饭后，冰心等五人一起外出购物；晚上，到使馆谈话。

7月24日，离开瑞士日内瓦，乘飞机到捷克首都布拉格。午睡后，在曹孟君处作总结。

7月25日，在捷克布拉格转机，晚上到达莫斯科。上午，何振梁离开，到毕沙。冰心与同伴上街买礼物。下午从布拉格坐飞机，晚上抵达莫斯科，莫斯科灯火辉煌，像中国国庆节时天安门的夜晚，所住的旅馆有车房、客厅，十分精致。

7月26日，在苏联莫斯科停留一天。中午，同张淑义到大使馆，得知8月6日要到日本参加由刘宁一率团的"禁止原子弹和氢弹世界大会"。晚饭前，到百货公司购物；在北京饭店晚餐，遇到几个中国学生。

上编 《冰心日记》中的史料

7月27日，在苏联莫斯科。上午，冰心与张淑义外出购物，午饭后到小店买娃娃。下午，参观列宁、斯大林陵墓。晚上，在莫斯科机场，遇到参加世界母亲大会的智利、哥伦比亚、玻利维亚共八人的代表团。晚上九时半，自莫斯科起飞，凌晨二时半，到达苏联斯维德勒夫斯基。

7月28日，乘坐飞机，从苏联斯维德勒夫斯基起飞，上午七时半到达苏联新西比［伯］利亚。

通过梳理、概括冰心旅欧期间的日记，可以增加对冰心国外访问日程的了解。冰心的旅欧日记为了解20世纪50年代中外交流的日程、中外关系提供了史料。

## 第二节 日记中有关国际会议的史料

冰心的旅欧日记中，一个重要的日程，是1955年7月5—12日之间，参加在瑞士洛桑举行的世界母亲大会。将日记与中外历史书籍等文献资料互文阅读，可以丰富对此次国际会议的国际时代背景、国内时代背景、会议内容、会议参加人员情况等史料的了解。

### 一 有关国际会议时代背景的史料

#### 捷克—瑞士 55年7月5日 星期二

晨，三时起床，四时到机场，六时起飞，八时到 Swirich，有瑞士使馆人来接，9:27分上车，十一时三十五分到洛桑，有团员来接，住 Hotel Vidom。下午休息，并开文艺组会，由我起草发言稿。①

1955年7月5日，冰心等中国妇女代表到达瑞士洛桑，参加即将

---

① 冰心著，王炳根编：《冰心日记》，1955年7月5日，第4页。

第一章 关于国际交流状况的史料

开幕的世界母亲大会。对于这次会议,冰心在日记中记录了会议期间的日程安排,对召开此次会议时的国际形势、国内反响等时代背景没有记录。结合《中国妇女运动史》、新华社的新闻报道等文献资料,可以丰富与国际会议的时代背景有关的史料。

(一) 有关国际背景的史料

1. 会议的筹备情况

世界母亲大会,也称"世界妇女第三次代表大会",是人类历史上第一次世界母亲大会,会议的主题是"保卫孩子、反对战争、争取裁减军备和加强各国人民之间的友谊"①。"世界母亲大会"是在国际民主妇女联合会执行委员会的倡议下,1955年2月由国际民主妇女联合会理事会日内瓦会议作出决定后召开的。20世纪50年代,"原子战争和军备竞赛给世界和平造成的威胁,使世界各国的母亲们为她们的孩子能否在一个安宁的环境中生活感到担忧"②,因此,国际民主妇女联合会倡议召开"世界母亲大会",号召"所有国家和所有民族的妇女,不分政治信仰和宗教信仰,团结起来,为维护和巩固和平而斗争"③。新华社1955年2月17日新闻传达了国际民主妇女联合会理事会会议内容,新闻报道如下:

国际民主妇联理事会开幕,就召开全世界母亲代表大会通过告妇女书④

【新华社北京十六日电】据塔斯社日内瓦十五日讯:国际民主妇女联合会理事会会议结束后,十四日在日内瓦举行了记者招待会。

招待会上宣布,参加这次会议的有四十五个国家的妇女组织

---

① 《共和国日记》编委会编:《共和国日记(1955)》,河南人民出版社2017年版,第309页。
② 任芬主编:《中国妇女运动史》,北方妇女儿童出版社1989年版,第307—308页。
③ 柳中权主编:《简明妇女儿童百科辞典》,北方妇女儿童出版社1989年版,第536页。
④ 《国际民主妇联理事会开幕,就召开全世界母亲代表大会通过告妇女书》(新华社新闻稿),1955年2月17日。

的代表。这次会议的口号是：所有国家和所有民族的妇女，不分政治信仰和宗教信仰，团结起来，为维护和巩固和平而斗争。

会议听取了国际民主妇女联合会总书记安·米奈拉所作的关于联合会的活动和妇女争取自己权利和争取世界和平的斗争的报告，还听取了国际民主妇女联合会执行委员会主席欧仁妮·戈登的报告。

在会上发言的欧洲、亚洲、非洲和拉丁美洲各国的代表谈到了这些国家的妇女运动、群众运动、以及为反对巴黎协定、要求禁止原子武器、要求普遍裁减军备、要求和平解决一切国际问题的请愿书征集签名的情况。

会议一致通过了国际民主妇女联合会关于支持世界和平理事会常务委员会决议的宣言，通过了关于在今年七月召开全世界母亲保卫儿童代表大会的告妇女书。

告妇女书说：我们知道，有孩子是多么快乐；但是也知道，失去他们将是多么痛苦。我们的责任是要保护儿童，使他们不致遭到各种灾难和遭到包藏各种不幸的战争。

和平现在又受到了威胁。战争势力企图用各种办法来破坏各国人民的安全：军备竞赛，在亚洲制造新的国际紧张局势，建立军事基地，根据伦敦和巴黎协定使西德重新军国主义化，北大西洋公约组织理事会还决定在一旦发生战争时使用原子武器。

每一个母亲都从广岛、长崎和比基尼岛知道原子弹的残酷。我们不能容许这样的武器再被拿来使用。当我们和全世界的强大和平力量团结在一起以后，我们就能把原子武器从威胁我们孩子的那些人的手中夺下来。我们希望：把用来准备战争的经费用在和平目的上；把这个世纪的最伟大的发现——原子能用来减轻人们的繁重劳动，并且只把原子能作为进步的泉源。

我们号召全世界的妇女和母亲们团结一致，共同保卫我们的孩子，反对战争，保卫和平。我们号召你们参加将在一九五五年七月举行的全世界母亲代表大会。

瑞士素有"世界公园"的美称，在国际民主妇女联合会的倡议下，身穿各种民族服装的妇女代表们，从世界各地来到瑞士洛桑，"这座依山傍水的美丽的城市，正值适于游览的季节，天气凉爽。莱蒙湖畔的山峦在清晨和晚间被笼罩在一片薄雾中。当地妇女们携带着她们的孩子，不断到车站去欢迎远道而来的各国母亲代表们。她们把一束束的鲜花送到代表们的手里，表示她们对于为保卫孩子这个崇高的事业而努力的母亲们的敬意"，不同国家的"一千多名代表正陆续来到。以李德全为首的中国代表团已经分批到达。国际民主妇女联合会主席戈登夫人、苏联代表团团长波波娃、英国妇女大会主席费尔顿夫人、朝鲜民主主义人民共和国代表团团长朴正爱等已先后抵达"[①]。

这些来自世界各地的妇女代表，有女部长、女议员，也有女工、农妇、家庭主妇，职业涵盖了社会各个层面，《人民日报》对妇女代表的职业概括为：

> 参加大会的六十六个国家代表团的职业成份，证明了大会的广泛性，代表团中有好几个女部长，有三十二个议员，九十七个教育家，五十五个医生，四十九个作家、诗人和记者，一百多个女工、农妇和职员，三百七十二个家庭主妇，二十三个文化、科学和艺术工作者，十一个大学生，以及其他职业的妇女。[②]

在各国妇女代表的精心筹备下，"世界母亲大会"于1955年7月7日开幕，1955年7月10日结束。

2. 会议的影响意义

"世界母亲大会"的召开，促进了国际妇女工作的开展。1956年2月2日至4日，国际母亲保卫儿童常设委员会的第一次会议在瑞士洛桑举行，来自36个国家的64位妇女代表出席了会议。会议讨论了

---

① 《世界母亲大会开会前夕》，《人民日报》1955年7月8日。
② 《第一次世界母亲大会闭幕》，《人民日报》1955年7月13日。

上编 《冰心日记》中的史料

如何贯彻"世界母亲大会"的决议的问题,并通过了《母亲们保卫孩子,反对战争危险的宣言》和《拥护国际母亲常设委员会宣言的号召书》。《拥护国际母亲常设委员会宣言的号召书》指出,"争取妇女权利,改善家庭生活条件,提高儿童健康水平和教育水平,必须与争取和平的斗争同步进行",要求"国家预算不用于备战而用来增进儿童和家庭的福利"①。

会议召开后,1955年9月中旬,宋庆龄、何香凝、蔡畅、邓颖超、李德全、冰心、许广平等中国妇女代表,中华全国民主妇女联合会、中国妇女联谊会等团体,分别向国际母亲保卫儿童常设委员会打电报或写信,表示完全支持《母亲们保卫孩子,反对战争危险的宣言》中的观点和号召②。宋庆龄的电文内容摘抄如下:

> 我们正处在这样一个时期:国际和平运动正在向前发展,而战争仍然威胁着世界,特别是近来的毁灭性武器的试验和英、法等国对埃及的军事恫吓。我们已经面临着这样的抉择:世界各国和平共处,让原子能为和平服务,使人类进入一个空前繁荣幸福的时代呢,还是让战争来毁灭全人类?政治家们不应该比普通母亲们缺乏常识和智慧。所有的人——不分种族、宗教、信仰、国家和政治经济制度,都来倾听生命的给予者,母亲们的声音吧!都来支持母亲们的宣言吧!和平必需得到保证,和平一定能胜利!③

从宋庆龄电文的内容可以看出,"世界母亲大会"用"母亲"的身份和力量来应对战争,以促进"世界各国和平共处,让原子能为和平服务";将世界妇女联合起来,既促进了国际妇女运动的开展,也

---

① 任芬主编:《中国妇女运动史》,第308页。
② 《宋庆龄等致电国际母亲常设委员会支持"母亲们保卫孩子反对战争危险的宣言"》(新华社新闻稿),1956年9月26日。
③ 宋庆龄:《给国际母亲保卫儿童常设委员会的电报》,《人民日报》1956年9月26日。

为促进世界和平贡献力量。

（二）有关国内背景的史料

1. 会议的筹备情况

为了响应国际民主妇女联合会的号召，中国民主妇女联合会、外交部为赴瑞士洛桑参加"世界母亲大会"进行了积极的筹备工作。

1955年6月10日，中华全国民主妇女联合会召开常务委员会扩大会议，会议通过的关于《拥护召开世界母亲大会》的决议提出，"中华全国民主妇女联合会常务委员会扩大会议热烈拥护国际民主妇女联合会发起召开的世界母亲大会，我们深信这个大会的召开定将更进一步团聚全世界母亲的力量，为'保卫孩子、反对战争、争取裁减军备和加强各国人民之间的友谊'而作出卓越的贡献。会议批准了以李德全为团长的出席世界母亲大会代表团名单"[①]。

为出席"世界母亲大会"，外交部发布了一系列的报告。比如，邓颖超谈关于出国工作的体会，余志英谈出国的有关问题，彭峰介绍瑞士的概况，曹孟君介绍世界母亲大会的发展情况，吴全衡介绍国际妇女运动，张淑义报告国际儿童问题，罗琼介绍中国妇女运动情况，孙文淑报告中国文教情况，陈毅副总理作了关于国际形势的报告，等等[②]，"冰心参加了全部的报告会"[③]。

2. 会议的报道情况

"世界母亲大会"召开前，中国新闻媒体发布相关新闻、社论，对会议的必要性、中国妇女代表团参加会议的筹备情况、世界其他国家参加会议的情况等进行说明。如1955年6月4日《人民日报》发表《全世界母亲热烈拥护世界母亲大会的召开》，1955年6月11日《人民日报》发表《妇联常委扩大会议拥护召开世界母亲大会并通过了我国出席世界母亲大会代表团名单》，1955年6月12日《人民日报》发表《世界母亲大会筹委会书记谈大会筹备情况》，1955年6月19日

---

① 《共和国日记》编委会编：《共和国日记（1955）》，第309页。
② 王炳根：《玫瑰的盛开与凋谢：冰心吴文藻合传（下编）》，第726页。
③ 王炳根编著：《冰心年谱长编（上卷）》，第408页。

上编 《冰心日记》中的史料

《人民日报》发表《世界母亲大会改在瑞士的洛桑举行》，1955年6月30日《人民日报》发表《我国出席世界母亲大会代表团启程去瑞士》，1955年7月4日《人民日报》发表《各国妇女积极筹备世界母亲大会》，1955年7月8日《人民日报》发表《世界母亲大会开会前夕》，对"世界母亲大会"的性质、筹备情况、政治意义等方面进行介绍，并从促进世界和平、争取妇女权利、维护妇女和儿童利益等方面强调中国妇女代表团参加"世界母亲大会"的必要性。新华社发表《各国妇女积极筹备世界母亲大会》《越南妇女迎接世界母亲大会》《法国妇女筹备世界母亲大会》《出席世界母亲大会的印度尼西亚代表团组成》《黎巴嫩妇女积极筹备参加世界母亲大会》等新闻，对不同国家妇女代表参加会议的情况进行了介绍。

中国新闻媒体也对"世界母亲大会"召开过程中的情况进行了报道。《人民日报》于1955年7月10日发表《世界母亲大会继续举行全体会议》，1955年7月11日发表《世界母亲大会继续举行会议 决议派代表团向四国会议表示争取和平的意志》，1955年7月13日发表《世界母亲大会致联合国呼吁书》《第一次世界母亲大会闭幕》《世界母亲大会宣言》；《新中国妇女》1955年第7期发表了《世界母亲大会宣言》，1955年第8期发表了《我们孕育了生命，我们要保卫生命》等，及时报道会议内容及会议进展情况。

"世界母亲大会"召开后，《人民日报》等新闻媒体继续报道会议情况。如，1955年7月14日，《人民日报》发表社论《母亲们的和平意志是不可战胜的》；1955年8月11日，《人民日报》发表《李德全作关于世界母亲大会的报告》。1955年7月14日《人民日报》发表的《母亲们的和平意志是不可战胜的》社论报道了大会的国际形势、人员身份、会议目标等。内容摘抄如下：

> 参加大会的六十六个国家的一千二百多位代表中间，有部长和议员，有作家和记者，有女工和农妇，有家庭主妇和大学生，以及各种职业的人；她们中间有半数以上的人过去从来没有参加

过任何国际会议。她们来自制度不同的国家，有着不同的政治和宗教信仰、不同的观点和社会地位。一个神圣的共同愿望使她们从世界各地汇集到洛桑，在非常诚挚的气氛中会商当前迫切的国际局势问题。这个共同的愿望就是，如大会宣言所说的：保卫孩子免遭战争，保证他们有一个和平和幸福的将来……以美国为首的战争势力不断扩充军备，建立军事集团和军事基地，准备原子战争，破坏各国民族的独立，进行"冷战"宣传，制造国际的仇恨和恐惧，使新战争的严重危险威胁着全世界人类的生存，威胁着全世界孩子们的生命。她们认识到，必须一致行动起来，担当起保卫孩子们的生命的崇高责任。①

来自66个国家的1200多名妇女代表，"其中包括825位母亲，372名平时很少参加社会活动的家庭主妇。大会的宗旨是：号召母亲和妇女紧密团结起来，行动起来，保卫孩子，反对战争，争取裁减军备，加强各国之间的友谊。有119位代表在大会上发言，共同控诉战争给母亲和儿童带来的痛苦与不幸，介绍了在和平环境下，各国对妇女儿童的关心和爱护"②。这些来自世界各地的妇女代表，职业涵盖女部长、女工、农妇等社会各个层面，除此之外，"还有13个国际组织的代表列席了大会。大会获得了世界知名人士和广大母亲的支持。有79个国家的妇女组织及知名妇女撰文向大会祝贺，大会还收到了比利时伊丽莎白皇太后、宋庆龄副委员长、居里夫人在内的2000多封贺电"③。虽然国籍、身份、地位不同，但来自世界各国的母亲们担心原子弹或者军事集团、军事竞赛威胁世界和平和孩子们的安全，为了共同的愿望团结起来，"世界母亲大会"的召开产生了广泛的社会影响。

3. 会议的影响意义

"世界母亲大会"的召开，促进了中国国内妇女工作的开展和完善。

---

① 《母亲们的和平意志是不可战胜的》，《人民日报》1955年7月14日。
② 刘巨才：《李德全的故事》，河北少年儿童出版社1995年版，第157—158页。
③ 任芬主编：《中国妇女运动史》，第307—308页。

上编 《冰心日记》中的史料

一方面,"世界母亲大会"影响了国内妇联工作的开展和改进,促进了妇联文件的完善。1955年8月1—2日,全国民主妇联第二届第二次执行委员会议在北京召开①。在此次会议中,李德全向与会人员介绍了在瑞士洛桑召开的"世界母亲大会"情况;会议通过了《关于动员全国妇女努力增产厉行节约的决议》和《关于拥护洛桑世界母亲大会宣言及各项文件的决议》,确立了全国民主妇联书记处人选;邓颖超就妇女工作的性质和全国民主妇联与执委联系情况及改进工作的办法作了讲话。

另一方面,会议影响了中国妇女的思想状态,提升了妇女个体的责任感。一位女保育员王成刚在诗歌中写道:"所有的孩子都在请求我们保护,连同他们的木马,他们的梦……葡萄架上要结满亮晶晶的琥珀,人间啊不要大火卷着狂风!当世界母亲大会在莱蒙湖畔开幕,我的心呀也飞到了洛桑城。全世界的姊妹们快扼住那些放火的手,快扼住那些战争贩子们罪恶的喉咙!"② 一位中学教师,也是一位在五天前刚生完第四个孩子的母亲,在产床上书写着对"世界母亲大会"的祝福,"当我从无线电广播里知道了世界母亲大会在瑞士洛桑开幕的消息,我抑制不住自己内心的喜悦和激动","我以一个中国普通妇女的名义,以一个四个孩子的母亲的名义,向你们祝福,并决心为实现大会的决议而斗争。我是一个普通的母亲,我的力量是很小的;但是我相信,倘若全世界千千万万的母亲都行动起来,就会按住那只企图燃起侵略战火的黑手",为了让孩子"只知道花朵的芬香,不懂得硝烟的气味;只知道人生的幸福,不懂得战争的灾难;我甘愿付出任何代价,献出我的一切力量"③。

冰心在日记中简略记录了"世界母亲大会"的日程,通过查询资

---

① 全国妇联办公厅编:《中华全国妇女联合会四十年(1949—1989)》,中国妇女出版社1991年版,第74—75页。
② 王成刚:《寄到世界母亲大会(一个中国女保育员的呼声)》,载吉林省青年文学创作选集编辑委员会编《青年文学创作选集 诗歌》,吉林人民出版社1956年版,第65页。
③ 陈光玉:《寄汇集洛桑的各国母亲们——一个四个孩子的母亲在产床上对世界母亲大会的祝福》,《人民日报》1955年7月12日。

料，可以对日记中提到的国际会议的社会背景、社会影响等省略处、模糊处进行补注，丰富日记中有关国际会议时代背景的史料。

## 二 有关国际会议内容的史料

由于日记文体的随意性、语言的简洁性，冰心在日记中简略记录了"世界母亲大会"召开的时间、日程安排，对会议的内容、参会人员发言的内容等会议具体事宜没有展开。根据日记提供的线索，结合人物辞典、人物传记等资料，可以丰富有关国际会议内容的史料。

（一）有关会议开幕式情况的史料

据冰心旅欧日记，1955年6月29日，中国妇女代表团启程，途经苏联、捷克，于1955年7月5日中午抵达瑞士洛桑，7月5日下午召开文艺组会，冰心起草发言稿，为中国妇女代表团参加"世界母亲大会"做准备工作。1955年7月7日，"世界母亲大会"开幕。冰心在日记中写道：

### 瑞士　55年7月7日　星期四

晨七时起。十时半开大会，戈登夫人开幕词中有小诗，十分动人，大家下泪。中午，与印尼妇女接洽。下午发一电致德国托□夫人。晚饭，与德国妇女联欢。九时，开文艺组预备会。十时许，回旅馆睡，稍倦，睡不好。①

此次会议在瑞士洛桑的几点开幕，在哪个地方召开，现场的氛围是怎样的，开幕式中的戈登夫人是什么身份，她做了什么发言感动了现场的参会人员，日记中没有说明。通过查询1955年7月9日《人民日报》得知，"世界母亲大会"于1955年7月7日上午十时三十分在瑞士洛桑"科图阿尔·瑞士"大厦开幕，"大会主席台上悬挂着一幅巨画，一个年青的母亲肩上举着一个肥胖可爱的孩子，母亲脸上坚决

---

① 冰心著，王炳根编：《冰心日记》，1955年7月7日，第4页。

## 上编 《冰心日记》中的史料

的表情表现出保卫孩子的决心和意志。这幅巨画也就是这次大会的会徽",开幕式中推选戈登夫人为主席①。欧仁妮·戈登,1881年生,法国人,国际民主妇女运动领袖,法国和平战士,1945年任国际民主妇女联合会主席,积极领导世界妇女争取和平运动。在开幕式中,戈登夫人作了《我们孕育了生命,我们要保卫生命》的主题报告,"表达了母亲们的母爱和衷心的愿望"②,"十分动人,大家下泪"。一直到1957年2月20日,冰心在《中国青年报》发表散文《我们应该怎样做父母》中仍强调了这篇报告带给自己的感动,"前年夏天,我到瑞士参加世界母亲大会,看到高悬的巨幅的'我们孕育了生命,我们就要保卫生命'的标语的时候,受了极大的感动。"③《人民日报》刊登的《世界母亲大会隆重开幕》的报道中摘录了戈登夫人在开幕式发言的部分内容,摘抄如下:

> 年龄不同和种族不同的妇女从不同的地方前来参加这个伟大的妇女集会,目的是要保卫自己的孩子免受战争威胁,为裁减军备和各国人民间的友好而奋斗……这次大会的目的就是要把占全人类一半的妇女更紧密地团结起来,使她们成为反对战争、保卫自己的孩子的不可战胜的力量……我们相信,伟大的母亲的爱能够战胜邪恶的势力,能够最后战胜战争……
> 
> 姊妹们,团结起来,在这个巨大的盾牌后面,生命将战斗,生命将战胜。④

戈登夫人的主题报告不仅感动了现场的妇女代表,也通过新闻媒体的报道影响了中国妇女。《人民日报》发表《世界母亲大会开会前夕》⑤

---

① 《世界母亲大会隆重开幕》,《人民日报》1955年7月9日。
② 计荣主编:《中国妇女运动史》,湖南出版社1992年版,第160—161页。
③ 冰心:《我们应该怎样做父母》,载卓如编《冰心全集(第三册)文学作品(1942—1957)》,海峡文艺出版社2012年版,第488页。
④ 《世界母亲大会隆重开幕》,《人民日报》1955年7月9日。
⑤ 《世界母亲大会开会前夕》,《人民日报》1955年7月8日。

《世界母亲大会隆重开幕》①《"真理报"发表社论祝贺世界母亲大会开幕》②,《宁波大众》发表《世界母亲大会开幕》③,对"世界母亲大会"开幕式的内容进行了介绍。1957年上海人民美术出版社以《我们孕育了生命,我们要保卫生命》为题目制作了宣传画,展示中国妇女形象,由此可见,"世界母亲大会"开幕式中戈登夫人报告的影响之大。

(二)有关代表人物发言内容的史料

1955年7月8日,"世界母亲大会"继续召开。冰心在日记里写道:

### 瑞士　55年7月8日　星期五

晨七时早餐后,八时半至会场,今晨有李德全讲话,大得掌声,尚有美国代表演讲,亦甚动人。④

李德全为何代表中国妇女代表团发言,她是什么身份,讲话的内容是什么,为何讲话后获得了参会人员的好评,"大得掌声"?冰心在日记中没有具体展开。

参考《人民日报》的报道、人物辞典及冰心的文学作品等资料,可以对李德全的身份、发言内容、发言反响的原因有所了解。

李德全,时任中国妇联副主席,"世界母亲大会"中国妇女代表团团长。为参加"世界母亲大会",中国政府派出了以李德全为团长、共有22名代表组成的中国妇女代表团参加大会。李德全,蒙古族,北京通州草房人(现属北京朝阳区),曾是冰心贝满女子中学的同学。冰心于1914—1918年在贝满女子中学读书时曾亲自感受过李德全卓越的领队能力。1915年5月,渴望密谋称帝的袁世凯为获取日本的支持,接受了日本军国政府向袁世凯政府提出的灭亡中国的《二十一条》。为反对袁世凯的行为,全国掀起一场"讨袁抗日爱国运动"。贝

---

① 《世界母亲大会隆重开幕》,《人民日报》1955年7月9日。
② 《"真理报"发表社论祝贺世界母亲大会开幕》,《人民日报》1955年7月8日。
③ 《世界母亲大会开幕》,《宁波大众》1955年7月10日。
④ 冰心著,王炳根编:《冰心日记》,1955年7月8日,第4页。

## 上编 《冰心日记》中的史料

满女子中学一年级学生,在学生会主席、四年级学生李德全的领队下,列队到中央公园(现在的中山公园)游行、交爱国捐,"在万人如海的讲台上,李德全同学慷慨陈词"①,抗议日本军国政府和袁世凯的行为;公园里人山人海,冰心"第一次看到那样悲壮伟大的场面"②。自中学时代就热爱参加社会运动的李德全,在中华人民共和国成立后,担任全国妇联副主席,政务院文化教育委员会委员,中国红十字会会长,中国第一任卫生部部长,第一、二、三届全国人民代表大会代表,第一、二、三届全国政协委员会常务委员,第四届全国政协副主席等多种职务③。

"世界母亲大会"中国妇女代表团团长李德全,在1955年7月8日的会议中发言的题目是《为孩子们创造和平宁静的环境》。《人民日报》1955年7月10日的新闻中刊登了《李德全在世界母亲大会上的发言》一文,报道了李德全《为孩子们创造和平宁静的环境》讲话报告的内容。在报告中,李德全首先代表中国妇女代表团完全同意戈登夫人的大会报告,随后详述了中华人民共和国成立后中国妇女的新面貌,中国妇女"完全支持并积极参加保卫和平制止战争,保卫母亲和儿童崇高而正义的行动"。中国妇女愿意与世界妇女团结起来,"我们大家都是母亲,都具有人类崇高的感情——伟大的母爱","当有人企图摧残和杀害孩子的时候,我们为了保卫孩子,从来不避任何艰难,不惜任何牺牲";"新战争危险依旧严重地威胁着母亲和孩子","为了保卫和平,保卫孩子","必须大大加强各国人民间的了解和友谊","必须反对战争,争取普遍裁减军备,反对制造和使用原子武器,把原子能用于和平目的,以消除新战争的威胁";"我们深信各国母亲是友好的,大家是声息相通、苦乐相共的。

---

① 冰心:《我入了贝满中斋》,载卓如编《冰心全集(第六册)文学作品(1980—1986)》,第237页。

② 冰心:《回忆"五四"》,载卓如编《冰心全集(第五册)文学作品(1962—1979)》,第463页。

③ 刘国新、刘晓主编:《中华人民共和国历史长编(第三卷)》,广西人民出版社1994年版,第237页。

东方母亲和西方母亲，中国母亲和美国母亲，同样都是友好的，人为的隔阂是完全可以消除的……只要团结和发挥母亲们的伟大的力量，我们就能够保卫生命，就能够为人类造福。让我们大家把保卫世界和平的事业，当作抚育孩子的神圣职责一样，勇敢地担负起来吧！世界和平万岁。"①

综上推测，李德全在"世界母亲大会"上"大得掌声"的原因，既与她发言的内容有关，也与她发言时的状态有关。李德全"慷慨陈词"地做《为孩子们创造和平宁静的环境》的报告，从母亲使命的角度，批判了战争给全世界母亲和孩子带来的威胁、灾难和伤痛，号召全世界的母亲联合起来，担负起保卫和平、保护孩子的神圣职责，感染了来自世界各地的妇女代表们，获得了与会妇女代表的共鸣，因而"大得掌声"。

（三）有关会议文件名称的史料

1955年7月10日是"世界母亲大会"会议最后一天，冰心在日记里写道：

### 瑞士　55年7月10日　星期日

> 晨起赴会，早听发言……九时又开会，通过致四大国外长书、致联合国书及大会宣言，资格审查委员报告，鼓掌如雷，大家拉手歌唱，绕场数周，丝巾挥动，情形热烈。②

冰心在日记中简略记录了"世界母亲大会"闭幕式时通过的报告和决议。由于日记文体的随意性、简洁性，冰心在日记中记录的文件名称并不精准。日记中记录的"致四大国外长书、致联合国书及大会宣言"，指的是《世界母亲大会给四大国政府首脑会议的信》《世界母亲大会致联合国呼吁书》和《世界母亲大会宣言》。《人民日报》1955

---

① 《李德全在世界母亲大会上发言》，《人民日报》1955年7月10日。
② 冰心著，王炳根编：《冰心日记》，1955年7月10日，第5页。

■ 上编 《冰心日记》中的史料

年7月13日发表的《第一次世界母亲大会闭幕》一文,对三份文件的内容分别予以介绍①。日记中记录的"资格审查委员报告",指的是"世界母亲大会"决定成立母亲保卫儿童常识委员会,国际妇女运动活动家安·安德琳通过资格审查,被推选为委员会主席。② 通过三个文件并成立新的委员会后,"世界母亲大会"在"鼓掌如雷,大家拉手歌唱,绕场数周,丝巾挥动,情形热烈"中胜利闭幕了。

结合相关文献,可以补全日记中记录的不完整的会议报告名称,使日记内容更加严谨、准确。

(四)有关会议中同行人物的史料

1. 与日记中提到的人物有关的史料

除了团长李德全,冰心在日记中提到参加此次母亲大会的中国妇女代表团代表有刘兰畦、张淑义、曹孟君。冰心在旅欧日记中对三位人物的记录如下。

同屋刘兰同志到。③

在瑞士洛桑参加会议期间,冰心等妇女代表于1955年7月5日开始住在 Hotel Vidom,刘兰畦7月6日到,与冰心同屋住。刘兰畦,江苏南京人,时任西南人民小学(后改名重庆人民小学)校长、第一届全国人大代表,④ 出席了"世界母亲大会"。

帮张淑义整理材料。⑤

---

① 《第一次世界母亲大会闭幕》,《人民日报》1955年7月13日。
② 计荣主编:《中国妇女运动史》,第160—161页。
③ 冰心著,王炳根编:《冰心日记》,1955年7月6日,第4页。《冰心日记》中为"同屋刘兰同志到",应更正为"同屋刘兰畦到"。
④ 蒋国昌主编,重庆市教育委员会编:《重庆教育志》,重庆出版社2002年版,第818—819页。
⑤ 冰心著,王炳根编:《冰心日记》,1955年7月11日,第5页。

第一章 关于国际交流状况的史料

同淑义至银行。①
同淑义至大使馆。②
偕淑义到 Tym 购物。③

张淑义，河北三河人，早年曾任上海基督教女青年会劳工部主任、中华基督教女青年会全国协会劳工兼民众教育部干事；中华人民共和国成立后，担任全国妇联妇女儿童福利部科长、处长、副秘书长，全国妇联国际联络部副部长，中国人民保卫儿童全国委员会处长、秘书长，全国妇联第四届执委、全国政协委员等④。作为全国妇联妇女儿童福利部工作人员，在瑞士洛桑参加会议前，张淑义为妇女代表团讲国际儿童问题；参加会议期间，负责整理会议材料，并得到了冰心的帮助，"帮张淑义整理材料""同淑义至大使馆"；大会结束后，返回北京途中，在瑞士日内瓦，冰心"同淑义至银行"；在莫斯科时，冰心"偕淑义到 Tym 购物"。

通过日记的记录，可以看出在旅欧期间，冰心与张淑义交往密切。密切的交往，与两人早年共同的求学经历有关。冰心与张淑义早年都在燕京大学获得了学士学位。大学毕业后，又都有美国留学的经历。冰心于1923年毕业于燕京大学国文系，荣获金钥匙奖，并得到美国威尔斯利女子大学的奖学金而赴美留学，获得硕士学位；张淑义于1936年毕业于燕京大学社会系，1941年获甘博奖学金赴美留学，在纽约哥伦比亚大学社会工作学院获得硕士学位。早年拥有相似的学习、留学经历；中华人民共和国成立后又担任中国妇女代表，拥有了相似的工作经历。相同的求学经历、工作经历想必为两人旅欧期间的日常交往、工作合作，提供了许多共同话题。

---

① 冰心著，王炳根编：《冰心日记》，1955年7月23日，第8页。
② 冰心著，王炳根编：《冰心日记》，1955年7月26日，第9页。
③ 冰心著，王炳根编：《冰心日记》，1955年7月27日，第9页。
④ 侯仁之主编，燕京研究院编：《燕京大学人物志（第1辑）》，北京大学出版社2001年版，第387—388页。

## 上编 《冰心日记》中的史料

> 曹处开赴法国会，①
> 在曹屋作总结。②

冰心旅欧日记中的"曹"，指的是曹孟君。曹孟君，生于长沙，早年曾是南京妇女界救国会负责人之一，主办过《妇女生活》杂志。中华人民共和国成立后，任全国妇联常委、书记处书记，全国政协委员等③。

在参加"世界母亲大会"期间，曹孟君任全国民主妇联书记处书记，与罗琼同为"世界母亲大会"中国妇女代表团副团长。作为领队副团长，参加大会前，曹孟君向中国妇女代表团介绍"世界母亲大会"的发展情况。大会结束后，"根据大会要求，代表团回国后，副团长罗琼、曹孟君及代表团成员分别在各地向各界妇女作了传达报告"④。因此在"世界母亲大会"结束后，冰心等代表"在曹屋作总结"，曹孟君需要搜集妇女代表的意见，为回国后向各界妇女传达报告做准备。

1955年7月11日，冰心到"曹处开赴法国会"，原因是"7月13日，应法国接待委员会的邀请，以全国民主妇联书记处书记曹孟君为团长的中国妇女代表团一行4人访问法国"⑤。作为赴法考察的领队团长，曹孟君需要与参会人员商讨考察的日程安排、注意事项等。冰心在1955年7月13—22日日记中记录了在法国考察的见闻和感受。

> 五人同出购物。⑥

冰心在1955年7月23日日记中没有点明一起外出购物的"五人"具体指谁。冰心的旅欧日记中出现了四位妇女代表的名字，也许冰心在

---

① 冰心著，王炳根编：《冰心日记》，1955年7月11日，第5页。
② 冰心著，王炳根编：《冰心日记》，1955年7月24日，第8页。
③ 王晓天、王国宇主编：《湖南古今人物辞典》，湖南人民出版社2013年版，第845页。
④ 全国妇联办公厅编：《中华全国妇女联合会四十年（1949—1989）》，第74—75页。
⑤ 全国妇联办公厅编：《中华全国妇女联合会四十年（1949—1989）》，第74—75页。
⑥ 冰心著，王炳根编：《冰心日记》，1955年7月23日，第8页。

日记中记录的"五人"是冰心、李德全、刘兰畦、张淑义、曹孟君。

2. 与日记中未提到的人物有关的史料

此次"世界母亲大会",中国政府派出了全国不同工作领域的22名妇女代表参加大会,除了上述的女部长(李德全)、女校长(刘兰畦)、女科长(张淑义)、女书记(曹孟君)、女作家(冰心)以外,还有女工、农妇,如江西省妇联树立的典型——兴国贫农妇女李友秀。李友秀的名字在冰心的旅欧日记中没有出现。结合有关李友秀的回忆录及人物传记,可以看出冰心与李友秀有多次交流、对话与评价。回忆录、人物传等资料,扩充了冰心旅欧期间的史料。

李友秀,1905年出生于江西省兴国县筲箕乡一个贫苦家庭,刚出生就被抱到本乡当童养媳,15岁时被婆家卖到另一家,抗日战争后参加了革命。中华人民共和国成立后,李友秀被选为贫农团主席、乡妇女主任;1951年春,在全县办起第一个互助组,在互助组里第一个办起农忙托儿所;1951年9月,被邀到北京参加国庆观礼,受到毛主席接见;1952年10月,加入中国共产党;1953年9月,参加中央赴朝慰问团江西分团,到朝鲜慰问志愿军。1955年7月,江西省妇联树立贫农妇女李友秀为典型,作为中国母亲的代表,出席瑞士洛桑世界母亲大会[①]。

通过查询资料得知,在旅欧期间,冰心与李友秀有一次对话、一次评价。

一次对话是,在"世界母亲大会"开幕式上,冰心向李友秀介绍苏联作家科斯莫杰米扬斯卡娅:

> 会议开始后,冰心指着会场中一位满头银发的老年妇女对李友秀说:"你知道她是谁吗?""不知道。""她就是《卓娅与舒拉》的作者、苏联妇女的杰出代表科斯莫杰米扬斯卡娅!"[②]

---

[①] 朱旦华口述,马杜香整理:《毛泽民夫人朱旦华访谈录》,人民文学出版社2014年版,第154—156页。

[②] 吴建春主编:《幸福母亲李友秀》,中国妇女出版社2009年版,第128页。

## 上编 《冰心日记》中的史料

一次评价是在"世界母亲大会"结束后,中国代表团途经苏联回国时,冰心对李友秀的赞扬。在苏联参观后,苏联朋友请代表团题词留念。李友秀不认识字、不会写字,最终由李友秀说,代表团同志代写。李友秀说:"苏联的今天,就是我们的明天!"李友秀将苏联作为中国学习的对象,反映了20世纪50年代中苏关系的友好。这句话受到代表团同行的称赞,冰心赞赏说:

讲得好,讲得好,一个没有文化的妇女同志,能说出这样精辟的话来,真是不简单![1]

此外,有关李友秀的资料,可以将冰心的日记内容具体化。

晨起赴会,早听发言。[2]

冰心在1955年7月10日的日记中没有写发言人姓名及具体发言内容,但通过查阅资料可以得知冰心当天听到的会议发言里包含李友秀的发言。

在"世界母亲大会"会议的第四天,即1955年7月10日,"世界母亲大会"秘书处通知中国妇女代表团,要李友秀代表中国妇女向全世界妇女发表广播演说。李友秀发表广播演说的内容是:"我是中华人民共和国的一个劳动妇女,我没有文化,对国家也没什么特别的贡献,这双手是做田的、养牛的、做饭的……过去,我是世界上最苦的母亲,现在,我却成了世界上最幸福的母亲。像我这样的母亲,在我们中国有千千万万……"[3]"她在异国他乡广播和演讲都不用讲稿,句句都讲心里话,她声泪俱下讲述她苦难的过去,发自肺腑歌颂共产党

---

[1] 吴建春主编:《幸福母亲李友秀》,第131—132页。
[2] 冰心著,王炳根编:《冰心日记》,1955年7月10日,第5页。
[3] 吴建春主编:《幸福母亲李友秀》,第127—130页。

领导穷苦人翻身做主人"①，她的讲话在国内外妇女界获得轰动效应，苏联当年以"昔日童养媳，今天女社长"的标题宣传了李友秀的演说。与李友秀的两次接触，以及李友秀的发言，冰心在旅欧日记中没有提及。人物传、回忆录等资料，可以丰富对冰心旅欧期间日程安排、会议内容的了解，扩充了冰心的研究史料。

根据日记提供的线索，结合回忆录、人物辞典、人物传记及冰心的文学作品等资料，可以对冰心旅欧日记中有关会议内容的简略处予以补充。相关史料与日记互文对照，达到相互补充的目的，丰富了与国际会议内容有关的史料。

## 第三节　日记中有关国际关系的史料

从旅欧日记、河南日记、湖北日记等对国际关系的记录中，结合冰心的文学作品等文献资料，可以丰富中华人民共和国成立初期有关国际关系的史料。

### 一　国外访问日记中的国际关系

（一）有关中印关系的史料

在1955年7月召开"世界母亲大会"期间，来自世界各地的妇女代表们发表演说，通过商议达成共识，形成了新的文件、制度。据统计，"中国代表团在大会、小组会、各委员会中热烈发言，并与21个国家的代表开展了会外联欢活动，还对报刊、电台发表了10次谈话、题词和演讲。通过这些活动表达了中国妇女和中国人民坚定的和平愿望。"②冰心的旅欧日记中记录的联欢会，就有与印度代表团联欢，"与印尼妇女接洽"，"与德国妇女联欢"，"与印尼联欢"，"有奥地利代表送礼给我代表"，"午饭与亚剌［细］亚国家联欢"，"瑞士妇联请

---

① 朱旦华口述，马杜香整理：《毛泽民夫人朱旦华访谈录》，第156页。
② 刘巨才：《李德全的故事》，河北少年儿童出版社1995年版，第157—158页。

## 上编 《冰心日记》中的史料

客""与日本代表联欢""见罗马尼亚代表""与苏联代表联欢"的记录。在这些联欢会中，只有与印度代表联欢时，冰心在日记中记录了联欢会的内容。

冰心1955年7月6日日记中，对中印联欢会的内容记录较为详细。

> 下午三时半，有印度代表团在楼下交际室与中国代表团五个人联欢，印度代表跳"统一舞"，读泰戈尔诗并提出问题，晚餐后有亚洲组开会。①

冰心在日记中对印度的记录，与冰心的文学作品等资料互相补充，具有以下史料价值。

首先，旅欧日记中有关与印度代表团联欢内容的记录，映射出20世纪50年代中印关系的友好。"中印两国都是亚洲幅员广阔、人口众多的大国。中华人民共和国成立后，印度是最早同中国正式建立外交关系的非社会主义国家。20世纪50年代两国关系的主流是友好的，两国领导人互访频繁，并共同提出了后来对国际关系理论和国际法产生了深远影响的和平共处五项原则。"② "中印两国总理的和平共处五项原则的联合宣言，使两国之间的友谊与合作又跃进了一大步"③，和平共处五项原则的提出，促使中印关系进入了"蜜月期"④。冰心在散文《印度之行》里写道，"印度人民对于中国人民的热爱，那真是山样高海样深呵"⑤，正是20世纪50年代中印关系友好的体现。

其次，旅欧日记中对印度的记录，为了解20世纪50年代印度的

---

① 冰心著，王炳根编：《冰心日记》，1955年7月6日，第4页。
② 盖军主编，张树军、刘晶芳等副主编：《中国共产党八十年历史纪事》，湖北人民出版社2001年版，第1286页。
③ 冰心：《印度重游记》，载卓如编《冰心全集（第三册）文学作品（1942—1957）》，第298页。
④ 高国卫、高广景：《中印建交的历史考察》，《党史研究与教学》2011年第3期。
⑤ 冰心：《印度之行》，载卓如编《冰心全集（第三册）文学作品（1942—1957）》，第238页。

第一章　关于国际交流状况的史料

文化和人民的精神状态提供史料。在日记中，冰心记录了印度代表跳舞、读泰戈尔诗歌等场景。跳舞、读泰戈尔诗等场景，冰心在参加"世界母亲大会"前访问印度时就已经感受到了。冰心在访问印度时，感受到印度人民对舞蹈的喜爱，"他们认为，舞蹈是印度文化传统中，最能代表人民的坚强的生活力和丰富的想象力的一部分"[1]；印度人民"提到泰戈尔名字的时候，脸上总是显着光辉，显着骄傲"[2]，对泰戈尔诗歌的演唱"尤其受到群众热烈的欢迎"[3]。

再次，旅欧日记中对印度的记录，可以弥补冰心访印日记的缺失。中华人民共和国成立后，冰心两次访问印度。冰心根据两次访问印度的见闻和感受，写作了《印度之行》《印度重游记》《与小朋友谈访印之行》《回忆我在印度的日子》等散文，但是没有留下印度访问期间的日记，"这五个星期的经历，用日记式的体裁来写，是不可能的了！因着日程和节目的匆迫紧接，我们不但不能详写日记，整理材料，有时连静坐回忆的工夫都没有"[4]。旅欧日记中与印度代表团的联欢内容的记录，可以弥补冰心访印日记的缺失。

此外，旅欧日记中与印度代表团的联欢内容的记录，还可以看出冰心对印度文化的熟知和独特感情。"冰心的经历、影响、人道主义立场、与印度的文化象征泰戈尔的精神联系"，成为冰心访问印度的"优势"[5]。冰心熟知印度诗人泰戈尔的作品，早年创作时就阅读了泰戈尔的传略和诗文；抗日战争胜利后，冰心翻译了泰戈尔的《吉檀迦利》。泰戈尔的作品用"天然的美感"表达了"不能言说"的思想，"快美的诗情，救治我天赋的悲感"，"超卓的哲理，慰藉了我心

---

[1] 冰心：《印度之行》，载卓如编《冰心全集（第三册）文学作品（1942—1957）》，第243页。
[2] 冰心：《西郊短简》，载卓如编《冰心全集（第三册）文学作品（1942—1957）》，第498页。
[3] 冰心：《印度之行》，载卓如编《冰心全集（第三册）文学作品（1942—1957）》，第255页。
[4] 冰心：《印度之行》，载卓如编《冰心全集（第三册）文学作品（1942—1957）》，第237页。
[5] 王炳根：《玫瑰的盛开与凋谢：冰心吴文藻合传（下编）》，第722页。

灵的寂寞"①，冰心受其影响创作了小诗集《繁星》《春水》，开启了中国现代文学史上"小诗"流行的时代。中华人民共和国成立后，因要访问印度，"已进行了多次外事教育，听了三次有关印度的专题报告"②后，冰心对印度经济、社会情况有了一定的了解。1953年11月底，应印度印中友好协会的邀请，冰心参加了以中印友好协会会长丁西林为首的访问团，与副团长夏衍、团员袁水拍、翻译黄金祺等六人前往印度出席庆祝印中友好协会成立纪念大会并进行一月有余的参观访问。此次印度访问，冰心访问了印度19个城市，在加尔各答访问了泰戈尔故乡。1955年4月2—22日，冰心参加以郭沫若为团长的中国代表团，出席在印度新德里召开的亚洲团结会议，再一次访问印度，"更加体会到中印友好的巨大力量，正在增长的和平的力量"③。作家夏衍回忆了冰心在访问泰戈尔故居时的表现，"我们访问泰戈尔的故居，在欢迎的茶会上，因为她翻译过泰戈尔的作品，所以丁老和我都推她即席讲话，她先用英语背诵了两首泰戈尔的诗，然后简洁地介绍了泰戈尔对中国的友谊和他在中国的影响"④。从冰心的文学作品及夏衍的回忆录可以看出，冰心熟知印度文化和印度诗人泰戈尔的文学作品，这也为了解冰心的外交风采提供了史料。

旅欧日记中与印度代表团的联欢内容的记录，与冰心的散文等资料互文对照，在一定程度上为了解中印外交关系、外交内容、冰心的外交风采等提供了史料。

（二）有关其他国家关系的史料

中华人民共和国成立后，除了文学写作，冰心也开始执行重要的政治任务。1953年7月，冰心在丁玲、老舍的介绍下，加入中华全国

---

① 冰心：《遥寄泰戈尔》，载卓如编《冰心全集（第一册）文学作品（1919—1923）》，第120页。
② 王炳根：《玫瑰的盛开与凋谢：冰心吴文藻合传（下编）》，第723页。
③ 冰心：《印度重游记》，载卓如编《冰心全集（第三册）文学作品（1942—1957）》，第298页。
④ 夏衍：《赞颂我的"老大姐"》，《花城》1981年第4期。

第一章 关于国际交流状况的史料

文学工作者协会（简称全国文协，1953年10月改为中国作家协会），在文协儿童文学组担任组长。1953年9月23日—10月6日，中国文学艺术工作者第二次代表大会在北京举行，冰心在会上作了发言，被选为中国文学艺术界第二届全国委员会委员，同时参加了全国文协会员代表大会。作为中国妇女代表、母亲代表、作家代表、人民代表，冰心活跃在国际舞台上，到亚洲、非洲、欧洲等的国家参观访问，"国际活动，我是喜欢的。我是政治觉悟不高的人，对于政治觉悟比我还低的环境和我从前差不多的人，距离较近，他们的心理意识，我也比较摸得着，我可以同他们直接谈话，又少一层隔膜，我觉得在这一方面，我虽然仍是会犯错误，但是，还比较有把握"[①]。在《再寄小读者》《塔什干的盛会》《访英观感》《莫斯科河畔的孩子们》等散文作品中，冰心向小朋友谈了在意大利、英国等欧洲国家及参加亚非国家作家会议期间在乌兹别克斯坦首都塔什干、苏联首都莫斯科访问时的见闻感受。冰心的旅欧日记记录了在欧洲国家考察的见闻，也记录了与亚洲、非洲、欧洲等不同国家代表相处时的情形。冰心的日记与文学作品互文阅读，可以丰富中华人民共和国成立后中国与其他国家外交关系等方面的史料。

冰心在旅欧日记中，除了记录参加"世界母亲大会"的日程，还记录了在苏联、捷克、法国访问的日程。访问时间、访问国家、考察内容等日程见表一。

表一　　　　　　冰心旅欧日记中的考察日程

| 时间、访问国家 | 考察内容 | 提到人物 | 人物介绍 |
| --- | --- | --- | --- |
| 1955年7月1日苏联（莫斯科） | 农业展览馆、油画馆 | | |
| 1955年7月3日捷克（布拉格） | 哥特瓦尔德殡宫 | 哥特瓦尔德 | 哥特瓦尔德（1896—1953），捷克共产党领导人，1948年6月出任共和国总统 |

---

① 冰心自书简历：1956年8月10日，转引自王炳根《玫瑰的盛开与凋谢：冰心吴文藻合传（下编）》，第726页。

续表

| 时间、访问国家 | 考察内容 | 提到人物 | 人物介绍 |
| --- | --- | --- | --- |
| | 伏契克棺 | 伏契克 | 伏契克(1903—1943),捷克共产党地下中央委员,新闻工作者,评论家 |
| 1955年7月4日 捷克 (布拉格) | 布拉格天文钟 Jan Hus 像 斯大林纪念碑 | Jan Hus (扬·胡斯) | Jan Hus(扬·胡斯)(1369—1415),捷克宗教思想家、哲学家 |
| 1955年7月13日 法国(巴黎) | 工人住宅区 集中营及抗战牺牲者坟地 | | |
| 1955年7月14日 法国(巴黎) | 路易十四客厅 单身人住宅楼、健身房 | | |
| 1955年7月15日 法国(巴黎) | 雷诺五金工厂诊疗所、帽子公司、衣装公司、卢浮宫 | | |
| 1955年7月16日 法国(巴黎) | Cathédrale 教堂、LeMeurice 市住宅区、学校、医院小儿科及早产科、牛奶场、农场 | | |
| 1955年7月17日 法国(巴黎) | 拿破仑像、凡尔赛宫 | 路易十四 (Sun King) | 路易十四(自号太阳王 the Sun King)(1638—1715),法国波旁王朝国王 |
| 1955年7月18日 法国(巴黎) | 南美洲俱乐部、埃菲尔铁塔、市议会 | | |
| 1955年7月19日 法国(巴黎) | 畸形儿童医院、参议院、国际教育中心、共选区 | | |
| 1955年7月20日 法国(巴黎) | Ro Teuzm 市住宅区、巴黎人士娱乐之地真树旅馆及骑士旅馆、雷诺汽车厂 | | |
| 1955年7月21日 法国(巴黎) | 商店、地道、仓库等 | | |
| 1955年7月27日 苏联 | 列宁墓、斯大林墓 | 列宁、斯大林 | 列宁(1870—1924)、斯大林(1878—1953),苏联党和国家最高领导人 |

在旅欧考察中,冰心等妇女代表对沿途的苏联、捷克、法国进行

访问。

从表一可以看出，冰心等中国妇女代表团在途经苏联时，主要参观了苏联的展览馆、油画馆及列宁墓、斯大林墓。通过查询资料可知，"世界母亲大会"结束后，"中国代表团途经苏联回国。在莫斯科，中国代表团受到隆重热烈的欢迎和友好接待。苏联朋友热情地邀请代表团游览了莫斯科的市容市貌，参观了名胜古迹、展览馆，访问了工厂、农庄"①。

途经捷克时，主要访问对象是两类：一类是历史名胜古迹，如布拉格天文钟、Jan Hus 塑像；一类是对捷克共产党事业有突出贡献的人物宫殿，如哥特瓦尔德殡宫。1986 年 6 月 1 日朱子奇给捷克的著名作家丹娜的信中写道："冰心老人对我说，她也常想念布拉格，她感谢你们译她的诗。这次又特意去看望了她。"② 可见，在捷克布拉格访问时的见闻为冰心留下了深刻的印象，一直到晚年时"也常想念布拉格"。

在法国，冰心等妇女代表团成员进行了"深度游"③，访问了工厂，如雷诺五金工厂诊疗所、帽子公司、衣装公司、雷诺汽车厂；访问了基础设施，如工人住宅区、健身房、学校、医院小儿科及早产科、牛奶场、农场、商店、仓库等；参观了历史古迹，如卢浮宫、Cathédrale教堂、埃菲尔铁塔等。

除了接触苏联、捷克、瑞士、法国等国家的人民，冰心等妇女代表团成员还与印尼、德国、印度、日本、罗马尼亚、奥地利等国家的妇女代表谈话、联欢。

中国与这些国家在地理环境、生活习惯、意识形态、政治制度等方面存在差异。不同国家的妇女代表相处融洽，显示出 20 世纪 50 年代较为稳定和谐的国际关系。结合冰心的旅欧日记、冰心的文学作品及此阶段的历史资料可以看出，"母亲"的共同身份、共同的政治追

---

① 吴建春主编：《幸福母亲李友秀》，第 131 页。
② 朱子奇：《朱子奇致丹娜》，载杨泉福等编著《哲人的心灵对话 中外名人社交书信大全》，陕西人民出版社 1992 年版，第 696 页。
③ 王炳根：《玫瑰的盛开与凋谢：冰心吴文藻合传（下编）》，第 728 页。

上编 《冰心日记》中的史料

求、考察前的外事教育,是保证国际会议顺利召开、欧洲考察顺利开展的重要原因。

一是,"世界母亲大会"将不同意识形态、不同政治制度的国家,因"母亲"的共同身份凝聚在一起。"母亲们保卫孩子的共同心愿像一缕坚韧的线,把所有母亲都亲密地连接起来了。"① 冰心旅欧日记中,无论是戈登夫人的小诗,还是李德全的演讲,都以母爱为出发点。强调母亲的力量,用母爱感化人物、感化社会,是冰心文学作品中倡导的文学观。在早年的小说《超人》中,冰心借主人公何彬之口歌颂了母爱的力量,"世界上的母亲和母亲都是好朋友,世界上的儿子和儿子也都是好朋友,都是互相牵连,不是互相遗弃的"②。作为女性,作为母亲,冰心鼓励妇女参与政治生活,"因为环境的关系,她们所接触最多的,是妇女与儿童。因此对于妇女儿童的福利,女参政员尤其应当切实注意。妇女的情感强烈,思想缜密,同情心丰富"③。中国、印度、德国、印尼、日本、罗马、苏联等不同国家、不同地理环境的妇女代表们,因"母亲"的身份"互相牵连",用"母亲"的力量反对战争,制止原子弹的不合理使用带来的威胁。正如冰心在散文《莫斯科的上空》中说的:"世界母亲的焦虑和希望鼓荡在我的胸怀。广岛的母亲,华沙的母亲,黄金海岸的母亲,塞浦路斯的母亲……千万只手臂挥舞着,叫出了她们的痛苦和抗议:我们不要氢弹,原子弹,我们不要毁灭世界的祸灾!我们要和平,幸福的生活,我们要保卫千千万万的婴孩!"④"妇女""母亲"的共同身份,将世界各地的妇女代表团结在一起,减少了国家之间因意识形态不同而造成的芥蒂。

二是,访问双方在考察景点上精心安排,选取具有一定政治意义

---

① 《世界母亲大会隆重开幕》,《人民日报》1955年7月9日。
② 冰心:《超人》,载卓如编《冰心全集(第一册)文学作品(1919—1923)》,第193页。
③ 冰心:《对于妇女参政的意见》,载卓如编《冰心全集(第三册)文学作品(1942—1957)》,第25页。
④ 冰心:《莫斯科的上空》,载卓如编《冰心全集(第三册)文学作品(1942—1957)》,第514页。

第一章　关于国际交流状况的史料

的名人古迹进行参观。在苏联，冰心等中国妇女代表参观了列宁墓、斯大林墓；在捷克，参观了哥特瓦尔德殡宫、伏契克棺。列宁、斯大林，是苏联共产党的代表人物，哥特瓦尔德、伏契克是捷克共产党的代表人物。中华人民共和国成立后，中国先后与亚、欧社会主义国家苏联、波兰、捷克等国家建立外交关系，"欧、亚社会主义国家在政治、经济、军事、文化等方面进行合作发展，形成二战后以苏联'老大哥'为首的地跨欧亚的社会主义阵营"①。中国与苏联、捷克、蒙古国同属于社会主义阵营，因此冰心在日记中记录的"午抵乌兰巴托……乌站较为简陋，机站上服务多为苏联人"②，"捷克人对中国人极好，沿途有人要求签字"③，就可以理解了。20世纪50年代，中国与苏联、捷克又同属社会主义国家，缅怀早期共产党领导人，参观具有一定政治意义的名人古迹，是加深、筑牢国际关系的方式。

三是，欧洲考察前的外事教育，也是保证旅欧考察顺利开展的关键步骤。"到欧洲出席会议，并且是世界各国都出席的母亲大会，更是受到中央政府的重视，从人员的选定到出国前的教育，严格而慎重。仅是外事教育便紧锣密鼓地进行了两周的时间。"④ 中国与法国在意识形态、社会制度等方面存在差异，因此中国妇女代表团在考察时没有参观涉及政治敏感领域的景点。中国妇女代表团参观了法国的工厂、学校、医院、农场、住宅区、商店及代表性的历史名胜古迹，临行前"斯丽曼夫人来送我们至机场，法国朋友如阿蒙、Dc lahmnm 等均来相送，依依不舍"⑤。欧洲考察前的外事教育，考察过程中对考察景点的精心安排，保证了中法代表融洽相处。

冰心旅欧日记为了解20世纪50年代的时代环境、国际交流情况提供了史料。

---

① 赵登明：《简明中外通史（下）》，吉林文史出版社2012年版，第713页。
② 冰心著，王炳根编：《冰心日记》，1955年6月29日，第2页。
③ 冰心著，王炳根编：《冰心日记》，1955年7月3日，第3页。
④ 王炳根：《玫瑰的盛开与凋谢：冰心吴文藻合传（下编）》，第726页。
⑤ 冰心著，王炳根编：《冰心日记》，1955年7月22日，第8页。

## 二 国内考察日记中的国际关系

在国内考察时，冰心有时会将看到的建筑、机器及欣赏的景点等，与外国的相关事物进行对比。冰心在日记中提到国外情况的内容见表二。需要说明的是，在表格中，笔者对日记内容中提到的外国国家用着重号标记，以示突出；页码是指日记内容在《冰心日记》（作家出版社2018年版）中所显示的页码。

表二　　　　　　　　冰心国内考察日记中提到的国外情况

| 时间 | 日记名称 | 提到的国家 | 日记内容 | 页码 |
|---|---|---|---|---|
| 1955年12月6日 | 福建日记 | 捷克、德国 | 至帮洲福建机器厂……至车间参观，各国来的机器都有，据说是捷克、德国的最好…… | 19 |
| 1955年12月11日 | 福建日记 | 苏联 | 十时半，至水电工地……计有发电机六座，暂时只用两座，极为伟大，本系露天，苏联专家建议隐蔽，为国中数一数二大发电厂。 | 20 |
| 1957年4月23日 | 江南日记 | 法国 | 有松树百余种及法国梧桐，与南京城及中山陵相似…… | 25 |
| 1957年4月29日 | 江南日记 | 法国 | 此间房屋与扬州相仿处，风火墙甚高，上开花椒眼，到处杜鹃盛开，山茶亦好，庭中喜植龙爪槐，并有法国梧桐、红枫等…… | 29 |
| 1957年5月9日 | 江南日记 | 苏联 | 下午两时，又到服装社，系替苏联加工，颜色、样子都不好。 | 34 |
| 1959年3月21日 | 河南日记 | 苏联 | 到水利厅参观人民公社，一路经过新建市区，种树甚多，大路宽阔，并有新建展览馆，未完工，到处与苏联所见相仿，社会主义道路总是差不多，所谓共同道路、普遍真理也。 | 39 |
| 1959年3月23日 | 河南日记 | 乌兹别克 | 2:30出发至东风渠帮忙，在乌兹别克所见之安吉□渠，都是一脉相承的。 | 40 |
| 1959年3月24日 | 河南日记 | 白俄罗斯 | 从文物陈［列］所又到建设区，有河南医学院、郑州大学、国锦13456厂等，简直很像明斯科［克］。 | 41 |

第一章 关于国际交流状况的史料

续表

| 时间 | 日记名称 | 提到的国家 | 日记内容 | 页码 |
|---|---|---|---|---|
| 1960年3月3日 | 湖北日记 | 苏联 | 下午二时,参观湖北十年建设成就展览馆……水利三峡部分,苏［联］专家说,三峡建成,其伟大不亚于人类上天。展览会在汉中中苏友好宫办,该内容很像北京的展览会内容,美不胜收,祖国各地都是大跃进,没有例外。 | 58 |
| 1960年9月11日 | 怀来日记 | 法国、日本、保加利亚、苏联 | 我们看了一条龙葡萄园……从两个法国留学生学的植物,现在成了专家……我们又到九堡果木场,又捧上二十多种葡萄和三种西瓜(日本种有旭大和佳宾),葡萄有中国、保加利亚、苏联等种,共四十余种。 | 67 |
| 1961年12月16日 | 湛江日记 | 苏联 | 广州变化真快……中山纪念堂五层楼等,对面有中苏友谊馆、体育馆、广播大楼等…… | 70 |
| 1961年12月22日 | 湛江日记 | 法国、缅甸 | 有西山公园,树木有大叶、小叶、柠檬、千层桉四种,并有法国枇杷、缅甸合欢、凤凰树……真是妙绝。 | 73 |
| 1961年12月23日 | 湛江日记 | 法国 | 上六层楼,四望海上,法国人员经营的西营一角还是土路,解放后［19］54年前盛栽木麻黄。 | 73 |
| 1961年12月28日 | 湛江日记 | 苏联 | 我们看了橡胶园,大概20—40年是最出产时期,过此渐渐不好。这园已有七八年历史了,全国有二百四十万亩,橡胶东南亚最多,这里是苏联与我们合办,条件很苛,［19］55年作废。 | 76 |
| 1965年11月3日 | 赣鄂日记 | 英国 | 一切均甚舒适,比北京旅馆尤［犹］有过之,我所带东西都不合适了。我国区域差别之大,短时期内很难拉平,当然上海大厦是英国人盖的旅馆,与一般城市人民的日常生活更高许多。 | 90 |
| 1965年12月6日 | 赣鄂日记 | 苏联 | 二时到新码头边看民兵表演……另有两种苏联机枪,由男女两队掌握,以后有望空射击…… | 111 |
| 1965年12月10日 | 赣鄂日记 | 法国 | 近午到汉口,有市统战人员来,接住江汉饭店,与雷住228号。此饭店是法国人开的,本名德明饭店。 | 113—114 |
| 1965年12月17日 | 赣鄂日记 | 苏联 | 到中苏友谊馆看技术革新展览,共有12馆,都是本省技术革新,大的如机床厂、汽车修配厂、柴油机厂,小之如制拉链、伞、装药等,又有轻工业展览…… | 116 |
| 1975年6月10日 | 西南日记 | 菲律宾 | 晨起听广播,知菲中已建交且把反对霸权写了进去,可喜也。 | 129 |

· 45 ·

上编 《冰心日记》中的史料

续表

| 时间 | 日记名称 | 提到的国家 | 日记内容 | 页码 |
| --- | --- | --- | --- | --- |
| 1975年6月14日 | 西南日记 | 西德、英国、捷克、越南 | 听二重机厂领导李干同志汇报。后即到该厂参观了第一三舍、二车间、三号车间……这厂1960年以前的机器，都是建交的国家买来的，如西德、英国、捷克等，以后就没有了，那种加重炮是我们自己发明的，国际很得好许，越南用过。 | 131 |
| 1975年6月23日 | 西南日记 | 英国 | 有几所小巧的别墅。中午时，曾去看了胡愈之夫妇住处，就在那里，有部分曾作过英国领馆。 | 136 |
| 1975年6月24日 | 西南日记 | 瑞士、日本、德国、朝鲜、罗马尼亚、巴基斯坦 | 参观了齿轮厂和精密机器厂……精密机器有从瑞士、日本、德国来的，我[们]自己也行销国外，如朝鲜、罗马尼亚、巴基斯坦等，有的机器已超国际水平，如激光定位，动感光到一米，反射光、排尺等。 | 137 |
| 1975年7月2日 | 西南日记 | 泰国、伊拉克 | 听广播知昨天中泰已建交，是个好消息，伊拉克付[副]总统也要来了。 | 142 |
| 1975年7月12日 | 西南日记 | 苏联、朝鲜、英国 | [19]36年党组织找到他们，送毛岸英到苏联留学，[19]46年回来，毛主席先让他到陕北农村，解放后又到北京机器厂，[19]50年9月参加抗美援朝，11月在朝鲜牺牲。<br>韶山现成为风景区，山青水绿，稻田尤为整齐，和英国的青草坪一样。 | 149 |
| 1975年7月14日 | 西南日记 | 苏联 | 走过两亭之间的长廊，已近水边了，那就是我从后廊窗边看见的人工湖，上仿苏堤，还在修葺。 | 151 |

冰心在国内考察的日记中有关国外状况的记录，为了解中华人民共和国成立后的外交历史、外交模式、外交关系、外交观念等提供了史料。

（一）有关外交历史的史料

日记为了解中华人民共和国成立后的外交历史提供了史料。冰心在日记中记录了中国与菲律宾建交的时间及取得的成就，"把反对霸权写了进去，可喜也"[①]，记录了中国与泰国建交的时间及中国与伊拉

---

[①] 冰心著，王炳根编：《冰心日记》，1975年6月10日，第129页。

· 46 ·

克外交的进展状况。冰心在日记中也记录了中国与苏联、捷克、朝鲜等国家之间的交往，为了解中华人民共和国成立初期社会主义阵营里国家之间的相处提供了史料。"二战之前，世界上只有一个社会主义国家苏联。到二战后初期，欧亚十几个社会主义国家建立了以苏联'老大哥'为首的社会主义阵营。"[①] 中国与苏联、捷克、罗马尼亚、朝鲜、越南等社会主义阵营的国家联合在一起，共同应对动荡不安的国际形势。在《冰心日记》中的西南日记里，冰心在昆明考察精密仪器厂时提到的产品销往朝鲜、罗马尼亚，在韶山参观毛泽东同志旧居时提到的毛泽东儿子毛岸英"到苏联留学""参加抗美援朝"等，体现了社会主义阵营里国家之间的经济往来、政治交流和军事帮助。

（二）有关中外发展模式的史料

冰心在日记中对国内建设中"苏联模式"的记录，体现了国际形势、国际关系影响下中国城市建设、工业建设等方面的发展模式，"到处与苏联所见相仿，社会主义道路总是差不多，所谓共同道路、普遍真理也"[②]。

苏联作为世界上的第一个社会主义国家，其工业化建设方面在较短的时间内取得巨大成就，形成了"苏联模式"，"后来的社会主义国家大都把苏联模式视为社会主义建设的基本模式而纷纷仿效"[③]。中华人民共和国成立初期，中国政府与苏联政府进行了三次会谈，中国决定以苏联为榜样，学习苏联工业建设的经验，渴望得到苏联政府及苏联专家的指导与帮助。"1949年12月16日，毛泽东主席抵达莫斯科对苏联进行访问，商谈两国重大政治问题。1950年1月20日，中华人民共和国中央人民政府政务院总理兼外交部长周恩来奉命抵达莫斯科，参加双边会谈。1950年2月14日，两国政府签订《中苏友好同盟互助条约》《关于中国长春铁路、旅顺口及大连的协定》和《关于贷款给中华人民共和国的协定》"，毛泽东"高度评价了中苏两国人民的团

---

① 赵登明：《简明中外通史（下）》，吉林文史出版社2012年版，第713页。
② 冰心著，王炳根编：《冰心日记》，1959年3月21日，第39页。
③ 阮建平主编：《当代世界经济与政治》，武汉大学出版社2012年版，第149页。

结和友谊,同时指出,苏联经济文化及其他各项重要的建设经验,将成为新中国建设的榜样。这次访问加强了中苏两个社会主义国家之间的友好合作"①。苏联政府和苏联专家在工业建设方面为中国提供技术指导和资金援助,"在整个'一五'规划中,苏联计划援助中国建设156个重点建设项目,最终实际建成150个。这些项目从水电站到公路桥梁,从矿山采掘到港口吊装机械,从机床厂到发电站,从航空器到军火工业。"②冰心在散文《莫斯科的丁香和北京的菊花》中提到的"莫斯科的今天,就是北京的明天"③,在散文《奇迹的三门峡市》中提到的"这个空前巨大的三门峡水利枢纽工程的计划和修建,真是太不简单了!从毛主席视察黄河起,直到苏联专家们协助勘察、设计、施工止,这其间有多少详尽周密的准备,组织"④及中国妇女代表团访问苏联时妇女代表李友秀说的"苏联的今天,就是我们的明天"等言论,是20世纪50年代中国向苏联学习工业建设、城市建设的体现。

冰心在日记中记录的国内发电机制造、水利工程建设、机枪制造、机床制造、人工湖建设,或是在苏联指导下建设的,或是仿造苏联建设的,显现出中华人民共和国成立初期中国建设的"苏联模式"。比如,福建考察日记中,古田水电工地里的发电机,"苏联专家建议隐蔽";湛江考察日记中,湛江湖光农场的橡胶园是"苏联与我们合办"的;西南考察日记中,湖南烈士的人工湖是"仿苏堤"的。

另外,乌兹别克、明斯克都曾并入苏联。乌兹别克于1917—1918年建立苏维埃政权,1924年成立乌兹别克苏维埃社会主义共和国并加入苏联;明斯克是白俄罗斯国的首都,1919年成立白罗斯苏维埃社会主义共和国,1922年并入苏联。冰心认为,河南东风渠与乌

---

① 程思源主编:《中国全史(卷15)通史》,远方出版社2004年版,第2863—2864页。
② 王琥:《新中国设计纪事》,江苏凤凰美术出版社2019年版,第119页。
③ 冰心:《莫斯科的丁香和北京的菊花》,载卓如编《冰心全集(第三册)文学作品(1942—1957)》,第226页。
④ 冰心:《奇迹的三门峡市》,载卓如编《冰心全集(第四册)文学作品(1958—1961)》,第197页。

兹别克的安吉□渠"一脉相承"①；河南医学院、郑州大学等"简直很像明斯科［克］"②。冰心在日记中对乌兹别克和明斯克的记录，也是中国工业建设、城市建设中"苏联模式"的体现。

（三）有关外交关系的史料

日记为了解中华人民共和国成立后中国的外交关系提供了史料。《冰心日记》中冰心在国内考察时对苏联状况的记录，为了解中华人民共和国成立初期中国与苏联的外交关系提供了史料。

20世纪50年代，是中苏关系的友好期。对于中国来说，这既是政治上应对复杂国际形势的需求，也是经济建设方面建设工业强国的需求。中苏面临共同的国际形势，同属于社会主义阵营。苏联成为社会主义阵营国家抵御侵害的靠山，冰心在《莫斯科的上空》中所说的苏联莫斯科"这是第一座伟大的不夜城市，这是第一座保卫和平的堡垒"③，《朝阳和夕照》中"我们在苏联人民中间，随时随地所受到的炽热的骨肉般的友情，是我们毕生难忘的"④，在一定程度上代表了20世纪50年代中国对苏联的态度。《冰心日记》中多次出现"中苏友好宫""中苏友谊馆"，是中苏外交关系友好时期的体现。可见，日记为了解中华人民共和国成立初期中苏关系提供了史料。

（四）有关外交观念的史料

《冰心日记》中对英国、法国、日本、瑞士等国家的记录，为了解中华人民共和国成立初期的外交观念提供了史料。日记中显示了中华人民共和国成立后打破社会制度的差异，在林业建设、工业建设等方面积极学习不同国家先进技术的外交观念。

文学作品中，冰心对国外事物的关注点集中在社会制度上。文学

---

① 冰心著，王炳根编：《冰心日记》，1959年3月23日，第40页。
② 冰心著，王炳根编：《冰心日记》，1959年3月24日，第41页。
③ 冰心：《莫斯科的上空》，载卓如编《冰心全集（第三册）文学作品（1942—1957）》，第515页。
④ 冰心：《朝阳和夕照》，载卓如编《冰心全集（第四册）文学作品(1958—1961)》，第141页。

作品里，冰心将英国、瑞士等欧洲国家，与苏联及苏联的加盟共和国白俄罗斯、乌克兰等亚非国家进行"两个社会制度的对比"①，认为资本主义制度的国家，如英国，"我脑中的古老的暮气沉沉的英国，早已被挤入它自己特有的浓雾之中"②，社会主义制度的国家，如苏联，"他们的集体的力量和智慧，就转向于建设美好幸福的未来"③。文学作品里社会制度之间是二元对立的，社会制度与社会建设是画等号的，英国等资本主义制度的国家是"夕阳残照，暮色沉沉"，苏联等社会主义阵营里的国家是"旭日初升，光芒万丈"④。

与文学作品相比，冰心在日记中对外国国家的记录更加客观合理，补充、修正了文学作品单一化、定型化、模式化的叙述。冰心在福建考察福建机器厂时，听说捷克、德国的机器最好；在怀来考察时，参观了葡萄园，了解到指导葡萄园种植的专家是在法国留学时学到的种植技术；在湛江考察中，了解到了法国、缅甸的植物品种；在赣鄂考察途经上海时住在上海大厦，冰心赞赏上海大厦"是英国人盖的旅馆，与一般城市人民的日常生活更高许多"⑤；在四川德阳考察二重机厂，得知该厂1960年前的机器是从西德、英国、捷克买来的；在云南昆明，赞美曾经的英国领馆建筑精巧，在参观精密机器厂时得知有的精密机器是从瑞士、日本、德国来的；在湖南韶山，赞美当地风景山青水绿像英国的青草坪。中国在社会建设（果树种植、机器制造、城市建筑等）方面，积极学习不同国家的长处，日记为客观评定中华人民共和国成立后中国与外国的交流态度提供了史料。

在国内考察时，冰心将看到的建筑、机器等，与外国进行对比。

---

① 冰心：《朝阳和夕照》，载卓如编《冰心全集（第四册）文学作品(1958—1961)》，第142页。
② 冰心：《访英观感》，载卓如编《冰心全集（第四册）文学作品（1958—1961)》，第252页。
③ 冰心：《欢乐地回忆，兴奋地前瞻》，载卓如编《冰心全集（第四册）文学作品（1958—1961)》，第261页。
④ 冰心：《朝阳和夕照》，载卓如编《冰心全集（第四册）文学作品（1958—1961)》，第137页。
⑤ 冰心著，王炳根编：《冰心日记》，1965年11月3日，第90页。

将《冰心日记》与《中国全史》《中外简史》等资料互文阅读，为了解中华人民共和国成立初期的外交历史、中外发展模式、外交关系、外交观念等国际关系提供了史料。

总体而言，本章以冰心国外访问日记及国内考察中含有国际状况的日记为探讨的对象，搜集、考证日记中与国际会议、国际关系有关的史料。具体来说，本章以旅欧日记为例，结合人物志、回忆录等文献资料，对日记中的模糊处、不完整处进行史料补注，丰富、精确日记中与国际会议的时代背景、会议内容等有关的史料；从《冰心日记》中对外交历史、外交关系、外交观念的记录中，结合中外历史书籍及冰心的文学作品等文献资料，注释、考证、探究彼时的国际关系。《冰心日记》为了解中华人民共和国成立后的国际交流状况提供了史料。

# 第二章　关于国内经济建设的史料

1953年9月23日,"全国政协常务委员会第五十次会议讨论通过《中国人民政治协商会议全国委员会庆祝中华人民共和国成立四周年的口号》","口号共65条。其中,第二十六条公布了党在过渡时期的总路线",指出"全国人民一致努力,为实现第一个五年计划的基本任务而奋斗,为在一个相当长的时间内逐步实现国家的社会主义工业化,逐步实现国家对农业、对手工业和对私营工商业的社会主义改造而奋斗!"①《冰心日记》里记录了冰心作为人大代表、政协委员或者民进委员在国内考察农业建设状况、工业建设状况的日程。冰心的福建日记、河南日记、丰台日记等,主要记录了其在国内考察农业建设的见闻经历;邯郸日记、湖北日记、西南日记、任丘日记等,主要记录了其考察国内工业建设的日程和见闻感受。日记为了解中华人民共和国成立后的农业建设、工业建设提供了史料。本章分为三节,结合相关文献资料,搜集、考证《冰心日记》中与农业建设、工业建设相关的史料。

## 第一节　日记中有关农业建设的史料

本节共分为两部分。第一部分,搜集、考证与"农业合作化"有关的史料,以冰心的福建日记为例。本部分详细梳理此阶段日记的内

---

① 《共和国日记》编委会编:《共和国日记(1952)》,河南人民出版社2017年版,第502页。

容概况，搜集、考证与"农业合作化"内容和人物相关的史料。第二部分，是关于《冰心日记》中其他阶段有关农业建设记录的史料。根据《冰心日记》中对农业建设中的人物、事迹的记录，结合"农业合作化"历史、人物传记等资料，可以丰富中华人民共和国成立后有关农业建设相关的史料。

## 一 日记中的 "农业合作化" 建设

《冰心日记》中体现"农业合作化"建设的日记主要集中在冰心的福建日记。1955 年 11 月 16 日到 1956 年 1 月 3 日，冰心作为人大代表，分配到福建进行考察。王炳根将冰心这段时间的日记称为福建日记。冰心根据这段考察的见闻写作了散文《还乡杂记》。本节在梳理、概括冰心福建日记内容概况的基础上，结合历史书籍、《福州市郊区志》等文献资料，丰富福建日记中与"农业合作化"的内容及人物有关的史料。

（一）福建日记的内容概况

11 月 16 日，11 月 15 日夜八时上车，从北京出发，同行人员有谢雪红、沈兹九、沈毅、刘崇乐、林仲易等。火车上洗水箱漏了，冰心棉鞋内灌进了水。

11 月 17 日，上午到达上海，住东湖旅馆，给少儿出版社打电话。与三弟谢为楫、三弟媳刘纪华相见，并一起午餐。午饭后，带着大弟、小弟到百货大楼买鞋，到国际饭店吃点心。晚饭，冰心同其丈夫吴文藻的亲戚及侄子吴春义等共进晚饭。

11 月 18 日，上午，听上海刘际平副市长讲话。中午，离开上海，在浙江嘉兴停车，有毛主席车经过。江西代表上车，浙江代表下车。

11 月 19 日，凌晨三时半，到江西上饶，张峰舒处长来接。五时半出发，到达江西省与福建省交界处，经过福建省西北部崇安县，在崇安县南部建阳县午餐。从建阳县出发，经胜长岭、大夫岭、寿岭[①]，

---

[①] 冰心著，王炳根编：《冰心日记》，1955 年 11 月 19 日，第 12 页。《冰心日记》中为"寿岭"，应更正为"筹岭"。

上编 《冰心日记》中的史料

到达福建省东北部古田县，一路山回路转，风景美丽。晚上，在福建古田县，看闽剧《梁山伯与祝英台》。

11月20日，上午，经过三个小岭及湖南省泸溪县白沙景区，一路闽江同行。湖南省副省长陈绍宽来接，住在省人民委员会办公处第三宿舍。见到五弟、三妹。饭后，与陈副省长、林一心部长商谈，定下工作日程：以郑依姆合作社为重点，同时看少年农场。出门看万华商店，买布的人多；看被国民党炸烧的南台，如今已盖好房屋。

11月21日，上午，到鼓山，参观涌泉寺，了解涌泉寺的规模，在寺庙见到和尚普雨、方丈盛慧，了解寺里和尚劳动的情形；看一千余年的铁树，参观"喝水岩""弥陀阁"，了解了"喝水岩"的来历；到"观音堂"看泉源，看坐南朝北的佑佑墓。参观郑依姆合作社，与全国劳动模范郑依姆谈少年农场情形。有文联同志、团市委同志、妇联同志来访问。

11月22日，上午，在花园中散步。到龚家花园看环翠池馆，① 花园布置典雅，正院里的雕刻、窗花各不相同，全楼无一根钉子；到仓前山人民公园，路东山里河看大哥，到陶庐看大姐。下午，到福建省人民委员会交际厅听报告，听叶飞省长报告。

11月23日，上午，参观西湖公园，看旧式石桥，古雅美观；西湖公园的湖边本是种菜人家，不久将改为博物馆；参观开元寺、动物园，看鸟、龟及金钱豹、金鱼等。中午，同郑依姆一起午饭。午饭后，到螺洲闽侯专区，听李毅专员及公安局局长报告公社情况；了解情况后，在省人民委员会开会，制定考察日程。

11月24日，上午，到螺洲闽侯专区听闽侯县长牟星五报告。午饭后，参观村民陈伯潜家，到闽侯城门区龙江乡考察，听刘希瑞社长报告该社的基本情形；到抽水机站、灰窑、织布厂等地参观，了解到如今儿童数量增加，得力于医疗技术的进步、溺婴现象的废止。晚饭

---

① 冰心著，王炳根编：《冰心日记》，1955年11月22日，第14页。《冰心日记》中"有名之龚家，传作［做］过广东布政财、政方面官员"，其中"布政财、政方面"，应更正为"市政、财政方面"。

## 第二章　关于国内经济建设的史料

后，与团市委几个部门约谈。与五弟约定周六吃饭。

11月25日，上午，到龙江乡石步村，与文教方面人员谈话，谈话人员还有两位小学生；到一姓王的地主家参观。午饭后，参观柑橘厂，郭英唐厂长、雷声运党支书记陪同参观；参观航管局职工子弟小学，团市委吴荣宣①陪同参观；参加少年造船厂开工典礼；参观少年工厂机工组，并同辅导员谈话。晚上，看话剧《海滨激战》。

11月26日，上午，到城门区城门乡中城村听报告，团支书林绍介绍中城村基本情况，黄珠英村支书补充，了解到中城村在解放前和解放后的不同。午饭后，听关于农业合作社的座谈会；与小学校长和少先队座谈。晚上，到五弟家晚餐，和姐夫、外甥女、侄女等相见。

11月27日，上午，到福州市体育场，观看福州运动会，有儿童徒手体操及组字体操，极为精彩；到于山参观王天君祠。午饭后，大哥、大嫂送来冰心祖父手迹及冰心小时候照片。下午，团省委社青部赵文澄与冰心商定，冰心将于12月10日为青年作报告。晚上，在福州市团委吴荣宣的陪同下，参观三木坊少年之家，少年之家正举行"我们爱诗"会，冰心参加了朗诵和快板节目，并在会中发言；看实验小学学生演出的木偶戏《黄鹤的故事》。

11月28日，上午，到城门区胪厦乡杜园村看工作组住处，记录了看到的对联。听乡长郑福寿报告，报告后开座谈会。下午，参观柑橘厂，到杜园村座谈，又与校长、小学生座谈。在合作社座谈中，了解到此地青年的婚姻状况。访问省劳模柑橘种植者杨兆栋。

11月29日，上午，在会所八角亭，参加关于合作化的座谈会，交流在闽侯县考察的见闻感受。下午，参观福州兴建时间最早的水库——斗顶水库；听福建省水利局科长、闽江工程局总工程师殷孝友科长报告水利方面的建设，并谈定好日程。今日，冰心发给小女儿吴

---

① 冰心著，王炳根编：《冰心日记》，1955年11月25日，第15页。《冰心日记》中"有团市委吴荣菅"，应为"有团市委吴荣宣"。

## 上编 《冰心日记》中的史料

青一封信，收到杨慧音信。

11月30日，上午，在招待所，冰心接受中国新闻社女记者陈彬的访谈，张继中、何萍及严副市长也来访问。下午，在河西路市政协委员会内，听政府人员报告工作情况。晚上，与警卫人员等一同到西湖公园散步。

12月1日，上午，在后屿乡前屿村听郭乡长报告，听郑依姆报告。下午，旁听关于粮食生产的讨论；看新型农业工具，如双牛驾双轮双铧犁，犁土质量高还节省劳力；看抽水机，农业工具及技术的革新节省了劳力，减轻了农民的负担；到少年农场，看少先队活动制作的雕刻作品；参观托儿所，幼儿园工作人员及幼儿园家长均受益。晚上，到后街看了故宅，并去五弟家。

12月2日，上午，到后屿乡前屿村参加座谈，农民谈到上山开岭特别兴奋，使人感动。下午到后屿乡，与少年农场指导员等谈话，参观学校及少年农场等。

12月3日，上午，到鳝樟乡后溪村开会，听报告。下午，开座谈会，与小学总辅导员等座谈；参观鳝樟完小校址；看石鳝头，桥上难走，鳝樟乡后溪小学队员代表、12岁的陈敏秀牵着冰心的手过河，并问候毛主席，冰心非常感动；与郑依姆聊天。晚上，在省委礼堂看《山上大战》。

12月4日，上午，到赤桥乡西庄村开会，听党支书、乡长、妇女主任、治安主任等报告。中午，杨慧因、叶迎、高玉华来访。下午，参观光明蔬菜合作社，听陈永仙社长报告，看水利建设情况；与郑依姆谈话，郑依姆谈到自己的家庭、与妻子之间的感情，谈到过去生活的苦难，极其动人。晚上看闽剧《红楼梦》。

12月5日，上午，登乌山宫公祠，看周围民房已经拆了。下午，新华社相知、戚慧之来谈话；整理文件，写12月10日的演讲稿。晚饭后，有李秘书长及副主席等来访。

12月6日，上午，到帮洲福建机器厂，听厂长、党书记报告；参观机器厂车间，看到许多国家的机器。午后，听劳模及技术员报告并座谈。晚上，先去五弟家，家中无人；后到南街买了两枚寿山石的印章。

12月7日，上午，参观福建造纸厂，听朱厂长报告；参观造纸各车间，工人生产积极性高。午饭后，到上杭街工商联礼堂开会。晚上，五弟及弟妇来访。

12月8日，上午，到小桥手工业局听手工业报告，了解了农具、角梳、脱胎、做花等手工；听工人报告，工人讲述新生活的变化。下午，参观农具厂，厂址、设备简单，操作程序较乱，安全大有问题；参观角梳公司，一切安排都有次序，买数把角梳。晚上，与郑秘书外出买布并至五弟家送给他们。

12月9日，上午，参观福州食品公司，听食品公司张经理报告，认为其报告中指出的花生饼当饲料等问题，要好好研究；听商业局长讲话，指出了经营管理上的问题，如"计划收购与准备工作不够，收购无数，准备跟不上""市场供应紧张""私营改造问题"等。下午，到西湖公园参观工商业出口品，买箧梳；到五弟家；借书、看书。

12月10日，上午，到劳动工人文化宫听市总工会副主席陈水俤发言，听国药与棉布工人报告。下午，在工商联参加讨论。晚上，冰心为青年作报告，听众1500人左右，并有两少年献花。

12月11日，上午，到古田，晨光极美；参观闽侯雪峰寺。下午，参观水电工地、操纵室；到坝上，了解了水电站的规模及建设情况。

12月12日，上午，到福州市委开文教座谈会；省团委来访，谈论演讲问题。午后开会，听戏剧界发言。晚上，马平、三姊、五弟来看冰心；闽剧丑角三宝之一林赶三送票《周仁献嫂》。

12月13日，上午，到福州市委开知识分子座谈会；下午，在八一礼堂听叶省长报告。

12月14日，上午，到鼓楼区人民委员会东街办事处听报告。下午，到统战部参加知识分子座谈。晚上，到省统战部参加关于考察总结的座谈会。

12月15日，上午，参加福建军区授衔典礼仪式，冰心代表考察人员讲话。在军区晚饭后，同军区人员在市委大礼堂看戏，各种表演十分精彩。福州市委领导许亚、林一心等建议冰心去厦门考察。

12月16日，上午，福建省文联陈虹主任、福建省美协谢投八副主任等来谈《东山少年》及提线戏剧本问题等，冰心委托他们交给《福建日报》通信员一封信。下午，开考察座谈会。晚上，到省府，与授衔军官共宴，到省府礼堂看京剧。看京剧前，叶飞将军与冰心谈去厦门访问战士的事情。

12月17日，上午，与谢雪红等到西湖公园，官家村已拆成平地；在图书室看书。下午，到教育厅对中小学语文教师们讲外国见闻感受，并回答教师们问题。

12月18日，上午，有模范小学、师范附小及实验小学的三个少先队来访问；看晋江县潘径布袋戏实验剧团演出的布袋戏《李逵醉酒》；参加座谈会、联欢会。下午，同谢雪红去妇联参加座谈会。晚上，在八角亭开座谈会。

12月19日，上午，冰心约团市委吴荣宣谈话，了解到少年宫在明年三、四月份可以盖起。午后，参观师范学院本部及理化、文史学院，参观吉祥山福建医学院。晚饭后，五弟及弟妇送东西来；到南台中心剧场看《卓文君》新剧。

12月20日，上午，参观省立医院，了解了医院的规模、医疗技术的进步、科室安排等。

（二）有关"农业合作化"内容的史料

福建日记中，冰心等人大代表考察的重点是农业合作社。考察前的准备、考察中的日程、考察后的总结，都围绕农业合作化展开。

在人大代表来福建考察前，各种讲座、报告都强调农业合作化的重要性。1955年10月22日，中共中央农村工作部副部长廖鲁言报告"农业合作化章程"，章程中强调，要长期做深入细致的农村工作，要发挥六十五万合作社的示范作用和中国大多数农民走社会主义的积极性[①]。

---

① 冰心笔记手本，1955年10月22日，现存于福建冰心文学馆。

第二章 关于国内经济建设的史料

冰心还在1955年11月12日的笔记中记录了彭真、胡乔木关于农业合作化的报告。胡乔木在《农村合作化与文艺创作问题》的报告中指出，合作化的高潮"是一个伟大运动，在党和毛主席领导之下轰轰烈烈搞起来了，是群众的意志"①。

对农业合作化的记录，贯穿在冰心福建考察的过程中。1955年11月23日，冰心旁听了闽侯专区李毅专员关于农业合作化运动及粮食统购统销工作的报告。1955年11月26日，冰心旁听了城门区城门乡中城村村支书报告合作社情况，"解放前生产无人领导，生产差，生活不好，谷贱伤民，各种时谷买回又贵起来了；解放后，物价稳定，各种生产年年增加，从前十几斤谷买一尺布，现在少多了，从前每天吃一两顿饭，现在好多了。她自己从前穿得也不好，互助组合作化后，生活更好，因生产劳动力有余，可搞付［副］叶［业］"②。1955年12月4日，冰心参观了光明蔬菜合作社，听合作社社长报告。1955年12月8日，冰心旁听了小桥手工业合作社报告，"极为有趣，如农具、角梳、脱胎、做花等手工，听工人报告：由卖儿女到有托儿所等。当做花工人体验生活等"③。

按照日程安排，冰心的福建考察，"以郑依姆合作社为重点，并看其他两个，同时看少年农场"④。1955年11月23日，冰心等人大代表到达螺洲闽侯专区，听李毅专员及公安局长报告该社的情形，随后在省人民委员会开会，定下参观日程。根据日记记录，冰心对福建的考察时间、地点、内容见表三。

表三　　　　　　　　冰心福建日记中的考察日程

| 日期 | 考察地点 | 考察内容 |
| --- | --- | --- |
| 1955年11月24日 | 闽侯城门区龙江乡 | 听社长刘希瑞报告该社基本情况后，参观抽水机站、灰窑、织布厂、粮仓、碾米厂、小学校等处 |

---

① 冰心笔记手本，1955年11月12日，现存于福建冰心文学馆。
② 冰心著，王炳根编：《冰心日记》，1955年11月26日，第15页。
③ 冰心著，王炳根编：《冰心日记》，1955年12月8日，第19页。
④ 冰心著，王炳根编：《冰心日记》，1955年12月20日，第13页。

上编 《冰心日记》中的史料

续表

| 日期 | 考察地点 | 考察内容 |
| --- | --- | --- |
| 1955年11月25日 | 闽侯城门区龙江乡石步村 | 参观柑橘厂;到航管局职工子弟小学参加少年造船厂开工典礼,参观少年造船厂 |
| 1955年11月26日 | 城门区城门乡中城村 | 听该村团支书、村支书汇报该村基本情况;参加农业合作座谈会 |
| 1955年11月27日 | 福州体育场 | 看福州市运动会,有儿童体操表演;到少年之家,参加诗歌朗诵会并讲话;看学生演出的木偶戏《黄鹤的故事》 |
| 1955年11月28日 | 城门区胪厦乡杜园村 | 参观工作组住处,听乡长报告,参观柑橘厂,到杜园村座谈、访问省劳模杨兆栋 |
| 1955年11月29日 | 螺洲闽侯专区会所 | 参加座谈会,谈在闽侯县考察观感;到斗顶村参观斗顶水库,此为福州兴建时间最早的水库,1954年10月动工 |
| 1955年12月1日 | 后屿乡前屿村 | 听郭乡长报告、郑依姆报告;旁听粮食讨论;看新型农具,如双牛驾双轮双铧犁、抽水机;参观少年农场分区、托儿所 |
| 1955年12月2日 | 后屿乡前屿村 | 参加后屿乡前屿村座谈会;到后屿乡,与少年农场指导员谈话,参观学校及少年农场 |
| 1955年12月3日 | 鳝樟乡后溪村 | 在后溪村开会,听报告,与小学总辅导员等座谈,参观鳝樟完小 |
| 1955年12月4日 | 赤桥乡西庄村 | 听党支书、乡长、妇女主任、治安主任、团支书报告,多数是讲镇反工作;参观光明蔬菜合作社 |
| 1955年12月6日 | 帮洲福建机器厂 | 到帮洲福建机器厂,参观机器厂车间;听劳模及技术员报告并座谈 |
| 1955年12月7日 | 福建港头造纸厂 | 到福建造纸厂,听厂长等人报告,参观机器厂各车间 |
| 1955年12月8日 | 小桥手工业局 | 参观小桥手工业局、农具厂、角梳公司 |
| 1955年12月9日 | 福州市中国食品公司 | 参观福州市中国食品公司,到西湖公园参观工商业出口品 |
| 1955年12月10日 | 劳动人民文化宫 | 到劳动人民文化宫听报告,在工商联礼堂为学生作报告 |
| 1955年12月11日 | 水电工地 | 到水电工地,参观操纵室 |

第二章 关于国内经济建设的史料

续表

| 日期 | 考察地点 | 考察内容 |
|---|---|---|
| 1955年12月12日 | 福州市委 | 在福州市委开文教座谈会 |
| 1955年12月13日 | 福州市委 | 在福州市委开知识分子座谈会 |
| 1955年12月14日 | 统战部 | 到统战部参加知识分子座谈会 |
| 1955年12月15日 | 福建军区 | 参加福建军区授衔典礼仪式 |
| 1955年12月16日 | 交际室、省府 | 在交际室,开考察座谈会;在省府,谈去厦门访问战士事 |
| 1955年12月17日 | 教育厅 | 到教育厅,对中小学语文教师讲外国观感及回答教师们的问题 |
| 1955年12月18日 | 球场 | 接受三个少先队来访,在球场看布袋戏实验剧团学生演出布袋戏 |
| 1955年12月19日 | 福建师范学院、医学院 | 参观福建师范学院、福建医学院 |
| 1955年12月20日 | 省立医院 | 参观省立医院 |

从冰心福建考察日记可以看出,冰心在11月24日至12月4日,主要考察了基层农业合作社的建设情况,参观了合作社里建设的抽水机站、灰窑、织布厂、粮仓、碾米仓、小学校、柑橘厂等工厂,了解了少年造船厂、少年农场、少年园艺场等建设规模、建设状况。12月6日至11日,主要考察了福州的工商业建设,参观了福州工厂,如福建机器厂、造纸厂、食品公司、角梳公司、农具厂、水电工厂。12月12日至20日,冰心主要考察了福州的教育机构、军区等状况。

由此可见,冰心等人大代表重点考察了福建农业合作社的建设情况,也对企业、工厂等工商业建设情况及学校、医院、市政部门等进行了访问。冰心在日记中进行简略记录,了解了福州不同行业的发展情况。"冰心这次还乡视察,任务是了解合作化运动的情况,具体到福建,主要是了解郑依姆合作社的情况。郑也是全国人大代表、福建省的劳动模范,冰心希望从他这儿了解到更多的合作化的情况,得到

上编 《冰心日记》中的史料

更多的创作素材,但从目前日记中记录的访问、座谈情况看,冰心无法对这个合作社进行宏大的创作与深入的描写,她在福州看的点很多,采访的人也很多,面上的情况摸了一个遍"①。此外,从日记中得知,在中共福州市委书记许亚等人的建议和福州军区司令员叶飞将军的指导下,冰心到厦门参观访问。

  今天许亚、林一心等劝我去厦门,我提到要得到军区允许,他们和军委商量后,政委说把计划做好就来商量。
  剧前,叶[飞]将军请去谈到厦门访问战士事。②

  可能是日记本丢失了,也可能是冰心没再记日记,冰心的福建考察日记只记录到1955年12月20日。结合冰心的散文《还乡杂记》可知,冰心等人大代表于1955年12月21日离开福州,到达厦门,在12月21日至27日,访问了驻扎在厦门最南端小村庄的部队。《还乡杂记》里写道,军队里老百姓和解放军居住在一个院内,部队的卧室布置得整齐清洁,有的战士们在庆祝新年的晚会,部队缝纫间里解放军在修补着破损的军衣,厨房里清洁光亮;冰心参观了军区瞭望台、广播室,观看了战士们围攻敌人山寨、进攻碉堡等演习;在参观和休息的时候,与说着带有本地口音普通话的战士们交谈。12月27日,冰心访问了战斗英雄全能炮手王文进、十弹九中的冲锋射击手曾文质,了解了他们苦痛的经历和如今取得的辉煌业绩。冰心在《还乡杂记》中记录了在厦门考察的见闻感受,弥补了厦门考察日记缺失的遗憾。
  冰心的福建日记中对"农业合作化"内容的记录,为了解20世纪50年代的农业建设提供了史料。
  (三)有关"农业合作化"人物的史料
  在考察中,冰心听了许多报告,如城门乡党支部书记、村支书

---

① 王炳根:《新发现的冰心还乡日记》,《厦门文学》2004年第4期。
② 冰心著,王炳根编:《冰心日记》,1955年12月15日、12月16日,第21页。

第二章　关于国内经济建设的史料

黄珠英报告城门乡基本情况，城门区胪厦乡乡长郑福寿报告胪厦乡基本情况，福建造纸厂朱贞彦厂长、孔凡侯党委书记介绍造纸厂基本情况，福州市食品公司张云霞经理报告食品公司基本情况。在考察中，冰心接触到了不同行业的模范人物，在日记中提到的，就有如农业合作社的代表人物，如合作社带头人郑依姆、福建省劳模柑橘种植者杨兆栋、光明蔬菜合作社社长陈永仙、少年造船厂总工程师林世华、鳝樟乡后溪村后溪完小队员代表陈敏秀……结合地方志、回忆录及冰心的散文等文献资料，可以对冰心福建日记中涉及人物的个人情况有所了解。

杨兆栋是福建省劳动模范，曾抓住华南一带柑橘的生物学特性，在春梢及秋梢生长之前追施肥料，有力地防止了落果，提高了产量。[①] 据日记描述，冰心访问时，杨兆栋已68岁，种植柑橘28年。

陈永仙，光明蔬菜合作社社长。1954—1964年，连续十一年获得福建省劳动模范称号[②]。1955年作为省劳动模范中的一员，参加了1955年福建省农林业劳动模范代表会议。[③] 陈永仙在《我爱公社，我更爱党》一文中，对不同时代的个人生活进行了对比，"1949年8月17日福州解放了，我们劳动人民见到了太阳"，"1953年，党号召组织起来搞生产，我就第一个报名参加。在大家的推选下，从互助组到合作社，我都担负着一些工作"。"我爱我们的社员，我爱我们的公社，我更爱我们的祖国和共产党。这十年翻天覆地的变化，是党带给我们的，我要永远朝着党指示的方向走去！"[④] 冰心在参观光明蔬菜合作社时，听了陈永仙的报告，并赞扬"社长陈永仙（未婚）报告甚好"[⑤]。

---

① 中国农业科学院果树研究所编：《中国果树栽培学》，农业出版社1960年版，第94页。
② 陈吉主编，《福州市郊区志》编纂委员会编：《福州市郊区志》，福建教育出版社1999年版，第860页。
③ 福建省地方志编纂委员会编：《福建省志·工人运动志》，辽宁大学出版社2001年版，第368页。
④ 福建人民出版社编：《工农兵十年回忆录》，福建人民出版社1960年版，第31—32页。
⑤ 冰心著，王炳根编：《冰心日记》，1955年12月4日，第18页。

上编 《冰心日记》中的史料

林世华，福建省航运管理局劳动模范，1954年创造"56号"新船体①，是少年造船厂聘请的总工程师。冰心在《还乡杂记》中称赞了林世华，"文静和蔼，口衔烟斗，看去就像大学教授的设计员，自己就是水上人民。二十余年来的辛苦经历，和解放后感激奋发的心情，使得他更热爱自己的事业，他要把自己的发明，自己的全副本领，传授给生龙活虎般的水上人民的下一代！"②

冰心作品《还乡杂记》和冰心日记中都提到郑依姆。在日记中，冰心六次提到郑依姆，与郑依姆见面五次，具体见表四。页码是指日记内容在《冰心日记》（作家出版社2018年版）中的页码。

表四　　　　　　　　冰心福建日记中对郑依姆的记录

| 日期 | 日记中的记录 | 页码 |
| --- | --- | --- |
| 1955年11月20日 | "饭后与陈副主席、林部长等谈，定以郑依姆合作社为重点，并看其他两个。" | 13 |
| 1955年11月21日 | "路经郑依姆合作社，看郑依姆，略谈少年农场情形。" | 13 |
| 1955年11月23日 | "午前，郑依姆来住所，一同吃饭。" | 14 |
| 1955年12月1日 | "晨，在后屿乡前屿村听郭乡长报告、郑依姆报告。" | 17 |
| 1955年12月3日 | "在霞光山影覆盖之下下山，郑依姆说合作社想扩充至鼓岭一带，又怕自己看不见，但接班人已排好了。" | 18 |
| 1955年12月4日 | "到舍后，与郑依姆谈，他前妻名月仙，是金店婢女，他被捕后，上省找事便无下落（嫁了不要紧，还可生孩子，死了就太可惜了。若死就把媒人吊起来，媒人在后屿），后与姜宝珠（地下党员）在省会中认识（姜坚持嫁党员），结婚只有小炉子生火，后四月大病，在田[家]中（姜前夫亦是四个月死的），自己孩子生疹，反抱小猪看病等等，极其动人。" | 18—19 |

冰心等人大代表考察的重点是农业合作社。郑依姆正是福建省宣传农业合作社的典型。郑依姆，1911年生，福州人，从小受苦，郑依姆曾自述中华人民共和国成立前的生活，"干的是牯牛活，吃的是南瓜薯米，穿的是烂棉破衣，住的是草寮破庙，睡的是铺地稻草，盖的

---

① 福建省地方志编纂委员会编：《福建省志·工人运动志》，第283页。
② 冰心：《还乡杂记》，载卓如编《冰心全集（第三册）文学作品（1942—1957）》，第437页。

第二章 关于国内经济建设的史料

是海袋（麻袋）麦稿，全部的家当是'两耳鼎系草鞋鼻'，被人起了个外号叫'寒饿'。"①郑依姆于1951年成立了福建省第一个农业互助组，"中共福州市委派出的工作组及时发现了郑依姆组织农民自发互帮的好典型，肯定、鼓励了他们所走的互助合作的道路，号召翻身农民学习郑依姆团结、苦干的精神"②；1952年加入中国共产党；1953年被评为全国农业劳动模范，到北京开会时受到毛主席的接见；"1954年8月1日，郑依姆初级农业生产合作社建社2周年。为推广郑依姆的经验并扩大影响，上级领导决定隆重庆祝。参加纪念大会的有省、市各级领导和来宾200多人，省农业厅发来了贺信，《福建日报》在《向郑依姆农业生产合作社学习，为逐步实现农业合作化而奋斗》的通栏标题下，刊登了数篇报道郑依姆初级社的文章。"③1956年，郑依姆创办农业生产合作社高级社，获得全国劳动模范称号，被选为全国人大代表、中国共产党全国代表大会代表。④作为农业合作社政策的实践者，郑依姆是时代的符号，他"从互助合作起，一直到人民公社，事事带头，年年增产"⑤，是福建市委宣传"农民自发互帮的好典型"，是带领农村社员进步的带头人，"有姆哥领导我们互助组，雷打也不散"⑥。正因如此，福建省人民政府副主席陈绍宽、福建省委组织部部长林一心，建议人大代表"以郑依姆合作社"为考察的重点。

据福建日记可知，在此次福建考察中，冰心共与郑依姆见面五次：

---

① 翁树杰：《农业合作化的带头人——记农业部劳模郑依姆》，载中共福建省委党史研究室、福建省总工会编《八闽英模》，福建人民出版社1999年版，第2页。
② 翁树杰：《农业合作化的带头人——记农业部劳模郑依姆》，载中共福建省委党史研究室、福建省总工会编《八闽英模》，第3页。
③ 翁树杰：《农业合作化的带头人——记农业部劳模郑依姆》，载中共福建省委党史研究室、福建省总工会编《八闽英模》，第7—8页。
④ 张天禄主编，福州市地方志编纂委员会编：《福州人名志》，海潮摄影艺术出版社2007年版，第342页。
⑤ 林国清：《劳模夫妻今与昔——记郑依姆与姜宝珠》，载潘文森主编《闽都人家》，福州晚报社1997年版，第69页。
⑥ 林国清：《郑依姆从办互助组到高级社》，载福州市政协文史资料委员会编《福州文史集粹（上）》，海潮摄影艺术出版社2006年版，第420页。

## 上编 《冰心日记》中的史料

11月21日,冰心一行到郑依姆合作社,与郑依姆略谈少年农场情形;11月23日一同午饭;12月1日,到后屿乡前屿村听郑依姆的报告;12月3日、4日与郑依姆闲谈。冰心在日记中简略记下前三次见面的情形,对郑依姆谈论少年农场、郑依姆报告等内容没有记录,却详细记录了郑依姆在闲谈中提及的个人生活。日记记录了郑依姆家庭生活的苦乐以及对合作社未来的畅想和担忧。郑依姆前妻月仙,是金店婢女,上省找事已无下落;郑依姆与地下党员姜宝珠在省会中认识,后结为夫妻。姜宝珠"自己孩子生疹,反抱小猪看病等等,极其动人"。姜宝珠,1947年曾作中共鼓山上洋村地下党支部书记,1948年调到尤溪县做地下县委妇联主任,1950年被评为劳动模范。1951年,在劳动模范训练班里,省长张鼎丞关心郑依姆的家庭问题:"怎么,郑依姆还没有妻子?郑依姆已41岁了。堂堂一个劳动模范怎么娶不到妻子呢?"姜宝珠"悄悄问一个来做工作的妇联干部:'郑依姆是不是党员?是党员,我嫁!'"① 也许是听郑依姆讲了两人相识的过程,冰心在日记中用括号补充记录了"姜坚持嫁党员"这一细节。

在作品《还乡杂记》中,冰心通过郑依姆引出合作社和少年农场,表现发展农业合作社的时代主题。在日记中,冰心对郑依姆的形象进行补充。日记没有记录郑依姆的宏伟业绩,而是记录了郑依姆平凡的家庭生活和个人想法。郑依姆在农业合作化方面的成就让同时代人感到他的伟大,但会让人望而生畏;日常生活的记录,会让人更容易亲近,"我们都以为他有三头六臂,硬是那么能干!认识之后才知道其实他也是平平常常的人"②。冰心在日记中对郑依姆的记录,补充和丰富了郑依姆的形象,展示了其生活化、私人化的一面,对郑依姆日常生活的记录蕴含着劳动人民真实的生活状态。

结合冰心的文学作品及人物志、地方志等资料,可以对冰心福建

---

① 林国清:《劳模夫妻今与昔——记郑依姆与姜宝珠》,载潘文森主编《闽都人家》,第71页。

② 林国清:《劳模夫妻今与昔——记郑依姆与姜宝珠》,载潘文森主编《闽都人家》,第69页。

日记中提到的人物进行注释，丰富了日记中与"农业合作化"人物有关的史料。日记为了解农业合作化中的人物活动、人物交往等提供了史料。

## 二 日记中的农业劳动、农村生活

冰心的丰台日记记录了冰心在1959年10月22日至27日到丰台区黄土岗人民公社访问北京近郊的花农，并与农民"同住、同吃、同劳动"时的见闻、感受。1952年，丰台区黄土岗殷维臣组建了北京市第一个农业生产合作社，后发展为人民公社。1959年9月9日，冰心听到殷维臣讲到人民公社后，便来到黄土岗人民公社进行采访。在日记中，冰心记录了黄土岗人民公社花农的农业劳动。10月23日，冰心在花队里跟着公社的张琳老汉学"抹""屯"山虎子，帮忙剪山虎子；10月24日，同朱树锦同到草桥花队，在会计陈宝林的招待下参观花队，陈宝林的住处很像花洞；10月26日，与朱树锦一同到黄土岗，在刘镇海队长的引导下，参观茉莉花房、冷洞等；10月27日，在花队队长佟队长的介绍下，了解了郑王坟花队的规模、劳动力情况、果树种类等。根据这次短暂的采访，冰心写作了《像蜜蜂一样劳动的人们》《"花洞"的生活方式》等散文。

日记内容与散文内容可以互相补充。冰心在10月22日、10月23日的日记中详细记录了张琳老汉的生平经历，并将其写入散文《像蜜蜂一样劳动的人们》。

一方面，散文可以补充日记的内容。散文以日记内容为基础，又进行了扩充。比如，冰心在日记里写道：

> 张琳老人74岁，十五岁以前读书，以后就养花20多亩，兄弟二人与他二子。春天，月季、石榴、丁香，父亲曾给旗人俊家与庆王当花匠（曾祖起），丰台从明朝起，官院当花匠，有花匠地。这里有许多坟地，是贵族庄园，草花地是治贝子地，百姓受影响，收地只给几两银子，统治都是王府的地。刚养花时才2亩

上编 《冰心日记》中的史料

地，30多年置20多m［亩］（宣统后主，日本时）。

与张琳老汉同组学"抹""屯"山虎子，即剪枝后，根蘸水埋起过冬。①

冰心散文《像蜜蜂一样劳动的人们》中写道：

> 山虎子是一种盆栽的、橙红色的小圆果子，春节的时候，摆在屋里，果红叶绿，和腊梅、水仙衬托在一起，是十分夺目的。初冬时节，把它从盆里拿出来，"抹"去也就是剪去上端的枝子，留下圆圆的一圈短枝，然后在根土上蘸上水，紧紧地一棵挨一棵地用土掩埋在花洞的地下。过了几个月，它的绿叶和红果，就会圆墩墩地长起，那时可以挪到盆里，送到花市上去了……
>
> 剪枝的时候，我总坐在张琳老头旁边，他给了我一把小花剪，又教给我怎样剪。他拿起一棵山虎子来，像雕刻家审看他的素材似的，端相了一下，就嘎吱嘎吱地很快地将这剪成秃秃的圆圆的一球，然后放在一边，立刻又拿起第二棵来，他的动作很快，但是并不妨碍他的流畅的谈锋。张琳老头今年七十四岁了……②

从日记内容可以看出，冰心在日记中记录的是与张琳老汉谈话内容的关键词，为写作散文作品积累材料。日记与散文作品中都记录了张琳老汉的年龄、学业、父辈的生活以及冰心学习"抹""屯"山虎子这一事件。散文补充记录了张琳老汉作为花农的工作过程，详细介绍了"抹""屯"山虎子的过程。日记为了解冰心散文的创作过程提供了史料。

另一方面，日记内容可以补充散文的内容。日记补充了散文的内

---

① 冰心著，王炳根编：《冰心日记》，1959年10月22日、10月23日，第48页。
② 冰心：《像蜜蜂一样劳动的人们》，载卓如编《冰心全集（第四册）文学作品（1958—1961）》，第297—298页。

## 第二章 关于国内经济建设的史料

容，对生活的细节进行了描写。

> 到花队办公处，有赵队长介绍，至村桂芳家住，她家很干净，人亦好……夜与桂芳及小和同屋，睡得不好，听见打钟，几乎一夜未睡。
>
> 回去吃茶，张琳儿子张清波（二子清廉在桥梁厂工作）系办公室一组长。到屋谈话，下午又来折枝，有党委处杨红霞来看，说与老二同学。又有美术院两教员来给张老汉画像，吃茶时为画头像……二妹来给我棉袄，盛情可感——此次饭菜钱先花，二元，此处伙食到底便宜，到此刚刚试与农民同住、同吃、同劳动，到底环境还是清洁，劳动亦比较轻微，不算什么，只磨破了手，撕了一条裤子。①

散文《像蜜蜂一样劳动的人们》主要记录了黄土岗人民公社三个鲜花队、两个苗圃队的花农们的工作过程及冰心与花农谈话的内容；《"花洞"的生活方式》描述了花队的办公室、食堂都是由花洞改建的，花农仿佛工作、生活在"花洞"中一样。两篇散文主要围绕花队及花农的工作展开，"尽情地表达我们感谢欢迎的热诚的花朵，也永远会感念着那些为栽培这些花朵而辛勤劳动的人们"②，认为"勤俭办社"是"完全符合于多快好省的原则的"③。除了记录了散文里的内容，冰心在日记中还记录了此次访问中自己与当地农民"同吃、同住、同劳动"的经历和感受，记录了花农的家人和花农的个人生活。日记对生活的细节进行了描写，为了解花农的生活和冰心的心理感受提供了史料。

---

① 冰心著，王炳根编：《冰心日记》，1959年10月22日、10月23日，第48页。
② 冰心：《像蜜蜂一样劳动的人们》，载卓如编《冰心全集（第四册）文学作品（1958—1961）》，第296页。
③ 冰心：《"花洞"的生活方式》，载卓如编《冰心全集（第四册）文学作品（1958—1961）》，第272页。

### 上编 《冰心日记》中的史料

冰心的河南日记、霸县日记主要了记录了农村的生活。河南日记记录了冰心作为政协委员在河南考察的见闻和感受。1959年3月18日至4月8日，全国政协组织政协委员到河南考察、参观。根据日记记录，在离河南登封五十华里的大冶镇，冰心了解了大冶镇里农民与地主的矛盾；听大冶镇张社长报告，了解到了此地林业、畜牧业的发展；参观康福乐园，有托儿所、幼儿园，干净整洁；参观幸福食堂，看到了食堂的布置，还看到满墙的诗；参观机械厂、露天大煤矿、敬老院。通过考察河南的农业建设，冰心等代表对河南农村生活有了了解。在1964年5月21日至6月7日的霸县日记中，冰心等政协委员参观了霸县的农村。在霸县沙窝村参观了酒厂、小学，"最可怜的是小学，光线、空气都很坏，儿童坐砖上"[①]。在高各庄，冰心参观高各庄青年民兵业余俱乐部，听支书报告俱乐部情况；参观幸福院、诊疗所、机磨厂、牧场、学校、大队部，参观农民新房并访问农民，"出来分头访问农民，我们一组到张少明家，一家五人，1个劳动力，称吃比以前好了（每人四百斤，一家百余元）"[②]。在考察中，冰心等政协委员了解了农村的建设情况及村民的生活状况。

冰心福建日记、丰台日记、河南日记、霸县日记等日记中对农业合作社、农业劳动、农村生活的记录，为了解中华人民共和国成立后的农业建设状况提供了史料。

## 第二节 日记中有关手工业建设的史料

《冰心日记》中集中记录国内手工业建设状况的日记是江南日记。1956年7月，冰心在雷洁琼、陈蕙的介绍下，加入中国民主促进会。1957年4月17日至5月12日，冰心以民进中央委员和作家的身份，到南京、扬州、镇江、无锡等地视察，主要访问工艺美术行业。"1957

---

[①] 冰心著，王炳根编：《冰心日记》，1964年5月26日，第82页。
[②] 冰心著，王炳根编：《冰心日记》，1964年5月31日，第84页。

第二章　关于国内经济建设的史料

年春，全国人大和全国政协组织一些代表和委员分赴各地视察，走江苏的一路是名作家谢冰心代表和工商界上层人士章元善、华煜卿两位委员"，"视察项目是手工艺生产"①。王炳根将这段日记称为江南日记。本部分在梳理、概括江南日记的基础上，搜集、考证日记中与手工业建设问题、措施相关的史料。江南日记为了解中华人民共和国成立后的手工业建设状况提供了史料。

**一　江南日记的内容概况**

4月17日，下午5时，从北京出发。夜里睡得不好，夜里、凌晨温差较大。

4月18日，下午2时45分在南京浦口下车，坐小火轮渡江，住在福昌饭店。冰心到二弟谢为杰的妻子李文玲家，与弟媳母亲聊天。回来后，和吴贻芳稍谈。

4月19日，下午参观云锦丝织合作社，参观手工艺品出品所。

4月20日，上午，南京博物馆馆长曾昭燏②带领参观南京博物馆。同行者费孝通等，看到出土文物及各期发现的物品；下午，参观艺美绒花生产合作社；到雨花台看烈士纪念碑；晚上，到人民会场听江苏省文化局主办的上海音乐学院春假旅宁演出。

4月21日，参观美术陈列馆、太平天国纪念馆；参观中山陵，进入铁门内看见石像；参观灵谷寺正殿、玄武湖公园、动物园，灵谷寺正殿已改为茶亭，并盖了新塔，在动物园看到养鸽子的和平亭。冰心二弟谢为杰的妻子李文玲及亲戚文智来约饭，冰心未参加。

4月22日，与手工业管理局工艺科同志蹇琬琰同志谈话，了解工艺情况。今日觉累，冰心吐小口血，长卧休息，并收拾行装。

4月23日，上午7时离开南京，8时15分到镇江。进市时看见金山寺，民建秘书等在宴春酒楼请客吃镇江名菜肴肉。10时离开镇江到

---

① 单于：《随冰心先生视察》，《世纪》1995年第6期。
② 《冰心日记》中为"曾昭橘"，应为"曾昭燏"。

扬州,一路看见北固山上有甘露寺,又看到象山、金山、焦山。在扬州,游览瘦西湖,游览长堤春柳"胖亭",在劳动厅内看沈约画,认为缂丝画稿可从中借鉴;从叶园绕出,到莲性寺,对面有凫庄,古雅可爱;看钓鱼台,了解到乾隆曾在此钓鱼;登山遇见王秀山老人,并与之交流,知道了他的身世经历,也从其口中知道了徐宝山盐枭的故事。从瘦西湖出来,参观史公祠史可法衣冠冢处。

4月24日,手工艺管理科长、文化处秘书等人来谈,并陪同冰心等人员到漆器合作社看漆器工序过程。参观张永寿剪纸室、绒衣合作社;参观个园。

4月25日,到政协办公处,原是私家庭园,看到文联主席江树峰的办公室里挂着雕刻品等;到售品所,买了两盏羊角灯,到旧货店买旧墨水瓶。参观何园,楼栏曲折。到文联屋[①],与江苏省文史馆馆员何其愚老先生谈话。参观谢馥春香粉厂、法净寺、欧公祠、石涛塔、观音山寺、鉴楼、"天下第五泉""淮东第一大观"等景点,看区赞、梅兰芳的题字。

4月26日,离开扬州,到达镇江。参观金山寺,大殿及藏经楼均在中华人民共和国成立前被焚;参观文物陈列室,文物较好,但是有的文物标题有错误;参观江天一览亭、"天下第一泉"等景点,了解其历史。坐车到无锡,住在郎中巷招待所。与庄副市长谈话。

4月27日,与无锡手工业管理局唐华及工艺科陈进同志谈话。参观惠山寺泥人生产合作社,参观车间,到售品所了解问题。游览寄畅园、"天下第二泉"的惠山寺泉。

4月28日,参观渔庄(陆姓园),到蠡园小憩,看鼋头渚;参观广福寺、花神庙、陶朱阁;从鼋头渚坐船到小箕山,认为荣德生园子最好,满栽桂花,楼前院子也是百花齐放;参观梅园,原是荣德生之兄荣宗敬的花园;参观惠山寺、泥人陈列馆,到锡山公园看动物。晚

---

[①] 冰心著,王炳根编:《冰心日记》,1957年4月25日,第27页。《冰心日记》中,"到文联,属有……",应更正为"到文联屋,有……"。

## 第二章　关于国内经济建设的史料

上，冰心接受陆叔德小学教员及吴风翼的来访。

4月29日，上午听广播，关于公安局对徐心芹、王世志等案件的汇报；陈进同志来谈手工业艺术领导问题。晚上，到文联参加儿童文学组成立大会；去南市桥上塘街访吴风翼。冰心认为，无锡房屋的风格与扬州有相似的风格。

4月30日，上午，从无锡到宜兴，一路沿着太湖前行。到宜兴，在储南强县长的女儿储烟水的引导下，参观善卷洞、善卷寺、石圆寺旁边的英台阁，访英台故宅；在于才生科长的带领下，参观了陶窑、龙窑。

5月1日，离开无锡，到苏州，住在苏州寓西美巷人民委员会招待所。在苏州，参观怡园，小而曲折；参观玄妙观，坚固美观；参观狮子林，假山多，风景好；参观拙政园，大方朴素；参观卅六鸳鸯馆，花、石、鱼等展览正在陈列；参观沧浪亭，水园与山境连成一片，最有风致。

5月2日，手工艺局秘书王文豪来汇报情况，民进干部谢展、统战部马部长及苏州市文物保管委员会主任、施副市长来访。到玄妙观美术工艺陈列所看手工艺品；参观留园、石观音堂、冷香阁、虎丘塔、戒幢律寺、罗汉堂、放生池，认为此处亭园，处处是图画。

5月3日，到政协家园，看到老人吟诗、写字、学习，前清遗老萧退庵老人，现在已参加省政协了。参观天目山，到钵盂泉吃茶，看御碑亭；参观灵岩寺，访妙真法师，认识小僧"圆澈"；到藏经楼看藏经及古物；参观吴王及西施故迹，到狮子林文管会看虎丘塔中收集的古书。参观宋锦合作社、刺绣合作社、檀香扇社，到民进会所参加座谈会。

5月4日，上午，与刚从扬州来的华君武、吴作人等代表，参观美术工艺指导委员会，看了通草堆花；到桃花坞木刻处，与刻玉石木器的工匠聊天，了解到艺人的生活；参观苏州市红木小件生产合作社，认为出品过于单一；参观苏州市宫扇生产合作社，发现"计件工资"存在的问题。

5月5日，上午，与丁副秘书长等参观周瘦鹃花园，认为陈列古色古香，花草鱼池，景色宜人，只是对于北方人来说潮湿。午饭后，参观拙政园及留园。华君武介绍美协赖少其、陈秋草来谈美术发展状况。

上编 《冰心日记》中的史料

5月6日，在副秘书长华清的陪同下，参观网师园，到"网师小筑"、殿春簃、撷秀楼、环秀山庄等景点，认为环秀山庄的假山特别，夸赞园林管理处汪星伯品位①不错。与任秘书谈考察意见。中午，离开苏州，到达上海，住上海大厦。到上海后，联系在上海居住的三弟媳和作家靳以，并到三弟家晚餐。

5月7日，上午，与赵清阁通电话，约定下午谈话。下午，与沈从文同到美术协会，与美协赖少其、陈秋草谈话，参观美术工艺部及永安公司。下午，与赵清阁谈有关《陶奇的暑期日记》改编成电影的事情。

5月8日，上午，约手工业管理局美工联社陈施君同志谈话，定好明天考察地点为美术工艺研究室。下午，参观羊毛服装及玩具商店；与靳以同到鲁迅公园参观纪念馆；到城隍庙老饭馆吃鲥鱼；下楼看百货公司的出口产品，认为床单等产品的花色、品种庸俗。晚上，到国际饭店吃晚饭，上海作协作家巴金等人请客，客人有邵荃麟夫妇及张天翼。晚上九时许，与国秀、赞真打电话。②

5月9日，上午，同陈施君参观美术工艺研究室，与赵润明副主任谈话；参观美术工艺研究室时，认为竹刻、篆刻等均甚精致，而玩具及绒花等颜色太糟。下午，参观服装社、玩具小组。晚上，冰心同学赞真及三弟夫妇同来；夜里梦母亲镜箱，痛哭。

5月10日，上午，与张天翼到玉石象牙生产合作社看玉石雕刻，从玉石的因材雕刻，觉悟到写文章的道理；参观搪瓷加工厂，认为其花样等并不大好。下午，看绣品、枕套等，认为花样太坏，应该有专业人员设计，夸奖谢吉生同志态度好亦肯钻研；参观永新玩具厂，认为其花样不如上海玩具小组许宝瑛制作得好。

5月11日，上午，同靳以、张天翼同往大众戏院看川剧，如《张飞闯辕》等；与张天翼参观玩具店。下午，到民进党部对中小学教师

---

① 《冰心日记》中为"品味"，应为"品位"。
② 冰心著，王炳根编：《冰心日记》，1957年5月8日，第34页。《冰心日记》中，"打电话给国秀及瓒真"，应更正为"打电话给国秀及赞真"。1957年5月9日记中，"瓒真"，应更正为"赞真"。

作报告并开座谈会；晚上，陈翰笙打电话来，与冰心谈论美术工艺方面的意见。

5月12日，上午，与纪华夫妇及孩子同到母亲墓上，剪草、献花。中午，与弟弟一家吃饭等。

## 二 有关手工业建设问题及措施的史料

冰心等民进中央委员在江南考察的重点是工艺美术行业，接触到的工艺美术行业的代表人物，如南京手工业管理局工艺科蹇琬琰同志、无锡手工业管理局唐华同志、工艺科陈进同志等。江南考察结束后，冰心没有将江南考察的见闻、感受写成文章，但是有的作品，如《我的秘密》《一个母亲的建议》却是以江南考察的见闻为基础写作的。发表在《收获》1957年7月24日创刊号上的诗歌《我的秘密》中提到的意象，如"五彩的绒花""透空的剪纸""玲珑带穗的纱灯""粉红和碧绿的玉石""六扇黑漆的屏风""灿烂的云锦""鸟兽的画图""玉石""泥人"[①]，正是冰心以在江南考察工艺美术行业时见到的工艺作品为原型的。冰心在日记中记录了在江南考察手工业建设情况的时间、地点、内容、评价，具体见表五。页码是指在《冰心日记》（作家出版社2018年版）中的页码。

表五　　　　　冰心江南日记中手工业建设情况

| 日期 | 地点 | 参观内容 | 评价 | 页码 |
| --- | --- | --- | --- | --- |
| 1957年4月19日 | 南京 | 云锦丝织合作社、手工艺品出品所 | "见各种土产品颜色配合大概嘈杂纷乱，不甚雅观。" | 24 |
| 1957年4月20日 | 南京 | 南京博物馆 | "看到出土文物及各期出品，品质、颜色均好，有许多可为现代美工品所借鉴。" | 24 |
| 1957年4月20日 | 南京 | 艺美绒花生产合作社 | "看绒花制造过程，真得教育。" | 24 |

---

① 冰心：《我的秘密》，载卓如编《冰心全集（第三册）文学作品（1942—1957）》，第506—510页。

续表

| 日期 | 地点 | 参观内容 | 评价 | 页码 |
| --- | --- | --- | --- | --- |
| 1957年4月21日 | 南京 | 美术陈列馆 | "选品甚精,似乎与市品[场]脱节,不懂为什么生产与销售部门不通声气。" | 24—25 |
| 1957年4月23日 | 扬州 | 劳动厅 | "有几幅沈约画,可作缂丝画稿。" | 25 |
| 1957年4月24日 | 扬州 | 漆器合作社 | "看工序过程,老山石屏风,此雕刻精美,价亦贵。" | 26 |
| | 扬州 | 张永寿剪纸室 | "他当场剪纸一幅相赠,又述省文联何燕明排挤之事情,甚为愤慨。" | 26 |
| | 扬州 | 绒衣合作社 | "也是花样太嘈杂庸俗,到[倒]是通草花可以乱真,可惜人手太少。" | 26 |
| 1957年4月26日 | 镇江 | 文物陈列室 | "存物尚佳,但标题有错误,如大理石灯之女像误为马列画像等。" | 27 |
| 1957年4月27日 | 无锡 | 锡绣 | "甚为雅致,小虫极好,如红蜻蜓。" | 28 |
| | 无锡 | 惠山寺泥人生产合作社 | "看传统材料,造形[型]并不甚佳,粗糙庸俗,后来渐好,大阿福脸亦不大,平扁。" | 28 |
| | 无锡 | 售品所 | "有顾客提到容易打坏问题,这系胶木品,可打开销路了。" | 28 |
| 1957年5月2日 | 苏州 | 玄妙观美术工艺陈列所 | 看手工艺品,无评价 | 30 |
| 1957年5月3日 | 苏州 | 宋锦合作社 | "看有机器操作,之机系日本买来,现在中国亦可自制(云锦为何不能模仿?)" | 31 |
| | 苏州 | 刺绣合作社 | "看各种绣法,有打结子、三重绣等,又看了缂丝、绒绣等处,并看见两个画师正在画扇子。" | 32 |
| | 苏州 | 檀香扇社 | "原料系从印度来,工序甚细,只是匣子与穗子不在本厂制。" | 32 |
| 1957年5月4日 | 苏州 | 美术工艺指导委员会 | 看通草堆花,"吴作人提'绢面不应作画底,因返光'",又看刻玉石木器者。 | 32 |
| | 苏州 | 桃花坞木刻处 | "因农民不买年画了,最近只先制棋盘,又被江苏印刷局抢占生意,艺人生活很痛苦,写信到北京请求解决。" | 32 |
| | 苏州 | 苏州市红木小件生产合作社 | "看了出品,尽是烟合[盒]、马、熊,也是定货,问他'作不作小件木器',说'因无定货者,但他们会作',又去看嵌银。" | 32 |

第二章 关于国内经济建设的史料

续表

| 日期 | 地点 | 参观内容 | 评价 | 页码 |
| --- | --- | --- | --- | --- |
| 1957年5月4日 | 苏州 | 苏州市宫扇生产合作社 | "宫扇系两面的,一边好一边坏,但是计件出来,好的反而比坏的工资少,因画得慢细,细细画去,问题甚多。总之,出口公司掌握大权,对于遗产之存亡有举足轻重之势。" | 32 |
| 1957年5月7日 | 上海 | 美术工艺部及永安公司瓷器等部 | 无评价 | 33 |
| 1957年5月8日 | 上海 | 百货公司 | "出品为床单之类,花色、品种仍太庸俗。" | 34 |
| 1957年5月9日 | 上海 | 美术工艺研究室 | "付[副]主任赵润明谈及磨光组吴碧源不工作情形";看竹刻、篆刻等,"均甚精致,但玩具及绒花等颜色太糟。" | 34 |
| | 上海 | 服装社 | "系替苏联加工,颜色、样子都不好。" | 34 |
| | 上海 | 玩具小组 | "系许宝瑛,看她大有创作才能,颜色配得最好,神气亦生动,但似有委屈,眼泪盈眸。回来后,与陈同志研究,看是否再深入,让她出来走走,给她以艺术地位,培养她。" | 34 |
| 1957年5月10日 | 上海 | 玉石象牙生产合作社 | 看玉石雕刻,"工人言玉器不能定货,因为材料纹理不同,因材雕刻,每件不同,这与设计人员胸中学问大有关系,于此可觉悟到写文章的道理。" | 34 |
| | 上海 | 搪瓷加工厂 | "花样等并不大好",看窑磁[瓷]品加花。 | 35 |
| | 上海 | 绣品、枕套工厂 | "花样太坏,应该有人设计,成衣却甚好,有谢吉生同志态度好亦肯钻研。" | 35 |
| | 上海 | 永新玩具厂 | "花样不如宝瑛的好。" | 35 |

在江南考察中,冰心了解了工艺品的制作过程,从南京艺美绒花生产合作社了解了绒花的制造过程;从苏州刺绣合作社了解了刺绣的不同绣法;从苏州檀香扇社了解了产品的原料和工序;从苏州美术工艺指导委员会制作的通草堆花了解了绢面设计的技巧;从扬州漆器合作社了解了漆器生产的工序过程;在镇江文物陈列室指出了陈列品中的标题错误;从上海玉石象牙生产合作社制作的玉石雕刻作品感悟到写文章的道理。从参观工艺品后的评价可以看出,手工业建设存在着产品颜色搭配不当、花样设计平庸、销售渠道单一、手工业艺人关系复杂等问题。通过梳理日记中对手工业产品的评价,冰心对手工业建

## 上编 《冰心日记》中的史料

设的关注点集中在以下五个方面。

第一，重视工艺品颜色的搭配。冰心赞美上海玩具小组许宝瑛在制作玩具时颜色配得最好；批评南京手工艺品出品所的土产品颜色配合嘈杂纷乱，批评上海美术工艺研究室的玩具、绒花颜色太糟，批评上海服装社生产的服装颜色不好，批评上海百货公司出品的床单花色庸俗。对颜色搭配的重视，冰心在散文作品《一个母亲的建议》中也有体现。作品写的是一个母亲给孩子买衣服，却买不到合适颜色的衣服，"我们中国人，自古以来，就有很高的审美标准，从不喜欢把许多不调和的颜色，参杂在一起"，"我建议纺织工厂再多出些素净而不黯淡，鲜明而不俗气的，适宜于做童装的花布，或者至少要多出些各种色调不同"[①] 的衣服。

第二，重视工艺品的花样设计。冰心赞扬扬州漆器合作社生产的老山石屏风雕刻精美；在无锡看锡绣并赞美其雅致；赞扬上海美术工艺研究室制作的竹刻、篆刻作品样式精致；批评了扬州绒衣合作社的产品花样嘈杂；认为无锡惠山寺泥人生产合作社生产的产品造型粗糙；批评了上海搪瓷加工厂生产的搪瓷产品花样不好；认为上海生产的绣品、枕套花样太坏；认为上海永新玩具厂的花样还需要有专业人员设计。对工艺品花样的担忧和建议，在冰心散文作品《一个母亲的建议》中也有体现，"有的颜色合式了，样子却不好看，肩膀太窄，腰身太小，裙子太长。有的样子合式了，颜色又配得不好"，"国家就为了对妇女和儿童的深切关怀，才鼓励纺织工厂啦，童装公司啦，印出各种各色的花布，做出多种多样的童装，一面打扮我们宝贵的下一代，一面节省母亲的精力时间。我们在感激之余，也还有些建议……"[②]

第三，认为优秀的工艺品可为中国现代工艺作品提供借鉴。冰心赞美南京博物馆的出土文物及各期出品，颜色好，有许多可为现代美

---

① 冰心：《一个母亲的建议》，载卓如编《冰心全集（第三册）文学作品（1942—1957）》，第425页。

② 冰心：《一个母亲的建议》，载卓如编《冰心全集（第三册）文学作品（1942—1957）》，第423—425页。

第二章 关于国内经济建设的史料

工品所借鉴，比如，石刻枭鸟可作 book-end，铜镜可作漆盘，敦煌藻井可作桌面图案等；认为扬州劳动厅里陈列的几幅沈约画，可作缂丝画稿；认为南京云锦丝织合作社可向苏州宋锦合作社模仿，使用先进的机器。

第四，关注工艺品的销售问题。在南京美术陈列馆，冰心了解了产品生产与产品销售具有直接的关系；在无锡售品所，认为胶木品不易碎，可以解决顾客的顾虑，进而促进销售；在苏州市红木小件生产合作社，了解了销售的订货会影响产品的种类；在苏州市宫扇生产合作社，认为出口公司强调产品数量，忽视产品质量，长久下去，会影响到宫扇遗产的存亡。

第五，关注艺人的生活。在扬州张永寿剪纸室，了解了剪纸艺人张永寿与省文联何燕明之间的矛盾；在苏州桃花坞木刻处，了解了民间艺人有被相关单位抢占生意的苦恼；在苏州市宫扇生产合作社，了解了计件工资影响了产品的质量，用工人制作产品的数量来计算工人工资并不合理。此外，冰心还注重发现艺人的才能。比较了上海玩具小组与上海永新玩具厂的产品后，冰心认为上海玩具小组许宝瑛制作的产品，无论是颜色搭配还是样式都很好，"给她以艺术地位，培养她"[1]；在上海绣品、枕套工厂，夸赞了谢吉生同志态度好且具有肯钻研的精神。

日记史料与报告内容互为补充。江南考察后，冰心将考察时看到的问题和意见，"分别由中国文联以情况通报的方式，报告了文化部、外贸部、商业部和财政部"[2]。报告内容转引如下：

1. 南京云锦，由于原丝出口，现在只能用人造丝来织云锦。
2. 无锡泥人，全部做三叉口，这是土产公司订货，只要三叉口，不要别的。

---

[1] 冰心著，王炳根编：《冰心日记》，1957年5月9日，第34页。
[2] 王炳根：《玫瑰的盛开与凋谢：冰心吴文藻合传（下编）》，第772页。

3. 面具，不能做花脸，因为没有须子，政府不给丝。

4. 绣有湘绣、苏绣、锡绣之分，现在只有苏绣，因为土产公司只要苏绣，只许一花独放。绣花的稿子全是北京拿下去的。宫扇也如此，画师都难过得要哭，"计件工资"画细画一天两件，画粗画一天八件，越画得好，工资越少。

对工艺美术，民间艺术，如不再挽救，国际声誉也会失去的。①

通过对比报告内容与日记内容，发现二者互为补充。一方面，日记补充了报告内容。冰心在日记中关注的颜色搭配问题、花样问题、优秀工艺作品互相借鉴问题，在报告中没有提及；产品销售问题、艺人生活问题，在报告中冰心仅以苏州市宫扇生产合作社为例提及了"计件工资"的弊端及对艺人造成的苦恼，"'计件工资'画细画一天，画粗画一天八件，越画得好，工资越少"。冰心在日记中对工艺作品的评论及意见，丰富了报告的内容。

另外，报告丰富了日记的内容。日记中提到南京云锦丝织合作社的手工艺出品存在颜色嘈杂纷乱的问题，报告中又指出了其手工艺品"由于原丝出口，现在只能用人造丝来织云锦"的问题。日记中提到无锡惠山寺泥人生产合作社生产的工艺品存在造型粗糙、形象扁平的问题，报告中又指出土产公司订货单一，进而造成无锡泥人单一的问题，"无锡泥人，全部做三叉口，这是土产公司订货，只要三叉口，不要别的。"报告中提到的面具问题，"面具，不能做花脸，因为没有须子，政府不给丝"，刺绣种类单一问题，在日记中没有提到。

相比而言，日记中对工艺品的意见较为细化。反映问题的对象不同，是造成二者差异的原因。冰心的此份报告是呈现给文化部、外贸部、商业部等国家部门的，这些部门与产品出口有直接关系。日记中，冰心是与合作社的工作人员进行交流，而正是这些一线手工业

---

① 冰心：《中国文联给外贸部、商业部、财政部的报告》，转引自王炳根《玫瑰的盛开与凋谢：冰心吴文藻合传（下编）》，第771—772页。

者，亲身体会了艺人的生活和苦恼；针对冰心提出来的问题，一线手工业者熟知产品的制作过程，可以在工艺品的颜色、花样等方面进行改进。

冰心在江南日记中对手工业建设问题的记录及解决措施的记录，为了解国内手工业建设提供了史料。

## 第三节　日记中有关重工业建设的史料

冰心的河南日记、湖北日记、赣鄂日记、西南日记、任丘日记等日记中记录了中华人民共和国成立后的水利建设、钢铁生产、铁路建设等工业建设情况，为了解中华人民共和国成立后的重工业建设提供了史料。

### 一　日记中的水利建设

1959年3月18日至4月8日，全国政协组织政协委员到河南考察、参观。冰心的河南日记记录了河南的农业、工业建设情况。在工业建设方面，冰心等政协委员考察的重点是河南的水利工程建设。冰心参观了雷村水库、幸福沟、跃进水库、水利学院，并以在河南考察水利建设时的见闻为基础，写作了《记幸福沟》《奇迹的三门峡市》等文学作品。对冰心的文学作品与河南日记进行互文阅读，可以丰富对日记的认识，了解河南工业建设的状况。

1959年3月23日，冰心在日记中记录了在古荥人民公社参观东风水渠及花园口灌溉中心的见闻。日记中写道：

> 2：30出发至东风渠帮忙，在乌兹别克所见之安吉□渠，都是一脉相承的。从东风渠又上车，至花园口（六公里），即1938年蒋介石决堤处，是用药炸开的，水又冲注，长至1400公尺，堤内一片汪洋，今将辟为北湖，堤上有亭，是蒋所立，因为日久失修，之碑已平，亭尚在（在花园口灌溉处有农村幼儿园，有许多小儿在吃饭），将来这里要设展览馆，前后对比，给人民教

育甚大。①

"前后"是指什么？为什么"前后对比，给人民教育甚大"？冰心在日记中没有说明。冰心在《再寄小读者·通讯十一》中详细记录了在花园口灌溉中心参观时的见闻和感受。《再寄小读者·通讯十一》里记录了黄河名称的由来，分析了黄河容易发生自然灾害的原因，对比了不同政府对黄河灾害的处理方式。中华人民共和国成立前，国民党政府"以防止日军前进为名，在花园口这地方扒开了大堤，像千万头狂奔的猛兽一样的洪水，就涌进了河南、安徽、江苏三省的六十四个县的一千四百万亩土地，淹死了八十九万多人，房屋耕畜也一洗而空，造成了空前的使人怒发冲冠的惨剧"；中华人民共和国成立后，"在我们的党和亲爱的毛主席的领导下，我们勤劳、勇敢、聪明的人民，破除了黄河大堤，建成了造福万民的东风渠，把沙荒泥积的大地，变成了鱼米花果之乡"②。文学作品中记录了中华人民共和国成立前国民党政府与中华人民共和国成立后共产党政府对黄河灾害不同的态度和应对方式，因而日记中写到"前后对比，给人民教育甚大"。结合冰心的文学作品，可以丰富对日记内容的了解。

1959年3月30日，冰心等政协委员在河南省登封县文家村参观了跃进水库和幸福沟。冰心在日记中写道：

> 午饭后2时，先到科技研究院山村，看水库及幸福沟，本是鬼集沟，现在上面种桃花等，不过几年可以果打头了。李铁生同志给讲了上下四个连环水库及幸福沟之集头防户、消力池、沟腰带、土布袋等措施种种及鱼鳞坑、水平线、谷坊（主要保持水土）等。③

---

① 冰心著，王炳根编：《冰心日记》，1959年3月23日，第40页。
② 冰心：《再寄小读者·通讯十一》，载卓如编《冰心全集（第四册）文学作品（1958—1961）》，第39页。
③ 冰心著，王炳根编：《冰心日记》，1959年3月30日，第43—44页。

第二章　关于国内经济建设的史料

冰心在日记中记录了"鬼集沟"的名称及"集头防户、消力池、沟腰带、土布袋"等名称，没有指出"鬼集沟"名称的来源，消力池、沟腰带等措施的功效。《记幸福沟》中详细记录了"鬼集沟"名称的来源，并记录了文村本地人演唱的如"文村地，乱山垄""季季种庄稼，年年没收成"等表达人民痛苦生活的歌谣；记录了"消力池""土布袋"等措施的功效及"幸福沟"名称的来源。冰心的散文《记幸福沟》对日记缺失的内容进行了补充。

冰心河南考察的时间是1957年3月18日至4月8日，但是河南日记记录的日期是1957年3月18日至4月2日。结合冰心的散文《奇迹的三门峡市》，可知冰心在4月2日后还考察了三门峡市和三门峡水利枢纽工程。三门峡市建设了工人俱乐部、剧场等基础设施，三门峡水利枢纽建设工程，是"巨大的机器劳动的世界"，现场的工人和考察的人员"对于三门峡工程的提前拦洪，发电与竣工，都有坚强的信心的"[1]。冰心的散文作品与日记的互文阅读，可以丰富、精确对冰心河南考察日程的了解，丰富冰心的研究资料。

## 二　日记中的钢铁生产等重工业建设

冰心的邯郸日记、湖北日记记录了河北省、湖北省的钢铁生产建设情况，西南日记、任丘日记记录了冰心对铁路建设、华北油田建设的考察日程。《冰心日记》为了解中华人民共和国成立后国内不同地方的重工业建设情况提供了史料。

作为钢铁生产的重镇，冰心在邯郸和湖北考察的重点是重工业建设情况。1959年12月14日至22日，冰心作为民进委员在邯郸考察访问。1960年3月1日至20日，冰心参加全国人大代表、政协全国委员考察团，到湖北考察。冰心在邯郸日记和湖北日记中记录了在炼钢厂听到的报告、见到的标语和看到的冶炼钢铁的场面。

---

[1]　冰心：《奇迹的三门峡市》，载卓如编《冰心全集（第三册）文学作品（1942—1957）》，第196—197页。

上编 《冰心日记》中的史料

邯郸日记写道：

参观工农业展览，印象很深、好，讲解有 1.5 米高炉胜利荣归，粮食八年渐变，两年突变，十年赛过五千年，纺织供全国五分之一人每人一件衣服（粮食从 22 斤到 1.6 倍及 62 倍）。全国棉花看河北，河北棉花看邯郸等，十分动人。

到龙阳炼钢厂，看一风炉标兵炉，13M，又看几个炉出铁，铁水奔流的情形。那时里人民提出口号，"一切为了钢""为了钢忍受一切""有了钢有了一切"，印象很深，马厂长报告极动人。①

湖北日记中写道：

参观湖北十年建设成就展览馆，有炼铁工人诗《威风抖擞比天大》。水利三峡部分，苏［联］专家说，三峡建成，其伟大不亚于人类上天。展览会在汉中中苏友好宫开，该地内容很像北京的展览会内容，美不胜收，祖国各地都是大跃进，没有例外。

先看一组焦炉，上面热度很高，夏天工人会中暑。厂内工地尚未修好，两年后会大改观了。只就烟囱而言，第一个烟囱［19］56 年用六个月，最近一个只用 111/2 天了。看后，看炼铁炉口，圆圆的像几个红太阳并列，又看调度室、主电室等。

看轴承厂，雨中有青年男女工人奏乐欢迎。看了几个厂房，都是万平方米，在 18—22 天之间建成的，边建边施工，路道泥泞，有标语"土［徒］手起家，学字开花，土洋结合，结合一家"，有刘秀珍小妹陪我，大雨中背我过小河。②

其中，炼铁工人诗《威风抖擞比天大》的内容是："狂风暴雨我

---

① 冰心著，王炳根编：《冰心日记》，1959 年 12 月 15 日、12 月 16 日，第 54 页。
② 冰心著，王炳根编：《冰心日记》，1960 年 3 月 3 日、3 月 6 日、3 月 8 日，第 58—60 页。

## 第二章　关于国内经济建设的史料

不怕，有铁才有机械化，国富民强谁敢欺，威风抖擞比天大。"① 1958年8月底，中共中央政治局在北戴河扩大会议上通过决议，号召"全党全民为生产一千零七十万吨钢而奋斗"，要求省一级党委要"首先注意工业的领导"，"工业的中心问题是钢铁的生产和机械的生产"②，决定1958年要生产钢1070万吨，比1957年增加一倍。冰心的邯郸考察和湖北考察正是在此背景下对国内重工业建设情况的考察。

1975年1月13日至17日，第四届全国人民代表大会在北京举行，冰心再次当选人大代表。1975年6月8日—7月18日，冰心参加西南参观学习组，到川、滇、黔、湘四省参观学习40天，冰心的西南日记记录了考察铁路建设、工业建设情况的日程。

冰心的任丘日记记录了考察华北油田的日程。1977年11月23日至26日，复刊不久的《诗刊》组织作家采风，参观华北油田。在任丘日记中，冰心参观了积输站、潜山图层、雁翎油井、海洋石油勘探指挥部。

> 7:30出发至雁翎油井，有梁主任在前线指挥部讲油井情况及图。我们看了"自一井"，即"四人帮"保定来人破坏耽误了一年之井。旁边有雁四井，正在出油。以后又看了女子钻井队一百人，指导员刘矿元、队长董瑞香（24岁），在河北招生一百人，到山东胜利油田学习一个月，回来三八部成立，今年要完成"三宅四井"。③

邯郸日记、湖北日记中对冶炼钢铁的记录，西南日记中对铁路建设的记录，任丘日记中对华北油田考察的记录，为了解中华人民共和国成立后的重工业建设提供了史料。

---

① 冰心笔记，转引自冰心著，王炳根编《冰心日记》，第58页。
② 罗正楷主编：《中国共产党大典》，红旗出版社1996年版，第784页。
③ 冰心著，王炳根编：《冰心日记》，1977年11月24日，第156页。

## 上编 《冰心日记》中的史料

本章将《冰心日记》与冰心的文学作品及社会史、人物志等相关历史资料互文阅读,搜集考证了日记中与国内农业、手工业、重工业建设的内容、人物相关的史料。《冰心日记》在一定程度上还原了中华人民共和国成立后农业建设、工业建设的场面和状况,为了解中华人民共和国成立初期国内农业建设、手工业建设和重工业建设状况提供了史料。

# 第三章 关于国内文化建设的史料

本章从文化交流活动、文化考察活动两个方面，梳理、考证、研究《冰心日记》中有关国内文化建设的史料。第一节，以冰心的福建日记为例，将冰心的日记与冰心的散文互文阅读，搜集、补充日记中的谈话内容、演讲内容等文化交流活动的史料。第二节，以冰心的福建日记、江南日记为例，考证、分析日记中与文化考察相关的史料。

## 第一节 日记中有关文化交流活动的史料

冰心在国内考察、访问时，会参加一些文化交流活动。比如，在湛江考察时，观看了粤剧表演艺术家红线女演出的粤剧《思凡》，"声容并茂，甚为可喜"[1]；在江西省鹰潭考察时，"看鹰潭戏园演歌两首，《工人阶级〔咱们工人〕有力量》《大海航行靠舵手》《劳模嫁女》《女货郎》《信江波》《姑嫂泪》及《小保管员上任》，表演极好，有泥土气息"[2]。

以冰心的福州日记为例。在福州考察期间，冰心参加的文化交流活动共有两类：一类是采用谈话或演讲的方式，冰心同作品创作者、老师、学生的交流；另一类是冰心观看的地方经典艺术剧作。根据日

---

[1] 冰心著，王炳根编：《冰心日记》，1961年12月18日，第71页。
[2] 冰心著，王炳根编：《冰心日记》，1965年11月7日，第92页。

· 87 ·

上编 《冰心日记》中的史料

记记录,冰心与福建省文联陈虹主任、福建省美协谢投八副主任等谈《东山少年》及提线戏剧本问题;在龙江乡石步村,与文教人员谈话;在后屿乡,与少年农场指导员等谈话;参观少年工厂机工组,同辅导员谈话;到体育场看福州市运动会,看儿童们表演徒手体操和组字体操;到三木坊少年之家参观"我们爱诗"会朗诵及快板,看小学生演木偶戏《黄鹤的故事》;到省府礼堂看京剧,到南台中心剧场看《卓文君》新剧;与省一级团委论演讲问题;到教育厅对中小学语文教师们讲外国观感及回答教师们问题;在工商联礼堂为青年作报告,听众1500人左右;参加福建军区授衔典礼仪式,并代表人民代表讲话;看闽剧丑角三宝之一林赶三的戏《周仁献嫂》;看布袋戏《李逵醉酒》等,"小朋友们除了给我表演歌唱,跳舞,朗诵,魔术之外,还送给我许多他们劳动的创作,如布袋人、木偶戏剧本、作文成绩、纸花等等"①。

  这些文化交流活动,有的是提前安排好的。在福建考察时,观看的每一场地方经典艺术剧作都是地方政府、文化局精心组织和安排的。冰心观看的布袋戏,是产生于福建的特色剧种。布袋戏,是用布偶来表演的地方剧种,分南派布袋戏与台湾布袋戏。南派布袋戏,又称布袋木偶戏、手持傀儡戏、掌中戏等,大约产生于明末清初的福建泉州。冰心等代表观看的布袋戏《李逵醉酒》,是由布袋戏名角儿李荣宗担任团长的晋江县潘径布袋戏实验剧团演出的。李荣宗,人称"潘径宗",福建晋江东石潘径村人,11岁随父亲李绳煌学习掌中木偶表演艺术,继承祖辈传授下来的剧目100余出。1953年3月,晋江县掌中木偶剧团成立,李荣宗任团长。1953年10月,带领剧团随"第二届全国人民赴朝慰问团"前往朝鲜慰问演出。1954年带领剧团前往福建前线沿海岛屿慰问中国人民解放军指战员。曾任晋江县政协委员、福建省文联会员等职。时任晋江县潘径布袋戏实验剧团团长。②在观看

---

① 冰心:《还乡杂记》,载卓如编《冰心全集(第三册)文学作品(1942—1957)》,第459—460页。
② 陈苗主编:《晋江市人物志》,上海三联书店1994年版,第111—112页。

第三章　关于国内文化建设的史料

带有地方特色的剧作时，冰心等考察人员对福建的文化建设情况有了一定的了解。

与被安排好的文化交流活动相比，冰心的谈话、演讲就自由了很多。有的是小规模的谈话交流；有的是提前商量后、冰心精心准备的演讲。由于日记文体的随意性、语言的简略性，冰心在日记中多是简单记录日程，对谈话内容、演讲内容没有展开。日记与散文《还乡杂记》、听众回忆录相互补充、印证，为了解冰心的谈话内容、演讲内容、冰心演讲时的状态提供了史料，有助于了解国内文化交流活动。

**一　有关谈话内容的史料**

冰心根据福建考察期间的见闻写作的散文《还乡杂记》中记录了部分谈话的内容；冰心演讲时听众的回忆录，记录了部分演讲内容。日记与散文《还乡杂记》、听众回忆录互文阅读，可以对日记中缺失的谈话内容、演讲内容进行补充。

> 进内参观四组，至隔壁看另外机工组，上楼同辅导员谈话。[1]

1955年11月25日，冰心参加了少年造船厂开工典礼，典礼流程为局长发言、总工程师林世华发言、木工组长陈毓清献礼、儿童献花、工厂宣布开工、校长宣布工作规则、少年工厂正式开工。结合《还乡杂记》可知，少年造船厂的小工人共45个，开工典礼现场挂着"努力学习父兄的造船先进经验，学好本领承继父兄的伟大事业"的标语；冰心在日记中提到的参观"四组"是指少年造船厂木工组、竹工组、纸工组、机工组的车间；"上楼同辅导员谈话"，谈论内容是听辅导员介绍福州航管局职工子弟小学学生的家庭情况、组织造船小组的原因等[2]。

---

[1] 冰心著，王炳根编：《冰心日记》，1955年11月25日，第15页。
[2] 冰心：《还乡杂记》，载卓如编《冰心全集（第三册）文学作品（1942—1957）》，第436—437页。

## 上编 《冰心日记》中的史料

> 晨赴体育场，看福州市运动会，有儿童徒手体操及组字体操，极为精采[彩]……七时，有吴荣宣陪同，至三木坊少年之家，参观并参加"我们爱诗"会朗诵及快板，都很好，我说了几句话，之后，有实小[实验小学]同学演木偶戏《黄鹤的故事》。①

结合《还乡杂记》可知，冰心在福州市体育场看儿童体操时发出"极为精采[彩]"论述的原因，是一千二百多个少先队员在表演组字体操时队伍整齐又造型多样，并摆出"和平万岁"和闪着红眼睛的和平鸽造型。这些造型十分精彩，得到了观众的赞美。晚上七时，在福州市团委工作人员吴荣宣陪同下，冰心到福州市少年之家观看"我们爱诗"诗歌朗诵晚会及快板表演，诗歌朗诵有多人合诵，也有单人朗诵，"他们不但态度自如，表情丰富，而且北京话的发音，除了几个难'咬'的字以外，都十分准确"②。诗歌朗诵晚会结束后，冰心"说了几句话"，结合《还乡杂记》可猜测，冰心夸赞了小学生普通话标准，并回顾了四十几年前第一次回到福州时听到故乡小朋友说福州话的场景。

> 下午二时，重到后屿乡，与少年农场指导员等谈话，并到后屿参观学校及少年农场，看蓖麻、蚕叶，又至麦田，五时半回。③

冰心在《还乡杂记》中提到的"福州鼓山区后屿乡第二中心小学，成立少年农场的消息，我在北京报纸上看到的时候，就引起了极大的兴趣"④，冰心将报纸上的这篇报道裁剪下来，夹在笔记本中，新闻内容如下：

---

① 冰心著，王炳根编：《冰心日记》，1955年11月27日，第16页。
② 冰心：《还乡杂记》，载卓如编《冰心全集（第三册）文学作品（1942—1957）》，第438页。
③ 冰心著，王炳根编：《冰心日记》，1955年12月2日，第18页。《冰心日记》中"蓖麻、蚕叶"，结合《还乡杂记》，应更正为"蓖麻蚕、叶"。
④ 冰心：《还乡杂记》，载卓如编《冰心全集（第三册）文学作品（1942—1957）》，第440页。

## 第三章　关于国内文化建设的史料

### 一个"少年农场"

新华社福州讯：福建省第一个"少年农场"21日在福州市后屿乡成立。这个农场是为了使少年儿童们在课余时间学习农业生产知识而设立的。农场里的一百二十个少年工作人员，都是福州市郊鼓山第二中心小学的少年先锋队员。

"少年农场"分为蔬菜、槐根、树苗、禾本和动物饲养五个区，每个区都有一位教师担任指导员。在课外活动期间，少年先锋队员们便由指导员带领着到各区进行生产活动。农场的秘书处、生产队、技术组、会计处的工作，也都由少年先锋队员们自己担任。

全国人民代表大会代表、福建省农业劳动模范郑依姆，21日参加了"少年农场"的开工典礼，并当场指导少年先锋队员们垦荒种植了四百株蔬菜和四斤马铃薯。①

怀着对少年农场的极大兴趣，冰心在1955年12月2日，访问了福州鼓山区后屿乡第二中心小学少年农场。结合《还乡杂记》，冰心与农场小场长、少先队大队长、少年农场总辅导员谈话，谈话的内容是后屿乡小学生的家庭情况、小学生成立少年农场的原因、少年农场各部门的设置、少年农场的生产范围等；② 谈话后，参观了少年农场的禾本区、由垃圾地开垦成的蔬菜区、小学校园里的育苗区，在动物饲养区里看蓖麻蚕、蓖麻叶。

晨，到鳝樟乡，在后溪村开会，听报告，毕，十一时半即回城。下午，又去开座谈会等，与小学总辅导员等座谈……又看石鳝头，上山看鳝潭两处，有小隼四五个，在流水声中徐徐移动，

---

① 《一个"少年农场"》，转引自"冰心笔记"，现存于福建冰心文学馆，简报夹在冰心1955年12月2日笔记中间。

② 冰心：《还乡杂记》，载卓如编《冰心全集（第三册）文学作品（1942—1957）》，第440—441页。

上编 《冰心日记》中的史料

> 桥上难走，陈敏秀携手不释，问毛主席健康，说毛主席关心他们，使人感动。①

1955年12月3日，冰心参观鳝樟乡后溪村小学，并与小学辅导员谈话，从《还乡杂记》中可知，冰心与辅导员谈话后，了解了后溪村小学的学校规模、建设情况及即将成立的少年园艺场的建设状况。下山时，福州鳝樟乡后溪小学队员代表、12岁的陈敏秀携着冰心的手过桥，并问候毛主席，"使人感动"。冰心在《还乡杂记》中记录了问候内容："您从北京来，毛主席可健康？他老人家住的地方离我们这里有多远？"冰心回答："毛主席就住在这大山后面几千里远的北京城里。他老人家身体好得很，他时刻地在关心你们的成长。"陈敏秀回答道："我们知道毛主席是关心我们的，要不然，他怎会派您来看我们呢？"② 福建考察结束后，冰心收到了后溪村小学学生的来信，在信中，学生向冰心汇报了少年园艺场里蔬菜的生长情况。

> 参加福建军区授衔典礼仪式，甚为隆重，我代表人民代表讲话。③

根据《还乡杂记》可知，当回到故乡参加福建军区授衔典礼，冰心满怀着"快乐而严肃的心情"，看到熟悉的军区和"穿着簇新的军服"的军人时，"忽然觉得心头一紧，喉头仿佛也梗塞了"。在军区授衔仪式上，冰心"代表人民代表讲话"，关于讲话的内容，冰心在《还乡杂记》中没有直接说明。根据《还乡杂记》中的内容表述，可以猜测冰心在发言中主要谈了军人在中华人民共和

---

① 冰心著，王炳根编：《冰心日记》，1955年12月3日，第18页。
② 冰心：《还乡杂记》，载卓如编《冰心全集（第三册）文学作品（1942—1957）》，第444页。
③ 冰心著，王炳根编：《冰心日记》，1955年12月15日，第21页。

## 第三章 关于国内文化建设的史料

国成立和建设中做出的伟大贡献,并"满含着感谢的热泪,向着我们的子弟兵,我们自己的军队——中国人民解放军,献上最崇高的敬意!"①

冰心对军人的感情与其幼年的生活环境有直接关系。冰心幼年生活在山东烟台。1903—1904年,冰心父亲、海军将领谢葆璋奉命到山东烟台创办海军军官学校,冰心随父母离开福建省福州府侯官县隆普营,移居山东烟台,住在靠近海军军营或者靠近海军学校的地方。冰心常去看的地方是旗台、炮台、海军码头,谈伴是修理枪炮的工人,看守火药库的残废兵士、水手、军官,"他们多半是山东人,和蔼而质朴,他们告诉我以许多海上新奇悲壮的故事",居住环境和军营见闻影响了冰心的穿着打扮,幼年冰心总着男装,穿军服,"没有学过针线,没有搽过脂粉,没有穿过鲜艳的衣服,没有戴过花";影响了冰心的性格,"童年的印象和事实,遗留在我的性格上的,第一是我对于人生态度的严肃,我喜欢整齐,纪律,清洁的生活,我怕看怕听放诞,散漫,松懈的一切";影响了冰心一生对军人的崇敬,"父亲又常常带我去参观军舰,指点给我军舰上的一切,我只觉得处处都是整齐,清洁,光亮,雪白;心里总有说不出的赞叹同羡慕","我一生对于军人普遍的尊敬,军人在我心中是高尚,勇敢,纪律的结晶。关系军队的一切,我也都感兴趣"②。

此外,从王炳根编著的《冰心年谱长编》中得知,1955年12月28日,冰心从厦门返回福州;12月30日,从福州到达上海。在上海时,冰心参加了由上海文联、中国作家协会上海分会在上海少年宫召开的少年儿童文学创作座谈会,并在会上发言:"孩子们的生活是丰富多彩的,只要作家能深入生活,一定可以写出作品来。"③ 目前未发

---

① 冰心:《还乡杂记》,载卓如编《冰心全集(第三册)文学作品(1942—1957)》,第445—446页。
② 冰心:《我的童年》,载卓如编《冰心全集(第三册)文学作品(1942—1957)》,第4—6页。
③ 冰心笔记,转引自王炳根编著《冰心年谱长编(上卷)》,第437页。

上编 《冰心日记》中的史料

现冰心 1955 年 12 月 30 日的日记,《还乡杂记》中也未对此有记录。王炳根编著的《冰心年谱长编》,为了解冰心 1955 年 12 月 30 日的座谈会发言内容提供了史料。

**二 有关演讲内容的史料**

冰心在福建日记中提到了一些演讲活动。结合《还乡杂记》、听众回忆录、《冰心年谱长编》等资料,可以对日记中缺失的演讲内容进行补充,丰富日记中有关演讲内容的史料。

> 六时仍留在工商联晚餐,有工商联干部同在,晚饭在礼堂,7 时作报告,听众有一千五百人左右,两少年儿童献花。①

根据日记中的记录,1955 年 11 月 27 日下午 3 时左右,团省委社青部赵文澄与冰心商议,定于 12 月 10 日晚上冰心为青年学生作报告,"三时许,团省委社青部赵文澄说,定十日晚为青年报告"②,12 月 5 日"整理文件,并开始写演讲稿"③。12 月 10 日晚上 7 时,冰心在大礼堂,为 1500 多名学生代表作报告。

《冰心年谱长编》转引了听众丁案对冰心此次演讲的记录。据丁案回忆,冰心"身材玲珑,衣着朴素,细心梳理过的黑头发清楚而自然,看不出已上五十岁:慈蔼的面容,亲切的目光,跟福州常见的年轻祖母们颇相似,只是多一份优雅和书卷气","跟别人高坐讲台'作报告'不同,冰心一直站着,不要讲台,不拿讲稿,同大家像朋友一样谈心"。在演讲中,冰心说"离开太久太久了,终于回到家乡,回到乡亲们中间来了",随后,冰心向大家述说着对家乡的思念及回到故乡的欣喜,"一个女孩子想起福州人问候回娘家女子的习惯,带着羞涩的童音动情地喊出:'冰心姑姑好!'孩子们跟着大声喊:'冰心

---

① 冰心著,王炳根编:《冰心日记》,1955 年 12 月 10 日,第 20 页。
② 冰心著,王炳根编:《冰心日记》,1955 年 11 月 27 日,第 16 页。
③ 冰心著,王炳根编:《冰心日记》,1955 年 12 月 5 日,第 19 页。

姑姑好！'","台上台下沉浸在一片乡情中"①。"不拿讲稿"演讲，是冰心的演讲习惯。中国作家协会外联部翻译陈喜儒曾回忆，1980年4月在中国作家代表团访日文化讲演会上，冰心讲《我与小读者》时的情形，"独独冰心老人，即席讲演，没有讲稿。她站在讲台上，面对几千名听众，不慌不忙，娓娓道来，如拉家常，亲切自然，赢得阵阵掌声"。当陈喜儒称赞她时，冰心说"别忘了，五四运动时，我可是协和女子大学学生会宣传股股长"②。

冰心报告的听众之一刘湘如记述了冰心在1955年12月10日的演讲。这篇文章发表于2013年9月11日《福建老年报》。刘湘如的文章如下：

> 1955年12月，冰心老人作为全国人民代表大会的代表，回到阔别已久的故乡福州。活动日程安排得十分紧张，白天她到许多厂矿、机关单位调查，晚上本该在招待所里休息，可是她却非常关心青少年的学习与生活，主动提出要利用晚上时间会见中学生代表。那年我刚上高中一年级，是当时福州第四中学学生会的文艺委员、校广播电台的台长，被选为学生代表，受到冰心老人的亲切接见，并聆听她作报告，感到十分荣幸。记得当时接见的地点在上杭路市工商联新建的大礼堂里。晚上，同学们早早聚集在会场里。7点整，冰心老人步入礼堂，大家起立热烈鼓掌。只见她步履矫健，身着深蓝色列宁装，脸带笑容，一点也看不出已经55岁了。冰心老人登上讲台后，首先介绍了她这次回故乡的目的和这几天考察的感想，还回忆起对故乡风物民情的印象。她说对福州的温泉印象特别深，见到小孩子在池里嬉戏的情景，会联想起北方锅里浮动的饺子，逗得大家哈哈大笑。给我留下最深印象的是她讲了许多有关文学方面的知

---

① 丁案：《难忘的会见》，香港《大公报》2003年2月26日，转引自王炳根编著《冰心年谱长编（上卷）》，第431—432页。
② 陈喜儒：《忆冰心》，《作家》2014年第7期。

识，介绍了我国一些古典名著。她希望大家利用课余时间，多读一些经典著作，打牢国学基础。①

关于演讲的时间，丁案在回忆冰心讲座时说冰心"回来正赶上跟家乡小朋友一起过儿童节"，即冰心演讲的时间在儿童节前夕，与冰心在日记中记录的时间不符。据刘湘如记述，冰心的演讲时间是1955年12月冰心返乡时，时间为晚上7点整，虽没有点明具体的日期，但演讲的年份、月份、时辰，与冰心在日记中记录的时间一致。

关于演讲的地点，丁案回忆的是在福州市"少年宫礼堂"，刘湘如记述的地点是在福州市"上杭路市工商联新建的大礼堂"。冰心在日记中记录地点的句子是"在工商联晚餐，有工商联干部同在，晚饭在礼堂，7时作报告"，演讲地点较为模糊，未表明是什么礼堂。冰心1955年12月7日日记中提到"午饭后，至上杭街工商联礼堂开会，会堂甚为堂皇，并有糖果招待"②，12月19日日记"约团市委吴荣宣来谈，据说少年宫在明年三四月可以盖起，并动员团员等整理场地等"③，《还乡杂记》中也写道"他们在湖边山上，盖着工人疗养所，盖着博物馆，盖着少年宫……"④，可得知福州市上杭路工商联礼堂已投入使用，而少年宫礼堂尚未建成。根据冰心1955年12月10日日记前后内容，以及12月7日、12月19日日记表述，可以知道冰心演讲地点在工商联礼堂。查阅地图，福州市上杭路工商联在今福州市台江区学军路92号，福州市上杭路少年宫在今福州市台江区学军路95号，距离较近。刘湘如对冰心演讲地点的记述，更接近冰心演讲的地点定位和日记表述的本意。

关于演讲对象，据丁案的回忆是"全市初中和小学的代表"，礼

---

① 刘湘如：《忆冰心老人回闽开讲座》，《福建老年报》2013年9月11日第4版。
② 冰心著，王炳根编：《冰心日记》，1955年12月7日，第19页。
③ 冰心著，王炳根编：《冰心日记》，1955年12月19日，第22页。
④ 冰心：《还乡杂记》，载卓如编《冰心全集（第三册）文学作品（1942—1957）》，第432页。

堂里到处是"带着羞涩的童音"的孩子们;刘湘如则回忆是"中学生代表"。因此,丁案记述的"全市初中和小学的代表"不太准确。冰心在1955年11月27日日记中记录的是"为青年报告",12月10日日记记有"听众有一千五百人左右,两少年儿童献花",可知演讲现场既有青年代表,也有儿童代表。根据以上推断,冰心此次演讲的对象是全市中学生代表和小学生代表,观众人数1500人左右。周作人曾回忆早年在北大讲演的时候,"好奇的观众很多,讲堂有庙会里的那样拥挤,只有从前胡适博士和鲁迅,随后还有冰心女士登台的那个时候,才有那个样子"①。从周作人的回忆中可以猜想冰心此次返乡演讲时现场热烈的情形。

综合以上两篇文章,冰心此次演讲的内容涉及三方面内容:一是对故乡风物民情的回忆;二是谈对此次福建考察的见闻、感受;三是讲解文学知识,鼓励学生们多读经典著作。在演讲时,冰心"身着深蓝色列宁装","衣着朴素","慈蔼的面容,亲切的目光","同大家像朋友一样谈心",讲解得幽默风趣,"逗得大家哈哈大笑",演讲时听众有一千五百左右,现场掌声热烈。时隔五六十年后,丁案、刘湘如虽在时间、地点上存在记忆的模糊,但仍对冰心演讲的内容记忆深刻,他们的回忆文章带领读者回到冰心演讲的现场,为补充日记内容提供了细节,为了解冰心福建考察时的演讲状态、演讲内容提供了史料。

### 三 待考证的谈话内容、演讲内容

上述所涉及的冰心的谈话、演讲,结合《还乡杂记》、听众的回忆文章,可大致推算出冰心谈话或演讲的内容。冰心在福建考察期间还有一些谈话、演讲,目前还未找到相关材料,无法推算谈话内容,特此存疑,待考证。比如:

---

① 转引自倪墨炎《中国的叛徒与隐士 周作人》,上海文艺出版社1990年版,第146页。

上编 《冰心日记》中的史料

  1955年11月25日："至龙江乡石步村，与文教方面人员谈话，有小学生二人参加。"
  1955年11月26日："3：30与小学校长及少先队座谈。"
  1955年11月28日："三时四十五分出来，与校长、小学生座谈。"
  1955年11月30日："晨在招待所，有中国新闻社女记者陈彬来访谈。"
  1955年12月5日："少憩后，有新华社相知及戚慧之两同志来谈。"
  1955年12月17日："回来后，在图书室看书。午后一时半到教育厅，对中小学语文教师们讲外国观感及回答教师们问题，四时半回来。"①

  由冰心在日记中提到的谈话、演讲时间，结合冰心的散文作品、听众的回忆录、冰心年谱等文献资料，可以补充日记中缺失的谈话、演讲内容，有助于了解20世纪50年代国内的文化交流活动。

## 第二节 日记中有关文化考察活动的史料

  除公务活动外，冰心等代表还参加了地方政府组织的或自由选择的文化考察活动。冰心参观了历史古迹、风景名胜，欣赏了祖国的大好河山；记录了看到的楹联、听到的典故，为创作文学作品积累素材。日记中提到的文化考察活动为了解中华人民共和国成立后的文化建设状况提供了史料。

### 一 与景点考察有关的史料

  在散文《写作的练习》中，冰心说"多旅行多看山水风物；城市

---

① 冰心著，王炳根编：《冰心日记》，1955年11月25日、11月26日、11月28日、11月30日、12月5日、12月17日，第15、16、16、17、19、22页。

第三章　关于国内文化建设的史料

乡村的一切，便可多见事物的背景，多搜集写作的丰富材料。"① 游览景点等文化考察活动，作家从大自然和历史古迹中采风，收获写作素材。比如，1955年在福建考察期间，冰心等代表参观了涌泉寺、开元寺、雪峰寺、西湖公园、动物园、乌山宫公祠、龚家花园、王天君祠等福州著名景点，欣赏了龚家花园典雅的布置和花园主人龚易图家中的对联，在一路泛舟中欣赏了西湖公园里古雅美观的旧式石桥。1961年，在湛江考察期间，冰心等考察人员参观了陈家祠堂，"1890—1894年建成，集砖雕、铜雕、泥塑、陶塑之大成"②。1975年在西南考察期间，在四川参观了都江堰，在云南参观了石林……

以冰心的江南日记为例。1957年，作为中央民进成员，冰心到江南考察工艺美术行业；作为作家，江南考察的见闻也为冰心提供了写作的材料。在江南考察中，冰心游览了南京、苏州等地的历史古迹和风景名胜，欣赏了祖国的大好河山，并将看到的楹联、听到的典故、想到的诗词记在日记里。江南考察中，冰心游览的时间、地点、见闻或评价见表六。页码是指日记内容在《冰心日记》（作家出版社2018年版）中的页码。

表六　　　　　冰心江南日记中有关景点考察的记录

| 时间 | 地点 | 景点 | 见闻或评价 | 引用的楹联、典故 | 页码 |
| --- | --- | --- | --- | --- | --- |
| 1957年4月20日 | 南京 | 雨花台烈士碑 | "（有毛主席题'死难烈士万岁'），买雨花台石子两块。" | | 24 |
| 1957年4月21日 | 南京 | 太平天国纪念馆、中山陵 | "看太平天国失败原因，殊觉'三反''五反'与整风的重要。" | | 25 |

---

① 冰心：《写作的练习》，载卓如编《冰心全集（第三册）文学作品（1942—1957）》，第29页。
② 冰心著，王炳根编：《冰心日记》，1961年12月16日，第70页。

上编 《冰心日记》中的史料

续表

| 时间 | 地点 | 景点 | 见闻或评价 | 引用的楹联、典故 | 页码 |
|---|---|---|---|---|---|
| 1957年4月23日 | 扬州 | 瘦西湖、叶秀峰花园、叶园、莲性寺、五亭桥、钓鱼台、月观亭、徐园、鹤馆、史公祠史可法衣冠冢处 | 叶秀峰花园，"有松树百余种及法国梧桐，与南京城及中山陵相似，并有桃花。"钓鱼台旁边小湖，"上草堂蕙香满室，有花极美，可作标本"。 | "一路上看见北固山上有甘露寺，以下又有象山、金山、焦山，所谓之'独立中流喧白昼，万山无语看焦山'。"钓鱼台，乾隆曾在此钓鱼；徐宝山盐枭的故事；史公祠史可法衣冠冢处，楹联曰"数点梅花亡国泪，二分明月故臣心"。 | 25—26 |
| 1957年4月24日 | 扬州 | 个园 | "园中假山嶙峋，今已倾颓，有水池等荒凉之甚，有大厅，今为画室，四面玻璃窗甚佳。" | "据云有两百多年历史，清道光时黄至筠盐运使就寿芝园遗址改建。" | 26 |
| 1957年4月25日 | 扬州 | 何园、法净寺、欧公祠、石涛塔、观音山寺、鉴楼 | 私家庭园已改为政协办公处；何园前面的大厅现为解放军速成中学会议室，安徽、湖南等省的会馆，馆址已改成食堂、宿舍等。 | 法净寺门口有"淮东第一大观"（秦少游）、"天下第五泉"大字。鉴楼，"即（隋）炀帝迷楼旧址，天好时，据说可直望至南京紫金山"。 | 27 |
| 1957年4月26日 | 镇江 | 金山寺、江天一览亭、"天下第一泉" | 金山寺，"柳堤一带甚为美观"。 | "至江天一览亭，慈寿塔系为慈禧六十寿建，此寺源于东晋，每代必毁于兵火。" | 27 |
| 1957年4月27日 | 无锡 | 寄畅园、惠山寺泉 | 寄畅园"本是秦邦宪同志故居，地方不太大，而邱［丘］壑甚美。据说《家》之背景就是在此与梅园拍的。" | "乾隆亦是在雨中游寄畅园，有碑，有画，穿假山时，有流水淙淙。" | 28 |
| 1957年4月28日 | 无锡 | 蠡园、鼋头渚、广福寺、花神庙、陶朱阁、惠山寺、锡山公园 | 到鼋头渚，"真是久闻大名了，岸有康有为写'横云'二字"。"荣德生园子最好，满栽桂花。" | 广福寺内一联："唤起淡妆人，更何必十分梳洗，商略黄昏雨，只可惜一片江山"；陶朱阁有闽县陈永修一联："家国恩仇归一舸，湖山形胜占三吴。" | 28 |

· 100 ·

第三章　关于国内文化建设的史料

续表

| 时间 | 地点 | 景点 | 见闻或评价 | 引用的楹联、典故 | 页码 |
|---|---|---|---|---|---|
| 1957年4月30日 | 宜兴 | 善卷洞、善卷寺、石圆寺旁边的英台阁 | 善卷洞中洞，"系狮象大场，形象极肖"。 | 英台阁，门内一联，曰："结个茅庵留客住，开条大路与人行"。"将至宜兴，夹岸有西氿与东氿湖甚大，'除三害'周处即是宜兴人。" | 29—30 |
| 1957年5月1日 | 苏州 | 怡园、玄妙观、拙政园、卅六鸳鸯馆、沧浪亭 | 怡园"小而曲折，假山、亭子等均好，雨中甚有幽致"；拙政园，"最好，大方朴素，我最爱"。"总之，南方园林以曲折幽深胜，花多水多便觉艳异。" |  | 30 |
| 1957年5月2日 | 苏州 | 留园、石观音堂、冷香阁、虎丘塔、戒幢律寺、罗汉堂、放生池 | "此处亭园，处处是图画，一廊一轩一对一联一额，莫不雅致可喜，若不好好细看，会混起来的。" | "到虎丘，极有幽趣，见试剑中断两半，到'生公说法'处见点头石"。 | 31 |
| 1957年5月3日 | 苏州 | 天目山、钵盂泉、御碑亭、灵岩寺、藏经楼、吴王及西施故迹、虎丘塔 | "有位萧退庵老人，是前清遗老，从前三请不来，现在已参加政协了（省），人心一振奋，此亦一新气象。"至灵岩寺，访妙真法师，认识小僧"圆澈"。 | 至天目山，从尚义园入，有对联"老树阴浓新雨后，空山籁静夜禅初"。楼上有联曰："万笏皆从平地起，一峰常插白云中"。灵岩寺东阁壁上有联，曰："叠鼓夜深垂灯春浅，写经窗静觉句堂间"。 | 31 |
| 1957年5月5日 | 苏州 | 周瘦鹃花园、拙政园、留园 | 周瘦鹃花园"有盆景大小千余种，一切陈列都是古色古香，盆景横斜有致"。拙政园及留园，"觉得横看侧视，到处都是图画"。 | 至周瘦鹃花园，"其所爱莲，空廊外额曰'养鱼种竹之庐'"。 | 32—33 |
| 1957年5月6日 | 苏州 | 网师园、殿春簃、撷秀楼、环秀山庄 | "院内即'网师小筑'，池亭、假山亦颇楚楚，有小石桥一座，拱起有花，颇为别致"。 | 网师园的大门联"东南之美，灵秀所钟"。积善堂黎元洪题"今颇上将军属"。 | 33 |
| 1957年5月8日 | 上海 | 鲁迅公园、城隍庙 | 城隍庙，"庙内很像东安市场，但多一点卖鸟虫一类东西的，也有大池栏干[杆]等"。 |  | 34 |

· 101 ·

### 上编 《冰心日记》中的史料

冰心在江南考察时,"一切江南的景物,几乎全是在雨中看到的,真是'烟雨江南'了"①。在南京,冰心主要参观了历史纪念馆,如雨花台烈士碑、太平天国纪念馆;在扬州、苏州、无锡等地,主要欣赏了当地特色的园林、花园、湖泊、寺庙,如游览了扬州的瘦西湖、莲性寺,苏州的寄畅园、鼋头渚,镇江的金山寺、"天下第一泉",苏州的拙政园、虎丘塔等;在上海,参观了鲁迅纪念馆和城隍庙。

江南考察时,冰心等考察人员参观的风景名胜,都是体现地方特色和文化的代表性景点。比如,在苏州考察时,亲眼看到鼋头渚并看到岸边有康有为写的"横云"二字,冰心不禁在日记里感慨"真是久闻大名了"②。鼋头渚是横卧太湖西北岸的半岛,位于无锡,因巨石突入湖中形状酷似神龟昂首而得名,是作家、学者笔下的常客。钟敬文作于1929年4月的《太湖游记》记录了从惠山到"天下第二泉",到锡山、梅园、万顷堂、项王庙、鼋头渚的景色。俞平伯在《癸酉年南归日记》写道:"十二日晨起,自至码头雇得舲风船,游太湖边。其舟用橹,略领水乡之趣。穿城河行,过蠡桥后,渐入清旷,出五里湖后,眼界顿宽。舟人指点蠡园梅园独山等处,径泊鼋头渚,时已近午,登岸游览苦热,亭台数处布置均佳。断崖插水,刻'包孕吴越'四大字。在舟中午饭。对渡小箕山,食未竟已到,广厅临湖,略堪凭眺。"③ 赵朴初在诗词《四月十日,游小灵山》中写道,"鼋头渚,景色胜天堂。七十二峰争供奉,小灵山里建禅场。大佛法轮王。"④ 1959年,郭沫若在游览时写下,"太湖绝佳处,毕竟在鼋头"⑤。费孝通与王同惠合译的《〈甘肃土人的婚姻〉译稿》,正是二人新婚后在鼋头渚小住期间的蜜

---

① 冰心:《从"到此一游"说起》,载卓如编《冰心全集(第三册)文学作品(1942—1957)》,第501页。
② 冰心著,王炳根编:《冰心日记》,1957年4月28日,第28页。
③ 俞平伯:《中国现代文学经典 桨声灯影里的秦淮河 俞平伯散文精选》,吉林文史出版社2018年版,第269页。
④ 赵朴初:《赵朴初大德文汇》,华夏出版社2012年版,第529页。
⑤ 阴岭山:《无锡名片》,南京出版社2014年版,第3页。

月中整理完成……

在江南考察时，冰心等考察人员品尝了有特色的地方美食，在专业人士的引导下参观历史古迹、风景名胜。"虽在极紧张的反右派斗争中，各馆负责同志及同志们均给予耐心的指教和热情的招待。"① 在镇江考察时，"有民建秘书等请我们在宴春酒楼吃肴肉等"②。肴肉，又称水晶肴肉、肴蹄，是江苏镇江市的一道著名冷菜，淮扬菜系的代表之一，曾被选为新中国"开国第一宴"的冷菜主碟，有"国宴第一菜"的美誉。③

在考察文化景点时，冰心将看到的楹联、想到的诗词、听到的历史典故，记在日记里。"独立中流喧日夜，万山无语看焦山"，是冰心非常喜欢的诗句，冰心在许多散文中都提到了这首诗句。冰心在晚年散文《一个充满了力量的汉字》中写道，在天还没亮就醒来的早上，心头涌上许许多多的"万"字，首先想到的就是这句只记得诗句而忘了名字的"独立中流喧日夜，万山无语看焦山"，"这把焦山写得何等挺拔、何等声势？大有'万笏朝天'的意味了"④。冰心在晚年散文《我的一天》中也写道，在大约六点之前就完全清醒了，会想一下这一天要做的事情、要见的人、要写的信，"也在这时有一两句古人的诗，如同久久沉在脑海底下的，忽然浮出海面，今天清早就有不知是哪位诗人写的：独立中流喧日夜，万山无语看焦山"⑤。这首冰心"忘了名字的""不知哪位诗人写的"诗歌，名叫《夜过焦山》，作者是清代诗人、中国近现代报人、报刊革新家狄楚青。狄楚青（1873—1921），名葆贤，号平子，字楚青，江苏溧阳人。戊戌变法期间拥护康有为、梁启超，失败后逃亡日本，1904 年，受康有为命回上海创办《时报》，聘陈冷为主笔，革新报纸业务。后与康梁意见不同，独资经营

---

① 罗歌：《南行散记——学习札记之一》，《文物》1957 年第 10 期。
② 冰心著，王炳根编：《冰心日记》，1957 年 4 月 23 日，第 25 页。
③ 郝铭鉴、孙欢主编：《中华探名典》，上海锦绣文章出版社 2014 年版，第 362—363 页。
④ 冰心：《一个充满了力量的汉字》，载卓如编《冰心全集（第七册）文学作品（1987—1997）》，第 168 页。
⑤ 冰心：《我的一天》，载卓如编《冰心全集（第七册）文学作品（1987—1997）》，第 7 页。

《时报》，1911年在北京发京津版。曾办《民报》《妇女时报》等①。他曾写过《夜过焦山》一诗，全诗为："不相菲薄不相羡，入世皇皇出世闲。独立中流喧日夜，万山无语看焦山。"在江南考察时，从镇江到扬州的路途中，当经过焦山时，冰心想到这句诗，并写到日记中。

冰心在日记中摘抄了多处景点里的楹联。"中国人喜欢给亭台楼阁，屋子，房子，起些名字，这些名字，不但象形，而且会意，往往将主人的心胸寄托，完全呈露。"②景点里亭台楼阁的楹联也显示着"主人的心胸寄托"。扬州史公祠史可法衣冠冢处，是由清代诗人张尔荩为史可法撰写的七言楹联。史可法（1601—1645），字宪之，号道邻，祥符（今河南开封）人，明南京兵部尚书、东阁大学士，清兵南下，率兵固守扬州城，城陷自杀未遂被俘，不屈而死。扬州人民在其生前点兵的梅花岭筑衣冠冢并立祠以纪念③。张尔荩为史可法撰写七言楹联"数点梅花亡国泪，二分明月故臣心"，表达对明朝忠臣的敬重。

在江南日记中，冰心用了大量笔墨描写江南美景，文采斐然，为文学创作提供了写作素材。这些景点"都是我在历史上，小说上，诗歌里读过而自己从来没有到过的地方。这些地方本来就美，再经过最近各地人民政府的大力修缮，到处都焕然一新。游览之下，使我为着祖国从前和现在的人民的智慧和努力，感到无尽的快乐和骄傲"④。历史古迹、风景名胜经过地方人民政府的修缮，吸引了更多的旅客驻足欣赏。历史古迹、风景名胜并不是不变的，会根据社会的需要进行修整，人文景观转化为社会景观。在扬州，何园前面的大厅现为解放军速成中学会议室，安徽、湖南、江西的会馆馆址已改成食堂、宿舍等，原戏台已改为厨

---

① 袁宝华主编：《中国改革大辞典（中）》，海南出版社1992年版，第2798页。
② 冰心：《力构小窗随笔》，载卓如编《冰心全集（第三册）文学作品（1942—1957）》，第37—38页。
③ 李虹杰主编，余启新、何小敏、王朝阳副主编：《咏梅》，武汉出版社2013年版，第333页。
④ 冰心：《从"到此一游"说起》，载卓如编《冰心全集（第三册）文学作品（1942—1957）》，第501页。

## 第三章 关于国内文化建设的史料

房①。冰心在日记中的记录,为了解国内城市改造状况提供了史料。

日记中对景点的描写,为冰心的文学写作提供了素材,也为了解中华人民共和国成立后的市容市貌等提供了史料。

### 二　与景色描写有关的史料

对自然景观的考察,也包含着对该地人文景观的文化考察。比如,在福州考察时,经过白沙,冰心认为这"是旅途中最美丽的一段",景色描写与人民面貌结合起来,"过此已将近福州城市,路上走着络绎不绝的挑着菜担的赤脚的农村妇女,她们扁担上系着彩色的绒衣,一路上彼此说笑,健步如飞。看见她们,我心头又涌起亲切的自豪的感觉!"②日记中的景色描写与文学作品互文阅读,可以达到互相补充、互相验证的目的。

以冰心的福建日记为例,日记与散文《还乡杂记》里的景色描写可互文阅读,互相补充。

(一) 日记可以补充散文中缺失的地点

据冰心的散文《还乡杂记》,1955年,前往福州考察的人大代表乘坐火车,从北向南,经过河北、山东、安徽、江苏、浙江、江西六个省份到达福建省。但是按照冰心在日记中的记录,冰心等考察团还经过上海,并在11月17—18日在上海停留一日半,其间住在上海东湖旅馆。在上海期间,冰心与少儿出版社联系商议写作问题;旁听上海刘际平副市长的报告;与居住在上海的家人联系,与三弟谢为楫、三弟媳刘纪华相见并一起午餐。经过上海后,又途经浙江省嘉兴、江西省上饶,于11月19日早上5时,到达江西省与到福建省交界分水关处,"从这时候起,我就踏上故乡的土地了"③。

---

① 冰心著,王炳根编:《冰心日记》,1957年4月25日,第27页。
② 冰心:《还乡杂记》,载卓如编《冰心全集(第三册)文学作品(1942—1957)》,第435页。
③ 冰心:《还乡杂记》,载卓如编《冰心全集(第三册)文学作品(1942—1957)》,第433页。

上编 《冰心日记》中的史料

冰心在福建日记中对上海行程的记录,可以补充散文中缺失的上海行程的内容。

(二)日记可以确证散文中有关景色的表述

冰心 1900 年 10 月出生在福州三坊七巷谢家大宅,7 个月时离开福州;1911 年 11 月,11 岁的冰心随家人回到福州,1913 年秋天离开福州,全家人迁往北京定居。"我的父母都是福建人,但是我的一生中,只到福建去了一次,那是四十多年以前的事了。"① 1911 年,冰心 11 岁时回到故乡福州,"生活起了很大的转变。我也不能不感谢这个转变"②。1955 年 11 月 16 日至 1956 年 1 月 3 日③,冰心作为人大代表到福建省福州市参观、考察,这是冰心出生后第二次回到故乡,"我心里满怀着童年温暖的回忆,在万山丛沓之中,仔细地欣赏我的'父母之乡'"④。"冰心在福州生活的时间,总共为两年八个月,在她与世纪同龄的漫长一生中,只有不及三十分之一的人生历程。"⑤ 其中,对福建省景色的描写,渗透着冰心对故乡的喜爱和深情。

冰心 1955 年 11 月 19 日日记对景色的描写如下:

> 自建阳后公路上山,过胜长岭、大夫岭、寿岭,始至古田县,一路山回路转,谷中尚有梯田,林深树密,极为美观。⑥

《还乡杂记》对景色的描写如下:

> 多么高秀的山岭,多么青葱的树林,多么平坦的公路!人家

---

① 冰心:《还乡杂记》,载卓如编《冰心全集(第三册)文学作品(1942—1957)》,第 433 页。
② 冰心:《我的童年》,载卓如编《冰心全集(第三册)文学作品(1942—1957)》,第 6 页。
③ 吴文藻日记手本:"莹 8:05 到京",转引自王炳根编著《冰心年谱长编(上卷)》,第 438 页。
④ 冰心:《还乡杂记》,载卓如编《冰心全集(第三册)文学作品(1942—1957)》,第 433 页。
⑤ 王炳根:《冰心:非文本解读(续)》,中国文联出版社 2006 年版,第 105 页。
⑥ 冰心著,王炳根编:《冰心日记》,1955 年 11 月 19 日,第 12 页。"寿岭"应为"筹岭"。

## 第三章 关于国内文化建设的史料

都说这是全国最好最美丽的一条公路,它是细细的红土铺成的,光滑如拭,纤尘不生。这条路长达一千华里,在崇山峻岭、深树密林之中,蜿蜒起伏,像一条鲜红的血管,把福建同祖国的心脏,紧紧地联系了起来。车轮沙沙地轻响,从我们眼前掠过一座一座的高峰。浓郁的森林,深绿的帐幕一般,把我们围盖起来。山涧里流下潺潺的泉水。山谷里还有弯弯的一层一层很仄的梯田,我们的勤劳勇敢的人民,是不肯荒芜祖国的一寸可耕的土地的……

我们翻过了胜长岭、大夫岭、筹岭三座险峻的山,其中尤以筹岭为最高,有一千二百四十六公尺。一路上山回路转,使我想起了古人的名句:"山从人面起,云傍马头生。"因为山陡,所以在山路转折的时候,仿佛眼前的山壁迎面压来;因为山高,所以云雾都在马前车前拥来拥去。[①]

《还乡杂记》对日记中的景色描写进行了扩充,却没有指出"人家都说这是全国最好最美丽的一条公路"具体是指哪条公路。从日记中可以得知,这条公路是连通建阳县与古田县之间的要道,建阳县的具体位置是位于福建省西北部崇安县的南部,古田县位于福建省中部。这条公路长达一千华里,西北—东南走向,穿越胜长岭、大夫岭、筹岭,公路由细细的红土铺成,在峻岭密林中蜿蜒起伏。

(三) 日记与散文在景色描写上互相补充

1955年11月20日日记对景色的描写如下:

起身又过三个小岭,经过白沙,一路闽江同行,极为明媚。

《还乡杂记》中如是说:

---

[①] 冰心:《还乡杂记》,载卓如编《冰心全集(第三册)文学作品(1942—1957)》,第433—434页。

上编 《冰心日记》中的史料

  过了古田，又翻过三座较低的山岭，一路与江水同行。福建的农村都是白墙黑瓦，溪流边停着水车。村边路边，都是一丛丛的荔枝树、龙眼树、橄榄树和橘子树。这正是橘子黄熟的时候，树上好像挂着一颗颗的金球，橙黄一片，十分耀眼。
  走过白沙，江面宽阔，远山淡绿，白蒙蒙的江上，渔帆点点，是旅途中最美丽的一段。①

结合福建日记可知，《还乡杂记》里的"江水"指的是闽江；结合《还乡杂记》可知，日记中"极为明媚"指的村边路边遍布果树，尤其是橘子黄熟时，橙黄一片，树上像挂着一颗颗的金球，看起来十分耀眼。

冰心福建日记中对景色的描写较为简略，但也概括得精确。冰心写作《还乡杂记》时，在日记记录的基础上对景色描写进行了扩充。日记与散文，在地理位置、景色描写上可以达到互相补充的效果。

### 三 与考察中接触的人物有关的史料

在文化考察过程中，冰心接触了一些人物。结合相关史料，可以加深对日记中人物的了解。

在福州涌泉寺，冰心在日记中写道"有和尚普雨（俗名钱家衡），北京艺专学生，方丈盛慧已八十余岁"②。普雨法师（1910—1990），别号云壑老人，满族，北京人。早年毕业于北平大学艺术学院。中华人民共和国成立后，当选福州市人大代表、全国政协委员，历任省、市佛协会长及省佛协顾问等，涌泉寺书画社社长。擅长草书，绘有《鼓山全景图》。③ 此次参观，和尚普雨给冰心留下了深刻的印象，因此在晚年随意轻松的漫谈中也会回忆起"解放后回福州，在涌泉寺怎样见

---

 ① 冰心：《还乡日记》，载卓如编《冰心全集（第三册）文学作品（1942—1957）》，第434—435页。
 ② 冰心著，王炳根编：《冰心日记》，1955年11月21日，第13页。
 ③ 赵禄祥主编：《中国美术家大辞典（下）》，北京出版社2007年版，第1926页。

第三章 关于国内文化建设的史料

到了一位有才学的和尚","听来仿佛都是些游丝柳絮,然而同冰心老前辈谈话,你总会不知不觉地沉浸到一种诗意之中,从而使你的心里充溢着对故土、对亲人、对一切美好的事物的爱恋,你就会觉得眼前的生活更加明朗、美好和充实"①。

冰心在江南考察时接触到的人物,有带领参观历史古迹、风景名胜的专业人物,如带领参观南京博物馆的馆长曾昭燏,带领参观宜兴善卷洞的储烟水;有登山遇到的王秀山老人,他熟知历史典故,登山过程中为大家讲了许多徐宝山盐枭的故事;有萧退庵老人,"是前清遗老,从前三请不来,现在已参加政协了(省),人心振奋,此亦一新气象"②;有苏州灵岩寺的妙真法师和小僧"圆澈";有来谈《陶奇的暑期日记》改编电影之事的赵清阁;有一同参观考察的章元善、费孝通……

结合人物志、人物传记,可以对日记中的人物进行注释,丰富文化考察活动中有关人物情况的史料。

在宜兴善卷洞:

九时半,至宜兴县,有周科长上车,同至善卷洞,有储烟水(储南强县长之女)引导。③

储南强(1876—1959),江苏宜兴人。1911年,被推选为宜兴县民政长,大力宣传剪辫、废除缠脚、兴办学堂。离任后,赴上海南洋公学(今交通大学)任教。后辞去教职,返回宜兴,从事地方建设,重建"牧之水榭""任公钓台""苏亭"等名胜古迹,费时十年,凿穿善卷洞上下通道。1949年,宜兴解放后,储南强将两洞无偿移交给政府。1959年9月去世后,生前好友黄炎培赋诗纪念:"后起子弟多英

---

① 刘心武:《记冰心——在万寿寺那边(下)》,《刘心武文集(第6卷)》,华艺出版社1993年版,第766—767页。
② 冰心著,王炳根编:《冰心日记》,1957年5月3日,第31页。
③ 冰心著,王炳根编:《冰心日记》,1955年4月30日,第29页。

## 上编 《冰心日记》中的史料

彦,行矣先生且稳眠"①。储南强的女儿储烟水,于 1957 年出任善卷洞第一任委员会主任,1960 年任宜兴县政协委员,将父亲留给她的文物,全部捐赠给政府。②储烟水,作为善卷洞建设者的女儿,又担任善卷洞管理委员会主任,熟知善卷洞建设历史,是引导冰心等人员参观善卷洞最合适的人选。

在苏州灵岩寺:

> 至灵岩寺,山颇高,路尚平坦,经"迎日关""落红"二亭至寺里,访妙真法师。出,见者不知是其人否,有小僧"圆澈"自称读过我书,出来招呼。③

在苏州灵岩寺,冰心访妙真法师后,又认识了一位叫"圆澈"的小僧。随行记者单于在《随冰心先生视察》一文中记述道:

> 上山后遇到一件趣事:山寺里有位二十左右的小和尚,听说来的是冰心,赶忙出迎导游,并且极虔诚极尊敬地告诉冰心,他从小就爱读《寄小读者》和《繁星》、《春水》,不但爱读,而且会背,说着说着,就朗朗地背诵起来,还背得挺有情致。冰心笑问他,既然这么爱好文学,为什么还要出家?小和尚伤感地说,父亲早逝,母亲抚养他成人,母子俩相依为命,不幸不久前母亲又去世了,他孤苦一人,看破红尘,就皈依了佛门。这小和尚跑前跑后,一路紧随冰心,直到把我们送下山,才依依不舍别去。我对冰心说:"崇拜您的人真多啊!"她笑道:"想不到在苏州空门里结识了一位小朋友。"④

---

① 江苏省政协文史资料委员会、宜兴市政协文史资料委员会编:《〈江苏文史资料〉第 101 辑〈宜兴文史资料〉第 24 辑 宜兴人物志》,江苏文史资料编辑部,1997 年,第 35—36 页。
② 蒋云龙、余录生主编,宜兴市旅游园林管理局编:《宜兴旅游事业的开拓者——储南强》,方志出版社 2006 年版,第 60 页。
③ 冰心著,王炳根编:《冰心日记》,1957 年 5 月 3 日,第 31 页。
④ 单于:《随冰心先生视察》,《世纪》1995 年第 6 期。

## 第三章 关于国内文化建设的史料

在上海，冰心同靳以一同参观鲁迅纪念馆、城隍庙。冰心在日记中写道：

> 午后1：11分，离开苏州，2：30到上海……还有靳以等电话。
> 后靳以来谈，即同至鲁迅公园参观纪念馆，后至城隍庙老饭馆吃鲥鱼，饭后出来参观。城隍是红脸的，是纪念什么将军，庙内很像东安市场，但多一点卖鸟虫一类东西的，也有大池栏干［杆］等，回来时买些梨膏糖。①

冰心在《悼靳以》一文中写道：

> 一九五七年的春天，我到了上海的第二天清早，桌头的电话响了，又是你的声音！你欢迎我到上海，你要带我去参观鲁迅纪念馆，去逛城隍庙，吃饭，买糖……最后还是要我为《收获》写文章。那一天我们玩得多好！我们在鲁迅的像下徘徊，谈了许多他生前的故事。城隍庙那一家你常去的小馆，名字我已经忘记了，可是我们挤坐在许多劳动者中间，在小小的一张白木桌上，我们吃得多香甜呵！说到写文章，我却辜负了你的希望，我真是写得太少也太坏呵！②

通过日记中的记录可知，冰心于1957年5月6日下午2：30到达上海，冰心与靳以在1957年5月6日下午通过电话，5月8日一同游览。冰心在《悼靳以》一文中提到的"我到了上海的第二天清早，桌头的电话响了"这一细节，在日记中没有体现。也许是冰心记错了时间，也许是5月7日早上，两人又通电话商量事情。从《悼靳以》可知，冰心和靳以在参观上海纪念馆时聊了许多鲁迅生前的故事；从日

---

① 冰心著，王炳根编：《冰心日记》，1957年5月6日、5月8日，第33、34页。
② 冰心：《悼靳以》，载卓如编《冰心全集（第四册）文学作品（1958—1961）》，第269页。

记可知,两人在"小小的一张白木桌"上吃的是鲥鱼。日记与散文互相补充,可以达到丰富、精确细节的作用。

总体而言,本章从文化交流活动、文化考察活动两个方面,以冰心的福建日记、江南日记为例,将冰心的日记、冰心的散文及地方志、人物回忆录等文献资料互文阅读,梳理、考证、研究《冰心日记》中与国内文化建设有关的史料。《冰心日记》中对文化交流活动、文化考察活动的记录,为了解中华人民共和国成立后国内的文化建设状况提供了史料。

# 第四章　关于冰心个人生活的史料

《冰心日记》中除了记录冰心在国外访问期间和在国内考察期间的日程，也记录了冰心在家中的生活。表现冰心在家中生活的日记主要集中在冰心的晚年日记。冰心20世纪80年代至90年代的日记，统称为晚年日记。冰心87岁时，在散文《我的一天》中总结了自己一天的生活，在一定程度上折射出晚年冰心日常生活的日程和精神状态。晚年日记是冰心晚年散文《我的一天》的具体化。

我每天醒得很早，大约六点之前就完全清醒了，这时想得最多，比如这一天要做的事、要见的人、要写的信或文字等。也在这时有一两句古人的诗，如同久久沉在脑海底下的，忽然浮出海面……

下午当然又是看报、写字。晚饭是七点吃的，晚饭后我从来不看书写字，我只收看电视。"新闻联播"是必看的了，此外我就喜欢看球赛，不论是什么"球"，我不是看技巧，只要是中国球员和本国或外国球队竞赛的我都爱看。"胜固欣然，败亦可喜"，我知道中国的儿女是会不断拼搏的……

这就是我的刻板的一天，但事实上并不常是如此，我常有想不到的电话和不速的客人，有时使我快乐，有时使我烦恼，有时使我倦烦，总使我觉得我的"事"没完没了，但这使我忆起我母亲常常安慰并教训我说的"人活着一天，就有一天的事，'事情'

是和人的生命一般长短的。"①

1972年9月18日,冰心到人民大会堂出席周总理招待日本自民党议员的宴会时,周总理说,"冰心同志,你我年纪都不小了,对党对人民就只能是'鞠躬尽瘁'这四个字呵"②。进入新时期的冰心,坚信"生命从八十岁开始"③,"身体会老,精神是永远不会老的"④,步入自早年文学创作后的又一个文学创作高峰。晚年冰心与时间赛跑,与身体抗争,扶持青年作家,关心教育事业和社会发展,关注文坛动态,为来访的文学爱好者写序、写字,接受采访,"鞠躬尽瘁"地行使着作家的责任。本章将冰心晚年日记与冰心文学作品、同时代作家的文学作品互文阅读,晚年日记为了解冰心的身体状态、写作过程、社会活动和读书生活等提供了史料。

## 第一节 日记中有关冰心身体状况的史料

在晚年日记中,冰心记录了自己的身体状况和内心的忧虑。在生命的自然规律下,晚年的冰心身体有时会伴随着手颤、脚疼、腰疼、皮肤痒、失眠等症状。冰心在日记中记录了晚年的身体状况,列举如下:

> 回忆去年此日,真是病后别是一番天地!处处力不从心,可怜、可叹。(1981年6月12日)
> 下午,觉得冷冷清清,心里很无着落。(1981年10月2日)

---

① 冰心:《我的一天》,载卓如编《冰心全集(第七册)文学作品(1987—1997)》,第7—9页。
② 冰心:《永远活在我们心中的周总理》,载卓如编《冰心全集(第五册)文学作品(1962—1979)》,第304页。
③ 冰心:《生命从八十岁开始》,载卓如编《冰心全集(第五册)文学作品(1962—1979)》,第359页。
④ 冰心:《我的朋友阳翰笙》,载卓如编《冰心全集(第七册)文学作品(1987—1997)》,第99页。

## 第四章 关于冰心个人生活的史料

想写字，手颤不成书，甚焦急。(1981年12月19日)

晨，五时多大醒，想起我病后一切都乱了套，小妹他们日常生活也变得不正常，很难过。(1982年1月15日)

半夜仍是脚指[趾]疼，翻来复[覆]去真是痛苦。吃饭牙根痛，睡觉脚痛，老来真是痛苦，不如死去。(1991年11月16日)

十时多睡，小张陪，还看了《平凡的世界》，睡得不好，脚疼。(1991年11月30日)

下午，来了好几本《厦门文学》，我看了半天，头都晕了，大概今天用脑太过，头都觉得很不舒服……不知为什么总睡不着，两点、四时，烦恼之极，吃了一粒速可眠，才从四时睡到六时，还是头晕。(1991年6月11日)

午后，仍是看书，但因昨夜失眠，精神[不好]。晚饭，大妹一家都在，小妹出去。在看电视的时候，忽然觉得要昏倒，大姐独在，急打电话叫小妹和大妹一家，他们来了，我躺下又好一些，小妹请管大夫来看了，没事。(1991年6月12日)

夜，看电视"北京市元旦节目"等，觉得头晕，浑身战[颤]抖。(1992年1月2日)

下午，正看书，忽然头晕，躺了半天……我累，看了《韩信》，不久就睡了，清晨脚疼得利[厉]害。(1992年1月24日)

我独自卧床，大家都去包包子，我感到孤独，起来吃晚饭、[看]足球等。(1992年2月24日)

夜里睡得极坏，浑身疼，翻来复[覆]去都不舒服，几乎一夜无眠，这样活着生不如死。(1992年3月5日)

这两天总是晕晕也如在云雾之中，我也不想多活了，骨头又疼，皮肤又痒，内外夹攻，苦了自己也苦了别人。(1992年3月27日)

一夜很不舒服，又痛又痒，翻来覆去，心想真不如死了。(1992年4月2日)

因小李伤了手指，小妹来陪，我一夜没睡，有事又不忍叫她。

上编 《冰心日记》中的史料

（1992年4月12日）

夜里就不好，早起哭了一顿。（1993年12月1日）

有时忽然觉得太［无］聊了，没有意思，也舍不得老二走，其实再七个月她就回来了。（1994年2月27日）

下午，又做了一次脚底按摩，今天腰疼得利［厉］害。（1994年8月6日）

冰心在日记中记录了自己的身体状况，也记录了病后的自责、内心的忧虑和对生命的思考，"自己的躯壳成了自己精神的负担，自己的存在，也成了周围的爱护我的人们的负担"[①]，"有时真恨不得我的活跃的灵魂早些跳出我这个沉重而痛楚的躯壳"[②]。即便伴随着睡眠不好、腿疼等症状，冰心仍然不承认自己老了，"写了宫玺要我写的《论老年》，我始终不感到自己老了"[③]。1991年5月19日，冰心在致宫玺的信中表达了自己对老年生活的态度，摘抄如下：

> 至于我自己呢，和儿孙们在一起谈笑，也没有关于"老"字的话。我不聋、不聩，脑子也还清楚，除了十年前因伤腿，行动不便，不参加社会活动之外，我还是照旧看书写信，而且每天客人不断：老的、少的、男的、女的，他们都说我精神不错，脑神经也不糊涂（我倒是希望我能糊涂一些，那么对于眼前的许多世事也就不会过于敏感或激动）。我常常得到朋友们逝世的讣告或消息，我除了请人代送花圈外，心里并不悲伤。我觉得"死"是一种解脱，带病延年，反而痛苦……
>
> 总的来说，我自己从来没觉得"老"，一天又一天地忙忙碌

---

① 冰心：《痛悼胡耀邦同志》，载卓如编《冰心全集（第七册）文学作品（1987—1997）》，第208页。
② 冰心：《介绍三篇小说和三篇散文》，载卓如编《冰心全集（第七册）文学作品（1987—1997）》，第77页。
③ 冰心著，王炳根编：《冰心日记》，1991年5月10日，第229页。

碌地过去,但我毕竟是九十多岁的人了,说不定哪一天就忽然死去。至圣先师孔子说过:"自古皆有死",我现在是毫无牵挂地学陶渊明那样"聊乘化以归尽,乐夫天命复奚疑"。①

从冰心在日记中对身体状况的记录可以看出,她不喜欢热闹,但也害怕寂寞;会担心家人的健康,自己生病时又常常陷入自责;不服老,但身体不适时会感叹生不如死。日记内容琐碎,为我们呈现了一个生活化、日常化的冰心形象。

## 第二节 日记中有关冰心文学创作的史料

20世纪80年代,冰心进入晚年文学创作的高峰。冰心创作了《话说萝卜白菜》《关于"百家齐放,百家争鸣"》等散文,创作了《〈摘颗星星下来〉序》《〈我的乐园〉序》等序言,书写了与亲人、友人、社会团体的信件,发表了《明子和咪子》《空巢》等小说。冰心在日记中记录了晚年写作的状态、写作的过程和写作的感受,日记为了解冰心晚年创作过程和创作心态等提供了史料。

### 一 回忆性散文的写作——以《我和玫瑰花》的创作过程为例

冰心在晚年创作了许多回忆性散文,如《童年杂忆》《我的中学时代》,"病后行动不便,过的又是闭居不出的日子,接触的世事少了,回忆的光阴却又长了起来","对于这些人物的回忆,往往引起我含泪的微笑","这些小事、轶事,总使我永志不忘,我愿意把这些轶事自由酣畅地写了出来"②。冰心在回忆往事中梳理着自己一生的岁月,"看自己《散文选》,追思人与事,十分感慨"③。

---

① 冰心:《致宫玺》,载卓如编《冰心全集(第八册)书信(1928—1997)》,第453—454页。
② 冰心:《关于男人》,载卓如编《冰心全集(第六册)文学作品(1980—1986)》,第287页。
③ 冰心著,王炳根编:《冰心日记》,1992年3月7日,第323页。

### 上编 《冰心日记》中的史料

冰心在日记中记录了一些回忆性散文的写作过程，如"上午看书，并写了一段上中学的回忆录"；"家梦'那［哪］里是我的家'"，"上午，写完《哪里是我的家》，挂号寄给《三月风》，同时看了《三月风》和《人生与伴侣》等。"[①]

以回忆性散文《我和玫瑰花》为例，冰心在日记中对其写作过程的记录如下：

> 得郭建信，为《八小时以外》要稿。(1981年10月31日)
> 上午，写《我和［玫］瑰花》，正好郭建有电话来催。(1981年11月2日)
> 写了一段《我和玫瑰花》。(1981年11月3日)
> 上午，写完《我和玫瑰花》，郭建来取，送他一本《燃灯者》。(1981年11月5日)

日记展示了《我和玫瑰花》一文的写作过程。这篇散文后来发表于《八小时以外》1982年第1期。在《我和玫瑰花》一文中，冰心回忆了从童年时代看《红楼梦》时对玫瑰花的向往，"我就对这种既浓艳又有风骨的花，十分向往，但我那时还没有具体领略到她的色香，和那尖锐的刺"[②]，到大学时期第一次见到玫瑰花的欣喜，再到外出留学、成家立业、抗日战争后等时期与玫瑰花的接触，书写了自己与玫瑰花的情缘。

## 二 记人散文的写作——以《我所钦佩的叶圣陶先生》的创作过程为例

从冰心的晚年日记中，可以看到某些记人散文的写作过程。以散文《我所钦佩的叶圣陶先生》为例，冰心的日记记录了从接受约稿、查询资料、作品创作、作品沟通到提交作品的全过程。

---

[①] 冰心著，王炳根编：《冰心日记》，1981年10月30日、1991年9月5日、1991年9月16日，第178、265、269页。

[②] 冰心：《我和玫瑰花》，载卓如编《冰心全集（第六册）文学作品（1980—1986）》，第82页。

第四章　关于冰心个人生活的史料

　　葛志成来，约为叶老作［做］文"教育工作 70 年"。（1981年 12 月 8 日）

　　下午，看杂志，试［是］关于叶老从事教育 70 年纪念文章。（1981 年 12 月 12 日）

　　今天又暖，看《新文学史料》《叶老年谱》，给叶至善打电话。（1981 年 12 月 20 日）

　　上午，拟写叶老的文章，看了一些材料。（1981 年 12 月 21 日）

　　看《叶老年谱》及别人的访问记。（1981 年 12 月 22 日）

　　得叶老信。（1981 年 12 月 30 日）

　　从冰心在日记的记录中，可以了解冰心创作散文《我所钦佩的叶圣陶先生》的过程。参考卓如编的《冰心全集》第六册里所载的冰心《我所钦佩的叶圣陶先生》一文可知，文章最初发表于 1982 年 2 月 9 日《人民日报》。从冰心在日记中记录的约稿到写完作品，时间长达 39 天。写作过程中，冰心需要参考相关期刊、年谱、访问记，还需要通过书信或电话，与叶圣陶及叶圣陶的儿子叶至善联系，沟通写作事宜。在《我所钦佩的叶圣陶先生》一文中，冰心回忆了 20 世纪 20 年代初期第一次读到叶圣陶作品时的感受，赞扬其描写儿童的短篇小说"写得那样的自然活泼，对于儿童心理体会得那样细致入微"；回忆了 20 年代后期第一次读到《倪焕之》时的感受，"这本书引起我很大的同情和共鸣"，冰心在与顾颉刚、郑振铎交流时，了解了叶圣陶作为教育者和编辑为教育和文学事业做出的贡献；讲述了中华人民共和国成立后与叶圣陶的相处："他给我树立了榜样。他的几十年如一日地爱护孩子、爱护祖国未来的精神，我要努力向他学习！"[1]

　　从日记与文学作品的互文阅读中，可以补充日记的内容。《我所钦佩的叶圣陶先生》一文的落款时间为 1982 年 1 月 15 日。查阅冰心

---

[1] 冰心：《我所钦佩的叶圣陶先生》，载卓如编《冰心全集（第六册）文学作品（1980—1986）》，第 105—106 页。

### 上编 《冰心日记》中的史料

当天的日记，日记内容中关于写作的事情为"上午，为《天津日报》写稿，写好抄好，即寄卓如转，也了一件事"①。冰心记录了为《天津日报》写稿《紫竹林怎么样了》及邮寄的事情，却没有记录《我所钦佩的叶圣陶先生》一文的写作和邮寄事宜。《冰心全集》中的记录，可以对日记缺失的内容进行补充。

此外，结合郭风的回忆散文，可以了解冰心接受《我所钦佩的叶圣陶先生》约稿时的精神状态、写作状态、身体状态。

冰心1981年12月8日的日记内容为：

> 上午，周明和郭风（他从菲律滨［宾］回来，送我一串长春花和水仙花），还有工人日［报］韩同志（女）、《新观察》潘同志来照［相］。葛志成来，约为叶老作文"教育工作70年"。下午，寄《先知》稿。晨2时醒，一直未睡。②

在这一天的日记中，冰心记录了与郭风的相见。郭风，福建莆田人，散文家，代表作有散文集《山溪和海岛》《早晨的钟声》等。冰心曾写文章发表在1960年10月30日《文汇报》上，从作品的情调、艺术技巧等方面称赞了郭风的散文集《搭船的鸟》《山溪和海岛》，认为读完其作品有了"又发现了一个诗人"的"兴奋和喜悦"③。郭风写于1982年1月10日的文章《报春花》记录了1981年12月8日与冰心相见时的场景，相关内容摘抄如下：

> 从菲律宾回国后，十二月八日上午，我携带报春花的花环来看望冰心同志。我到时，她正在客厅里接待一位客人。她的女儿请我先在她的卧室里坐一会儿。这是她的卧室，也是她的工作室。

---

① 冰心著，王炳根编：《冰心日记》，1982年1月15日，第197页。
② 冰心著，王炳根编：《冰心日记》，1981年12月8日，第187—188页。
③ 冰心：《祖国海山的颂歌——读郭风的散文集〈山溪和海岛〉》，载卓如编《冰心全集》（第四册）文学作品（1958—1961）》，第419页。

第四章 关于冰心个人生活的史料

当时正在召开全国人民代表大会,她的书桌上放着许多文件;那一份翻开的文件上,放着红蓝铅笔和眼镜。显然,她刚才还在阅读文件,随后到客厅去会客了。我很快感到,她的工作室(卧室)虽然很整洁,但显得小了,有许多书籍、报刊已经放不下了……

这实在使我欢喜和欣慰:这天我看到冰心同志,竟和我在两年前——或者可以这样说,和多年前几次看到她时所得的印象一样:十分硬朗,乐观和富有风趣;和她谈话间,更感到她的思考力、记忆力很强。

她面前的茶桌上,放着一份约稿信。她告诉我,叶圣陶同志从事教育工作七十年了,许多同志想纪念他对于我国教育事业的杰出的贡献,她也想写篇文章表达心意。她说:"叶圣老是多么好的人啊,他自己却不愿意声张开来!"

我从她的自然朴素的谈话间,觉察得到冰心同志对于她同时代的、几十年间在文艺以及教育战线上一起战斗的同行者、对于叶圣老怀着一种真挚的情感。这是一种深切的关注和敬重之情。

那天,有《新观察》编辑部的一位摄影记者来看望冰心同志。他建议为冰心同志和吴文藻教授拍一合照……

其间,摄影记者又约冰心同志到她书房——即上面我写到的,她的卧室兼工作室去拍照。冰心同志从沙发上站起来时,我才发现她要按着沙发的把手才能站得起来。有人要扶她到她的书房去,她不同意;她持起手杖,和摄影记者一起走到书房里去了,步履仍然是矫健的……①

据冰心1981年12月8日的日记可知,这一天她接待了编辑和作家的来访,接受了记者的访问,接受了教育部工作人员的约稿,邮寄了文章《〈先知〉译本新序》;白天精力充沛,夜里竟然失眠了。郭风的散文《报春花》对日记的内容进行了细化,丰富了日记的内容。比

---

① 郭风著,杨际岚选编:《郭风集》,海峡文艺出版社2016年版,第60—62页。

如，从散文里我们可以知道，冰心身体硬朗，虽行动不便，但步履仍是矫健的；冰心的房间里报刊很多，面前的茶桌上放着约稿信；对于叶圣陶，冰心"怀着一种真挚的情感"和"一种深切的关注和敬重之情"；冰心接受了约稿，因为对于叶圣陶在"我国教育事业的杰出的贡献"，冰心"想写篇文章表达心意"。将日记与散文互文阅读，丰富了有关冰心接受约稿时身体状态、精神状态、写作状态的史料。

### 三 忆人散文的写作——以《悼念李汝祺教授》的创作过程为例

冰心在晚年时创作了许多追忆友人或悼念友人的纪念文章。"如今政通人和，我们如果能够会面晤谈，一定还有许多心里的欢庆的话痛快地说说，可惜的是我的老友日渐凋零，常常使我感到衷心的孤单、寂寞。"[1] 和冰心一样，过去相识的朋友大都走到人生的暮年，"朴初耳聋多了，说话不痛快"[2]，去北京医院查体、看病，会遇到正在看病的费孝通，有时会顺便看看也在住院的赵朴初、曹禺、夏衍……一些交往密切或敬重的朋友先后去世，"整天看新来的《新文学史料》，所说的'女作家差不多已作古'，感慨系之"[3]，"夜半，闻鸡叹雨，想起许多病人及死者，很难过"[4]，"写追悼文字，我的手都软了"[5]。冰心写的忆人散文有《悼靳以》《悼郭老》《悼念茅公》《悼念廖公》《悼念伯昕同志》《悼丁玲》《哀悼叶老》《悼念孙立人将军》《痛悼邓颖超大姐》《痛悼胡耀邦同志》《愿他睡得香甜安稳——悼念井上靖先生》《追念振铎》《追念闻一多先生》《追念罗莘田先生》《忆许地山先生》《追念许地山先生》《追念何其芳同志》《怀念郭小川》《忆实秋》……有时对友人的回忆文章还不止一篇，如对老舍的纪念文章，就有《老舍和孩子们》《怀念老舍先生》《纪念老舍八十五岁诞辰》《又想起了老舍先

---

[1] 冰心：《可亲可敬的老友》，载卓如编《冰心全集（第七册）文学作品（1987—1997）》，第81页。
[2] 冰心著，王炳根编：《冰心日记》，1991年2月15日，第202页。
[3] 冰心著，王炳根编：《冰心日记》，1981年11月25日，第184页。
[4] 冰心著，王炳根编：《冰心日记》，1981年6月8日，第161页。
[5] 冰心：《悼丁玲》，载卓如编《冰心全集（第六册）文学作品（1980—1986）》，第451页。

生》《纪念老舍九十诞辰》。而每一篇纪念文字的写作,都要重新梳理回忆,经历情感的折磨。这些纪念文章多结集在《关于女人和男人》《晚晴集》里,"这本集子里忆悼的作品多了一些,恐怕也是自然规律"①。

  在冰心的晚年日记中,我们可以了解一些怀念故人散文的写作过程。以《悼念李汝祺教授》为例。冰心与江先群早在1926年就相识,同是燕京大学最年轻的教师。1927年,江先群的未婚夫李汝祺也来燕京大学任教,冰心作为伴娘参加了二人在北大临湖轩的婚礼。1929年6月,冰心与吴文藻在燕京大学临湖轩结婚,"婚礼的一切,都是江先群操办的"②。抗日战争以前,"两家往来无间,真是情如手足,我们的儿女们,也是彼此互称为干爹、干妈";抗日战争后,虽然经历了战乱离合,"但和他们仍常通消息"③。中华人民共和国成立后,冰心作为人大代表在国内考察访问时也与江先群一家保持着联系,如日记里有"发先群一信","我写小菊、江先群及家信","晨起早饭前,发江先辟、宗慈二信"④的记录。在晚年时,冰心回忆在燕京大学时与江先群的趣事,"有一天一位女同事(我记得是生物系的助教江先群,她的未婚夫是李汝祺先生,也是清华的学生,比文藻高两班,那时他也在美国)悄悄地笑问我:'听说你在班里尽教学生一些香艳的诗曲,是不是你自己也在想念海外的那个人了?'我想她指的一定是我教学生念的那两句有关'相思'的诗句。我一边辩解着,却也不禁脸红起来"⑤。1981年,江先群病危之际,冰心带病看望江先群,日记里记道:

---

  ① 冰心:《〈晚晴集〉·后记》,载卓如编《冰心全集(第五册)文学作品(1962—1979)》,第494页。
  ② 冰心:《悼念李汝祺教授》,载卓如编《冰心全集(第七册)文学作品(1987—1997)》,第349页。
  ③ 冰心:《悼念李汝祺教授》,载卓如编《冰心全集(第七册)文学作品(1987—1997)》,第349页。
  ④ 冰心著,王炳根编:《冰心日记》,1961年12月18日、1975年6月16日、1975年6月17日,第71、132、133页。《冰心日记》1975年6月17日记中"发江先辟、宗慈二信",应更正为"发江先群、宗慈二信"。
  ⑤ 冰心:《话说"相思"》,载卓如编《冰心全集(第七册)文学作品(1987—1997)》,第28页。

上编 《冰心日记》中的史料

> 下午，同文藻、小妹、钢钢到 Freddie 处。看了陈意夫妇及善善。Freddie 不太好，思庄也不太好。人老了，什么都衰了，我们还算是好的。(1981 年 6 月 6 日)
>
> Buddy 打电话来，Freddie[①] 逝世。——昨天早晨在北大医院。(1981 年 6 月 25 日)
>
> 阴沉得很，早起就不舒服，人生就是这样，近来死去的人太多了！(1981 年 6 月 26 日)

1991 年，李汝祺逝世。得知李汝祺逝世的消息后，冰心十分难过，并写文章纪念李汝祺。冰心在日记里的记录如下：

> 得李汝祺讣告，十分难过。(1991 年 4 月 24 日)
>
> 上午，又看了一遍《关于女人》，因为要写李汝祺的文章，我在《我的朋友的太太》里写得很清楚。(1991 年 7 月 5 日)
>
> 昨夜雷雨，凉快多了，但早起泻了。早上，大姐给我去取稿费，我想写"李汝祺悼念"文章，未成。(1991 年 7 月 6 日)
>
> 上午，写《悼念李汝祺教授》，找出《关于女人》等书，看了关于他们夫妇的材料，终于不知他逝世的日子而写不下去，给北大生物系主任顾孝诚写了一信，请他再寄一份材料来。(1991 年 7 月 18 日)
>
> 上午写李汝祺文章，写完很累。(1991 年 7 月 25 日)
>
> 上午，寄北大顾孝诚"李汝祺悼会文章"，大姐帮我捆了送文学馆的书。下午，把李汝祺文章挂号寄出……(1991 年 7 月 26 日)

得知李汝祺逝世的消息后，从找材料、写文章到寄出文章历时 20 余天。冰心晚年日记为我们了解其怀念故人散文的写作过程和写作状态等提供了史料。

---

① Freddie 为李汝祺的夫人江先群，Buddy 是李汝祺与江先群的大儿子李树江。

## 四　序言的写作——以《〈冰心论创作〉序》等序言的创作过程为例

冰心晚年写了多篇序言,有的是为自己的作品写序言,如《〈记事珠〉自序》《〈冰心选集〉自序》《〈关于男人〉自序》;有的是为他人的作品写序,如《〈少年时〉序》《〈中国当代作家书画作品集〉序》《〈周恩来风范词典〉序》。冰心晚年日记中关于写序的内容列举如下:

晨,写《〈翠林[琳]童话选〉序》。(1981年12月29日)

下午,写《〈陈伯吹散文〉序》。(1982年1月1日)

耿军来,送一部《京华旧梦录》,要我作序。(1991年2月14日)

上午,写上海儿童福利会《〈自古英雄出少年〉序》。(1991年3月4日)

早休后,写徐[许]怀中《〈香山翠湖〉散文集序》。(1992年1月6日)

上午,写海峡出版社要的《全集·序》和傅光明要的《散文集·序》。(1993年12月9日)

冰心在日记中记录了写序的时间,有的日记能够完整地展现出冰心写作序言的过程。以《〈冰心论创作〉序》的创作过程为例,日记中对其记录如下:

得《花城》,吴重阳来催写序。(1981年10月12日)

写《〈冰心论创作〉序》,未成。(1981年10月14日)

上午,吴重阳来,取走了《冰心论创作》的《序》。(1981年10月28日)

吴重阳来,拿《序》去。(1981年10月29日)

## 上编 《冰心日记》中的史料

冰心《〈冰心论创作〉序》一文的落款时间为 1981 年 10 月 15 日。《冰心论创作》于 1982 年 10 月由上海文艺出版社初版。从冰心写的序言里得知，《冰心论创作》是中央民族学院汉语系吴重阳、萧汉栋、鲍秀芬三位老师编辑的，他们将冰心作品中谈论创作心得的杂感随笔汇集起来。

冰心在序言中写道：

> 这本集里的短文，都是我从一九一九年起给自己的作品写的自序，和散见于各报刊杂志的谈诗、谈文和评论当代作家作品的文章，有的短文的题目我自己看着都觉得眼生。这几十年中几经离乱，我自己文章的文稿和文集大多丢失了，难为这几位年轻人，不知道从哪个角落里，一一地收集了起来，而且收得还相当齐全。①

又如，冰心在日记中记录了《中国现代作家选集〈冰心〉自序》的创作过程。

> 卓如爱人打电话来，说卓如扭了脚。（1981 年 11 月 9 日）
> 
> 下午，朱铁臻来，送来卓如为三联书店选的我的集子，并改稿，让我作序。（1981 年 11 月 11 日）
> 
> 上午，写为三联书店《选集》作序，未完。得许多刊物和作者传记，我看了起来。（1981 年 11 月 12 日）
> 
> 上午，写了三联书店《选集·序》，并附一信寄卓如。（1981 年 11 月 13 日）

卓如主编的冰心作品的选集《冰心》于 1985 年 1 月由香港三联书

---

① 冰心：《〈冰心论创作〉序》，载卓如编《冰心全集（第六册）文学作品（1980—1986）》，第 79 页。

第四章　关于冰心个人生活的史料

店出版。由日记中得知，选集《冰心》从资料搜集到出版经历了四个步骤，第一步是卓如选稿，第二步是冰心改稿，第三步是冰心作序，第四步是选集出版。此外，日记也记录了选集选编过程中的生活细节：因主编卓如扭了脚，所以需要改稿的选集由卓如的爱人朱铁臻送到冰心的家中；冰心写完序言后，写了一封信寄给了卓如，一是表达对卓如的关心，二是说明序言的情况。参考《冰心全集》第八册书信部分，冰心寄给卓如的这封信内容如下：

  那天铁臻同志来，知道你扭伤了脚，十分记挂！不知你已去照过片子否？医生是怎么说的？请铁臻同志在电话中告诉我。我很好。附上为三联选集写的短序，请查收。我们一家人都问你好！①

冰心在《中国现代作家选集〈冰心〉自序》中写道：

  香港三联书店要出我的选集，卓如同志把她选好的目录给我看了，过去写作生涯中六十年来的往事，一幕一幕突兀地涌现在我的眼前。我的这些短文或诗，自己看来，都觉得写得很幼稚、肤浅，生活圈子也太狭隘。但都是我这些年来心有所感，兴之所至，真实地反映了、抒写了我当时当地的思想和感情。通过这些文字，读者不但可以看到作者六十年中"心泉流过的痕迹"，而且也可以看到这六十年来中国社会的变迁。三联书店的丛书是行销于港澳和海外的。倘若我这本选集，能够使海外的读者读到我六十年来的遭遇和心情，而感到亲切，得到慰安，那么，我的愿望也就达到了。②

---

① 冰心：《致卓如》，载卓如编《冰心全集（第八册）书信（1928—1997）》，第189页。
② 冰心：《中国现代作家选集〈冰心〉自序》，载卓如编《冰心全集（第六册）文学作品（1980—1986）》，第85页。

## 上编 《冰心日记》中的史料

将冰心的日记与序言结合起来，可以了解序言创作前、创作过程中和创作后的全过程；将日记与文学作品、书信结合起来，又为了解冰心写作序言的背景和细节提供了史料。

**五 信件的写作——以《成功的花——给中国国家女排球队员的一封信》为例**

冰心晚年写了大量的书信，有的是写给亲人的，如"给吴冰志昌""给吴青"；有的是寄给作家和朋友的，如"致巴金""致萧乾""致赵清阁"；有的是寄给文学作品的作者、出版社的编辑、研究者、读者的，如"致黄秋耘""致魏玉传""给冰姿小朋友的回信"；有的是寄给期刊社、报社或社会团体的，如"给《农村孩子报》的回信""成功的花——给中国国家女排球队员的一封信""致长乐市文学艺术界联合会"。

冰心喜欢看球赛，晚年日记中记录的看过的球赛，有足球赛、篮球赛、排球赛、乒乓球赛、冰球赛。其中，女排球赛是冰心晚年日记中所看球赛中最多的一类。1981年11月16日，中国女排以七连胜的优异成绩首次获得世界冠军。对这次具有历史意义的女排球赛，冰心在日记中的记录如下：

> 宗生同山山来，大家看"中日女排球赛"，中国以3∶3［2］胜。（1981年11月15日）
> 
> 五时看电视，中国女排七战七胜，得了冠军，很鼓午［舞］人心。夜，12时即醒，以后2∶50、4∶50、5∶20，大概是太兴奋又热。（1981年11月16日）
> 
> 晚上，因看"排球回国实况"电视，睡得较晚。12时还睡不着，起来上厕所，又吃了一片速可眠。（1981年11月18日）
> 
> 写给女排信。（1981年11月20日）
> 
> 上午，抄"写给全国女排信"，由政协一位女同志来取。（1981年11月21日）

## 第四章　关于冰心个人生活的史料

上午，发周明信，附给女排球信稿（大姐抄）。（1981年12月5日）

从日记的记录中可以看出，冰心及家人在电视机前观看了比赛，心情兴奋；在中国女排获得世界冠军的夜里，冰心因太兴奋而四次在睡梦中醒来；比赛结束了，仍观看回放。"中国女排七战七胜，得了冠军，很鼓午［舞］人心"，冰心怀着兴奋心情的给中国国家女排球员写了一封信，发表于《新体育》1981年第12期。这封信以"成功的花"来描写女排球员"千锤百炼，千辛万苦的成功道路"，信件部分内容摘抄如下：

我是你们的热情忠实的观众。你们的名字和笑言，形态，我在每次球赛的电视中，都十分熟悉了。看你们七场连捷，在球场上纵横驰骋、所向无敌的雄姿，我深深地知道在攀登高峰之前，你们和训练并支持你们的人们，付出了多么大的代价……祝贺你们，爱国的中国女排球队员们，我因为身体不好，失去了亲自向你们握手道贺的机会，但是请你们相信，我的心将在未来的球赛中永远和你们拥抱在一起！①

在信中，冰心称自己是中国女排"热情忠实的观众"，"将在未来的球赛中永远和你们拥抱在一起"。除了写信祝贺中国女排，1984年8月，冰心又"含着激动欢喜的眼泪，在周围震耳欲聋的爆竹声中"，"奋笔"写文章祝贺"中国女子排球队，荣获了奥运会金牌，赢得了连获世界杯、世界锦标赛和奥运会的世界冠军。这个'三连冠'是艰苦卓绝的团结奋斗的成果"②。对中国女排球赛的记录也贯穿在冰心随

---

① 冰心：《成功的花——给中国国家女排球队员的一封信》，载卓如编《冰心全集（第六册）文学作品（1980—1986）》，第86—87页。
② 冰心：《使我感动和鼓舞的女排"三连冠"》，载卓如编《冰心全集（第六册）文学作品（1980—1986）》，第265页。

· 129 ·

后的日记中,列举如下:

> 夜,看"中美女排",中以3—0胜美。(1991年5月27日)
> 下午四时半,宗生打电话,叫我看"中美女排赛",中国胜。(1991年7月7日)
> 晚上,大妹夫妇和冰冰都来了,看"中美女排"。(1993年11月5日)
> 大妹夫妇来吃晚饭,看中俄女排,未完。(1993年11月6日)
> 4时,"中国—古巴女排赛"中国输了。(1993年11月7日)
> 夜,看"中国—古巴女排"。(1993年12月27日)
> 夜,看电视"女排中国—古巴",中国胜。(1993年12月30日)

冰心在日记中记录了给中国国家女排球队员写信的写作背景、观看女排球赛时的兴奋和写信时的心情,记录了冰心写作此信件的全过程。日记也为了解冰心的兴趣爱好等提供了史料。

**六 想写而未写成的作品——以 "甲午战争" 等题材为例**

从冰心晚年的日记中,我们可以了解到一些冰心想写却未写成的作品,从中我们可以了解冰心晚年的写作状态和对社会问题的重视。

> 上午,写甲午战争文章,十分激动,要参阅旧作。(1993年9月15日)
> 想写1849 [1894] 甲午之战,我要把它写好。(1994年2月27日)

93岁高龄时,冰心本想以"甲午战争"题材写文章,并且已经构思关于甲午战争的文章,但最终却没有写成。冰心在日记中提到的"参阅旧作",是指参阅散文作品《我的故乡》。在《我的故乡》中,冰心回忆了自己幼年时期时父母告诉她的有关甲午海战的经历。作为

## 第四章 关于冰心个人生活的史料

巡洋舰上的青年军官,冰心的父亲谢葆璋到英国去接收中国购买的军舰时,听到接收典礼上"他们竟奏一首《妈妈好糊涂》的民歌调子,作为中国的国歌"时十分气愤,"甲午中日海战之役,父亲是'威远'舰上的枪炮二副,参加了海战。这艘军舰后来在威海卫被击沉了。父亲泅到刘公岛,从那里又回到了福州"。冰心的母亲常常对冰心谈到"那一段忧心如焚的生活","甲午海战爆发后,因为海军里福州人很多,阵亡的也不少,因此我们住的这条街上,今天是这家糊上了白纸的门联,明天又是那家糊上白纸门联"①。甲午战争的失败,无论是民族的伤痛,还是家庭的伤痛,冰心在回忆父母讲述的这段经历时都感到"十分激动",几次动笔,最终没有写成。

冰心想写的"甲午战争"题材的作品只写了一个开头,这篇没有写完的作品在2004年被发现。《冰心文选　佚文卷》的编者王炳根对这篇作品的发现过程进行了说明,"这是冰心打算以父亲的经历写作长篇小说《甲午战争》的一个开头。2004年在整理冰心遗物时,她的女儿吴青从一本杂志中发现一个裁开的已用过的信封,背面便是这部小说的开头。晚年的冰心,一直想写这个题材,但一提起笔,感情便不能控制,大哭,甚至嚎啕大哭,文字不能成行,这个信封上便落满了泪痕,□为无法辨认的字"②。这篇以"甲午战争"为题材的作品,冰心只写了开头,共210字,文章首句为"提起中日甲午战争(1894),我的心头就热血潮涌"③。从日记中可以看出,冰心在1993年9月15日查阅旧作后就已经开始了文章的写作,但是因情绪激动而搁笔,时隔半年后仍在挂念着这篇文章,由此可以看出冰心创作这篇文章时的写作过程和情绪状态。

又比如:

---

① 冰心:《我的故乡》,载卓如编《冰心全集(第五册)文学作品(1962—1979)》,第458—459页。

② "王炳根注《甲午战争》",载冰心著、王炳根选编《冰心文选　佚文卷》,福建教育出版社2007年版,第56页。

③ 冰心:《甲午战争》,载冰心著、王炳根选编《冰心文选　佚文卷》,第56页。

## 上编 《冰心日记》中的史料

  4时,张锲又让我叫来了,重新谈了他的文章,说明当时我生气的原因,是因为《人民日报》刚发的"日本文部省关于教师的待遇应高于一般人之上",谈一会走了。(1993年12月2日)

  今天,收到了许多书。上午,尽在看信、看书……我今天一直为昨天《晚报》所说的市政协呼吁重视中小学教师流失问题,想写文章。(1993年12月5日)

  上午,葛志成来,说民进要开会,问我对教育的意见,我说"中小学老师工资太低,人才散失问题严重"。(1994年1月7日)

  冰心在日记中提到,针对中小学教师的待遇问题、流失问题、人才散失问题"想写文章",文章已经构思。查阅《冰心全集》第七册,没有找到冰心写的这篇文章,也许是写完后丢失了,也许是年龄大了,这篇文章没有写成。日记记录了冰心对社会问题的关心、重视和亟须解决问题的迫切,可见冰心晚年一直为中小学教师待遇问题而呼吁。

  对教育问题的重视,贯穿着冰心的晚年生活。冰心在小说《万般皆上品……——一个副教授的独白》中,将大学副教授、出租司机、服务员的工资待遇进行对比,"'真是万般皆上品,唯有读书低吗?'面对两个孩子,我心头翻涌着异样的滋味"[1]。此小说在《北京晚报》1987年7月25日刊发后"在教育界引发了广泛影响","捧读之余,感慨似已不限于教育事了。其后二、三日,凡遇教育界同志,几乎都提及此文"[2]。在《我请求》一文中,冰心自述了小说《万般皆上品……一个副教授的独白》发表过程中遇到的"挫折","我请求我们中国每一个知书识字的公民,都来读读今年第九期的《人民文学》的第一篇报告文学,题目是《神圣忧思录》,副题是《中小学教育危机纪实》","这题目使我专心致志地一直看下去,看得我泪如雨下!真是写得太

---

[1] 冰心:《万般皆上品……——一个副教授的独白》,载卓如编《冰心全集(第七册)文学作品(1987—1997)》,第68页。
[2] 韩少华致冰心的信,转引自李辉《还原晚年冰心》,《书城》2012年第5期。

好了，太好了"，冰心从中小学教师的"任务之重，待遇之低，生活之苦"①谈起，请求国家重视教育。在小说《落价》中，冰心谈到了知识的落价问题，"一切东西都在天天涨价，只有两样东西落价，一样是'破烂'，一样是知识"②。在《我呜咽着重新看完了〈国殇〉》一文中，赞扬了霍达写作《国殇》的勇气，相信有一些"关心祖国前途民族命运的人们"，并指出"说一千，道一万，抢救知识分子的工作，还得知识分子自己来做"③。冰心1993年12月5日日记中提到的"想写文章"虽未写成，但是延续了冰心晚年对教育问题的重视和担忧。

关心中小学教师的待遇，重视知识的价值，冰心晚年的作品直面社会问题，体现了一位老作家的责任与担当，正如萧乾说的，"最应学习的是她那植根于爱的恨"，她"深深地爱咱们这个国家，这个古老民族，这个党，所以对生活中一切不合理的现象才那么痛恨"，"她声嘶力竭地为中小学教师呼吁"，"是中国知识分子的良知的光辉代表"，"是中华民族的希望"④。

冰心在晚年的日记中记录了记人散文、回忆散文等文学作品的写作过程。将日记与冰心的文学作品等互文阅读，为我们了解冰心的构思过程、写作状态等提供了史料。

## 第三节　日记中有关冰心参加社会生活的史料

晚年冰心，其工作量并没有因为年龄的增加而减少，日记记录了冰心对社会建设的关注和对社会活动的积极参与。

---

① 冰心：《我请求》，载卓如编《冰心全集（第七册）文学作品（1987—1997）》，第85页。
② 冰心：《落价》，载卓如编《冰心全集（第七册）文学作品（1987—1997）》，第146页。
③ 冰心：《我呜咽着重新看完了〈国殇〉》，载卓如编《冰心全集（第七册）文学作品（1987—1997）》，第154—155页。
④ 萧乾：《能爱才能恨——为〈冰心文学创作生涯七十年展览〉而作》，载萧乾、文洁若《冰心与萧乾》，上海三联书店2010年版，第30—31页。

上编 《冰心日记》中的史料

**一 关心社会建设**

冰心关注社会问题,为自然灾害忧心,关心教育问题,为赈灾活动和希望工程捐款,体现了一位老知识分子的责任和担当。

(一) 关注灾后社会建设

1991年在我国华东地区发生了严重的水灾,共有18个省、自治区、直辖市发生水灾,受损最严重的是安徽省和江苏省。灾害影响了人们的生命、财产安全,造成了巨大的经济损失,200万人无家可归,是中国历史上第一次大规模、直接呼吁国际社会援助的自然灾害。冰心的日记中记录了此次灾害后社会的应对方式。

> 看电视,中国水灾太大了,真是天灾人祸,何时是了。(1991年7月13日)
>
> 午后,大姐去替我取出几千元,凑是[成]一万元和二百斤粮票,为捐给安徽水灾之用。(1991年7月20日)
>
> 小妹母子为我到"中国国际减灾十年委员会"去捐了一万元,拿回了收条。(1991年7月22日)
>
> 耿军一早来,拿我给《明报》写的"赈灾"特刊的纸走了。(1991年7月24日)
>
> 夜,看电视《风雨同舟》,关于赈灾的晚会。(1991年7月25日)
>
> 夜,看电视《正大综艺》和"北京赈灾募捐大会"歌舞会片。(1991年7月27日)
>
> 饭后,看人大会堂"赈灾表演"和北京台表演。(1991年7月28日)
>
> 夜,看电视"政协赈灾演出"和一本关于警察的片子。(1991年8月16日)
>
> 夜,看"赈灾义演"与后来不知什么故事。(1991年8月17日)
>
> 夜,看电视三台"北京赈灾表演",比以前的还精彩,有台

## 第四章 关于冰心个人生活的史料

湾等地来人。(1991年8月18日)

夜，看电视，先是"赈灾文艺义演"……(1991年9月15日)

夜看电视，先看"赈灾义演"，后是《谷文昌》，在福建东山岛选材的一位干部事迹。(1991年9月16日)

夜，看电视"安徽赈灾文艺晚会"和《七品芝麻官》。(1991年10月27日)

从日记看出，此次水灾严重，赈灾演出从7月底一直延续到10月底。冰心非常关注此次自然灾害，向灾区捐款，观看每一次的赈灾演出，关心灾后社会的应对方式和社会建设。

（二）关注"希望工程"建设

冰心晚年十分关注教育问题，积极支持"希望工程"建设。在散文《请大家都来读》一文中，冰心由《当代》期刊发表的黄传会的报告文学《"希望工程"纪实》谈起，称赞了"希望工程"的社会意义，"'希望工程'是一个伟大的工程，许多人通过它把自己的爱和同情送到需要爱和同情以及表示爱和同情的物质援助的小同胞手里"[①]。

在日记中，冰心多次提到"希望工程"：

存了半年，就同他们商量捐"希望工程"。(1993年8月31日)

下午，写陈惠方信（谢他书《希望工程》)。(1993年9月3日)

晚上看"希望工程"电视。(1994年1月28日)

以后，有"希望工程"来拍电视，是上海电视台、北京交通台，拍［完］走了，他们也拍了巴金……希望工程送了花。(1994年5月9日)

下午，舒乙来了，说一个"庆祝建国45周年征文"作顾问，还说还买我几套书，写句关于"希望工程"的话义卖。(1994年

---

[①] 冰心：《请大家都来读》，载卓如编《冰心全集（第七册）文学作品（1987—1997）》，第417页。

上编 《冰心日记》中的史料

7月15日）

　　上午,"希望工程"顾晓今来送书,让我签字……下午,我写了[字],看冰球,企业家"希望工程"顾晓今女士带了十几本书来,让我签名,好去义卖,给她写完了。(1994年7月20日)

　　从日记中可以看出,冰心关注并支持"希望工程"建设。一是,同家人一起向"希望工程"捐钱,支持"希望工程"建设。二是,关注、支持"希望工程"事业,观看有关"希望工程"的电视节目,阅读陈惠方的报告文学《中国希望工程——贫困地区儿童失学危状及其救助纪实》,支持舒乙、顾晓今等将冰心写的字义卖来促进"希望工程"事业的发展,接受电视台的采访,做好"希望工程"的宣传工作。

　　冰心对"希望工程"的关注不仅限于日记中提到的几则记录。通过查询资料得知,冰心多次向"希望工程"捐款,比如"救助贫困地区失学少年"①,"帮助想读书的女孩子"②,在遗愿中仍决定将稿费捐给"希望工程"③。1993年5月31日晚上,哈尔滨电视台播放了《希望工程》电视文艺晚会,晚会由民进哈尔滨市委会倡导发起,联合哈尔滨电视台等共同摄制。作为民进中央名誉主席,冰心为晚会的题词是"希望之光"④。教育事业,是冰心晚年最关注的事情之一,冰心的小女儿吴青在《冰心最关心的几件事》中说,"尽管她每月工资不高,但只要她得到一笔较大的稿费或奖金,她就马上捐作教育基金",在向"希望工程"捐款的时候,"特别强调要多帮助想读书的女孩子。她说'如果占中国人口平均百分之四十八点五的妇女不能和男子一样受到教育,中国就不可能全面、健康地发展'"⑤。

　　冰心的晚年日记记录了其对自然灾害及教育问题的重视,积极关

---

① 严敏:《心系教育的冰心老人》,《人民论坛》1994年2月号（总第23期）。
② 吴青:《冰心最关心的几件事》,《群言》1993年第7期。
③ 竺柏岳:《从冰心遗愿想到的》,《中华魂》1999年第7期。
④ 晓林:《一切为了孩子——哈市民进摄制〈希望工程〉电视文艺晚会侧记》,《民主》1993年第12期。
⑤ 吴青:《冰心最关心的几件事》,《群言》1993年第7期。

注、支持灾后建设及"希望工程"建设。

## 二 参与社会活动

晚年身体状态的限制，冰心只能在家中参与社会活动。她要接待来自全国各地的客人，这些客人有的是提前预约的，有的是突然来访的，冰心为其写序、题字，接受电视台的采访。看书、写稿、休息的时间时常被打断而使冰心身心俱疲。

> 我觉得累，脑子也乱，人来的［得］太多了。(1991年3月11日)
>
> 今天一早，就觉得非常无聊，只躺着不起，又得许多让题字的信，心烦得很。上午就躺了半天，下午又是躺着的多，精神总是提不起来，不想写也不想抄，想是多吃速可眠的后果，以后不要这样了。(1991年6月18日)
>
> 随便看点书，人家尽来要字，觉得没甚意思！(1991年7月13日)
>
> 又是阴天，一会又有人来，不知一天瞎忙些什么！(1991年9月17日)
>
> 下午，有两批客人来，有《太阳诗报》的和《砺山文学报》的，多数是福建人，都照了相，有的题了字，我也够累了。看完一本《祝您健康》，又有鲁迅研究院来三人，送了一合［盒］花茶，人太多了，我觉得累。(1992年3月28日)

为人题字，并非义务，冰心似乎将其当成了一种非履行不可的责任，成了亏欠别人的义务，"早半天，写了24张字，都是病前欠人家的"①。来题字的人太多，任务量很大。即使有抱怨，但是当有客人来访时，冰心仍会尽量满足其要求，认真题字。

---

① 冰心著，王炳根编：《冰心日记》，1993年11月5日，第348页。

## 上编 《冰心日记》中的史料

得周明信,让我题许多字。(1991年7月1日)

周明让我给许多人题字,没有理他,太滥了不好。(1991年7月4日)

下午,给周明写了六张字,让大姐明天带去给周明……大姐给周明打通了,周明说他自己明天下午来取。(1991年7月8日)

冰心的晚年日记里布满了写字、题字、电视台来录像、文学爱好者来聊天、中学生来献花的诸多记录:

九时半,就有166中六个中学生来献花,为我系上红领巾,并为我表演。我们一同照相,老师一起,学生又一起,有录相〔像〕给我们录了相〔像〕。以后,就有马来西亚人(北京外国语老师)来,让我为他们写字;又有谢翔回来,给我一个挂画。(1991年5月31日)

上午,写香港黄菊如、北京林业所、南京吴国平、福州新华书店、湖南大学张俊山、北京杂技艺术家协会、《深圳青年》、唐山吴海波、长乐教育局(题字),9信发。下午,又写湖南少儿出版社肖秦、《甘肃日报》吕宜泉、山东幼教园地,三信发,又寄《呈贡县志》《默庐试笔》。写了许多字,觉得很累。(1991年10月4日)

上午,有北京电视台来了六位,三个女的三个男的,是来给我录像的,差不多用了一个早晨。下午看书,累了躺下。(1994年1月29日)

一早就写字,先是北京电视台的写"家教27",来了男女两位,邓晓晖、杨泽;后来又来了新加坡广播与华文时事节目组有几个人,和我对话的是朱亮亮女士,12点多才走……下午,有《北京日报》常瑞和夏辈生(女)来看我,送了花,常瑞还送我一本他写的书。(1994年6月27日)

### 第四章 关于冰心个人生活的史料

但是，让冰心写字并非有求必应，对于她不了解的领域、不赞同的事宜，她不会为其题字，还会发表评论或者不顾情面地当场批评：

> 有民盟王成纲要我为"围棋"题字，我说我不会围棋，不能写，他送我一小本《幼儿学古诗》。(1991年3月17日)
>
> 上午，有《中国妇女报》孙健兵来，说，下午要带一个新疆的女记者来采访我，下午果然来了。她对于我毫不熟悉，问的话也太宽泛，谈了半天，照了相走了。假如我是个记者，决不要这样，问得不对写得也不对！(1991年4月1日)
>
> 有中国少儿出版社曾珂（女）、杨学云、李斌来送《中华人物……》等书，也照了相，他们要出历史上反动人物的书，我反对。(1991年4月2日)
>
> 上午，魏传玉［玉传］来，送牡丹与画册、牛肉干等，我为他写书不好……说了他一大顿，此人太势利了。(1992年4月17日)

日记记录了冰心晚年对社会问题的重视及其参与的社会生活，冰心接待了来自全国各地的编辑、记者、读者、研究者、文学爱好者的来访。冰心在日记中记录了来访者的姓名和来访的内容，为考察冰心参加的社会活动提供了史料。

## 第四节 日记中有关冰心阅读生活的史料

晚年的冰心，因为腿部行动不便，很少出门，"得病后，那［哪］也不去，心理活动范围也窄了，很不痛快"[1]。其实，冰心的"心理活动范围"并没有变窄，虽然足不出户，但她通过读刊物、读报纸，掌握社会动态，关心文坛最新消息，关心社会，关注教育，关心朋友和亲人。思考深刻、话语犀利，是冰心晚年文学作品的风格，也是其日记

---

[1] 冰心著，王炳根编：《冰心日记》，1981年11月26日，第184页。

## 上编 《冰心日记》中的史料

的风格。

### 一 冰心的文学批评观

冰心每天都会看新寄来的刊物,"看不胜看":"上下午,看寄来刊物,差不多每天都有,看不胜看,内容越来越平凡了"[1],"这几天都较暖,每天刊物都来的[得]很多,看不胜看。"[2] 从日记的记录可以看出,冰心常看的有《小说月报》《新文学史料》《人民文学》《收获》《当代》《新华文摘》《小说选刊》等文学类刊物,地方戏刊物如南京的《莫愁》,学院刊物如《文教资料》,港台刊物如《香港文学》《海峡》,其他专业型刊物如中国残疾人联合会主办的《三月风》,刑警刊物《啄木鸟》等,涉猎广泛。"一位这般高龄的老者,一位成就卓著的老作家,竟对当前文学事业,依旧如是关怀,如是爱护,始终倾注了心血和感情,作为晚辈,作为一名编辑,冰心如同春风夏雨,给予我多么及时多么铭刻的教益!"[3] 看完刊物,冰心的日记中往往会有简短的评价,有时是对刊物本身的褒贬,有时则会评价刊物中的某篇文章,列举如下:

> 《小说选刊》内有《宝贝》,写得很动人。(1981年12月5日)
>
> 我看完了一本《台湾[港]文学选刊》,看时很热闹,看完毫无印象,讲的[得]太平凡了。(1991年2月18日)
>
> 上午,看了一段《海峡》的小说《阳光背后》,情节十分离奇,而且没有结果,这是台湾小说本色。(1991年4月10日)
>
> 午后,看寄来的《当代诗词点评》,没有什么太好的,有唐宋诗词在前,再写旧诗词就吃力不讨好了。(1991年6月20日)
>
> 看《收获》也有许多没意思而又长的文章。(1991年10月23日)

---

[1] 冰心著,王炳根编:《冰心日记》,1981年10月24日,第177页。
[2] 冰心著,王炳根编:《冰心日记》,1981年10月30日,第178页。
[3] 周明:《为霞满天——冰心》,太白文艺出版社1995年版,第67页。

## 第四章　关于冰心个人生活的史料

下午，得许多书刊，都没意思，看了《人民文学》等，都不好看而且现在的叙事都很平庸。(1991年11月3日)

上午，看《文教资料》，关于吴宓的事情，看的［得］很详细，不想老人死得那么惨。(1991年11月11日)

冰心晚年非常关注新作家的成长。作家或文学爱好者总是将新作寄给冰心，冰心几乎每本必看，并且予以点评。她看老作家（如张天翼、张爱玲、杨绛）的作品；关注中青年作家（谌容、张抗抗、铁凝、王小鹰）的成长；看文学纪实、文学传记、文学评论、文学史料类文章。在日记中，冰心会简单介绍看过的文章，对于优秀作品，会反复阅读并赞美欣赏；对于不甚满意的作品，也不乏犀利的批评，列举如下：

看王小鹰，觉得她词藻太华丽，"浓得化不开"。(1981年11月13日)

看《张天翼短篇小说选》，他对于当时小市民及小市民生活写得很真。(1982年1月10日)

下午，看《女作家成名丛书台港及华人卷》，看张爱玲的《金锁记》，完全是解放前大家庭里的事，泼妇可真泼！(1991年3月17日)

我看港台小说《海峡》，说的都是港台故事，小题大做，没多大意思。(1991年4月7日)

看完了一本《萨镇冰［传］》，觉得里面有不容之处，如太监和太后说话竟然称"你"。(1991年5月18日)

上午，看《小说月报》，发现近来的作品不太近人情，有些还标新立异，使人看了不痛快，如《赌徒》，就大在意料之外。(1991年7月2日)

下午，看完一本韦君宜的《旧梦难温》，她知道许多人情世故，都出我意料之外。(1991年7月21日)

上编 《冰心日记》中的史料

  上午,看完《新文学史料》,我还看了《古文观止》,看魏征上唐太宗的"十思",不但与当时有益,后世亦可作为借鉴。(1991年8月27日)

  看了徐勇送的《胡同》,极好,我心里很高兴。正要写文章,又有陈恕送来的徐勇的照相和月历,真不错。(1991年12月7日)

  张抗抗让人带一本书《陀罗厦》送我,看了觉得陌生,没有动人之处。(1992年2月16日)

  看完一本《香港文学》,没甚思想,只是做"小说"。(1992年3月9日)

  下午,看了一下午的《天上人间》,觉得总理的爱真是无所不在,他对每一个人都关怀、爱护,如今那〔哪〕有这样的领导?(1992年3月13日)

  "对于现代的文艺作品,那些写得朦朦胧胧的、堆砌了许多华丽的词句的、无病呻吟、自作多情的风花雪月的文字,我一看就从脑中抹去;但是那些满带着真情实感、十分质朴浅显的篇章,哪怕只有几百几千字,也往往使我心动神移,不能自已!"①"我看小说,爱看那些没有结局的,使我多一些探索,多一些回味。我不爱看那些风、花、雪、月,写景多于叙事的作品。看时觉得很热闹,过后却一点印象也没有!我不爱看中国人写小说写得像译文那样地冗长、别扭。"②冰心在日记中表达了同散文《忆读书》中类似的态度。从《冰心日记》中对作品的评论可以看出,冰心喜欢阅读语言精练、史料丰富、带有古典文学气息和怀旧韵味,或反映内心真实情感,具有现实意义的文章;对于华而不实、标新立异、情节离奇、内容琐碎、矫揉造作的文章没有好感。她对优秀的刊物寄予很高期望,对其中叙述的平庸、文章的烦琐冗长流露不满。

---

  ① 冰心:《忆读书》,载卓如编《冰心全集(第七册)文学作品(1987—1997)》,第226页。
  ② 冰心:《我看小说的时候》,载卓如编《冰心全集(第七册)文学作品(1987—1997)》,第363页。

## 二　冰心的文学阅读观

冰心在《忆读书》一文中提出"读书好，多读书，读好书"[1]的文学阅读观。但是在文中，读书有哪些好处、怎样多读书、读什么书，冰心并没有具体展开说明。冰心曾说，每个人只能了解一个人的其一方面，"从每一侧面都能投射出的一股光柱，从许多股光柱凝聚在一起"[2]，才能映现出一个完整的人。同样，结合冰心、鲁迅、胡适、老舍、周作人等作家散文中提到的读书建议，以及茅盾、叶圣陶等作家日记中记录的读书经历，才能更好地理解冰心在日记中倡导的文学阅读观。认识"读书好"的道理，掌握科学的阅读方法"多读书"，选择经典的作品"读好书"，才能读有所成，读有所效。

在文学作品中，胡适、老舍、周作人等作家，从不同的角度阐释了"读书好"的道理。

1930年11月，胡适在上海青年会的演讲中说："为什么要读书？有三点可以讲：第一，因为书是过去已经知道的智识学问和经验的一种记录，我们读书便是要接受这人类的遗产；第二，为要读书而读书，读了书便可以多读书；第三，读书可以帮助我们解决困难，应付环境，并可获得思想材料的来源。"[3] 在胡适看来，读书是对历史负责，也是对自己负责，读现有的书是为了读更多的书。周作人认为读书可以帮助我们指导现实人生，读书时"能吸收一点进来，使自己的见识增深或推广一分也好，回过去看人生能够多少明白一点，就很满足了"[4]。冰心认为，"从读书中我还得到了做人处世的'独立思考'的大道理"[5]。读书可以带读者记住历史，认识

---

[1]　冰心：《忆读书》，载卓如编《冰心全集（第七册）文学作品（1987—1997）》，第226页。
[2]　冰心：《又想起了老舍先生》，载卓如编《冰心全集（第七册）文学作品（1987—1997）》，第116页。
[3]　胡适：《为什么读书》，《胡适谈读书》，百花洲文艺出版社2016年版，第10—11页。
[4]　周作人：《读书的经验》，载周作人著，钟叔河编《周作人文类编9（夜读的境界　生活·写作·语文）》，湖南文艺出版社1998年版，第179页。
[5]　冰心：《忆读书》，载卓如编《冰心全集（第七册）文学作品（1987—1997）》，第226页。

经典遗产；能够帮助读者增加见识，应对现实困境。阅读的重要性不言而喻。

有科学的阅读方法，才能"多读书"。鲁迅、老舍等作家总结了阅读经验，在作品中谈到了读书的方法，为如何阅读引路导航，主要有以下几点。

一是，读书要"博"。鲁迅、老舍提出了"博"读的建议，胡适指出了"博"读的原因。鲁迅认为读书要"泛览"，不要局限于某个方向，"应做的功课已完而有余暇，大可以看看各样的书，即使和本业毫不相干的，也要泛览，譬如学理科的，偏看看文学书，学文学的，偏看看科学书，看看别个在那里研究的，究竟是怎么一回事，这样子，对于别人、别事，可以有更深的了解"①。老舍指出不"博"读的后果后，提出了"博"读的建议。老舍认为，孤立地读一本作品不足以了解书的内容，"读了一本文艺作品，或同一作家的几本作品，最好找些有关于这些作品的研究、评论等著述来读。也应读一读这个作家的传记"；"博"读，"会使我们对那些作品与那个作家得到更深刻的了解，吸取更多的营养"②。胡适指出了"博"读的原因，"第一，为预备参考资料计，不可不博。第二，为做一个有用的人计，不可不博"。在胡适看来，"读一书而已则不足以知一书"，要"博"读"预备参考资料"才能"知一书"，"致其知而后读"；"专工一技一艺的人，只知一样，除此之外，一无所知。这一类的人，影响于社会很少"③，因此，"为做一个有用的人"需要"博"读。

二是，读书要"专"。鲁迅认为，"博"读是"专"读的前提。"泛览"后要根据自己的需求"专"读，"我们自动的读书，即嗜好

---

① 鲁迅：《读书杂谈——七日十六日在广州知用中学讲》，《鲁迅全集（第3卷）》，人民文学出版社2008年版，第244页。

② 老舍：《谈读书》，《老舍全集（16）（文论）》，人民文学出版社2008年版，第645—646页。

③ 胡适：《读书》，《胡适谈读书》，第7—8页。

的读书，请教别人是大抵无用，只好先行泛览，然后决择而入于自己所爱的较专的一门或几门"①。"泛览"后，明确了自己的阅读兴趣和实际需求，术业专攻，才能深入阅读。胡适指出了"专"读的方法——"精读"。阅读要"眼到，口到，心到，手到"②。郑振铎认为，读书应读通过"博"书的"比较"来"专"读，"最好的读书法，乃是自己具选择的眼光，拿了许多的作品，陈列在面前比较了一下，然后取其最好的来读来研究"③。胡适认为，"为学要如金字塔，要能广大要能高"，"既能博大，又能精深"，才能成为"理想的学者"④。与鲁迅一样，郑振铎、胡适也强调"博"读与"专"读的紧密结合。

三是，读书要"疑"。阅读者读书时要时刻保持怀疑的精神，保持独立思考的能力。孟子说，"尽信书不如无书"。宋代理学家张载说，"读书先要会疑，于不疑处有疑，方是进矣"，"在可疑而不疑者，不曾学。学则须疑"。胡适强调"疑"的重要性，"读书要求心到，不要怕疑难，只怕没有疑难"⑤。老舍指出"疑"的原因，"疑"可减少偏见，"我们看了别人的意见，会重新去想一想。这么再想一想便大有好处。至少它会使我们不完全凭感情去判断，减少了偏见。去掉偏见，我们才能够吸取营养，扔掉糟粕"⑥。鲁迅提出"疑"的方法，读书要"自己思索，自己做主"⑦。作家从不同角度强调读书要"疑"。有疑问，有思考，读书才会有成效。

四是，读书要"勤"。老舍、胡适、蔡元培都强调阅读时手要

---

① 鲁迅：《读书杂谈——七日十六日在广州知用中学讲》，《鲁迅全集（第3卷）》，第247页。
② 胡适：《读书》，《胡适谈读书》，第2页。
③ 郑振铎：《中国文学研究的重要书籍介绍》，《郑振铎全集（6）中国古典文学文论〈漫步书林〉〈劫中得书记〉》，花山文艺出版社1998年版，第33页。
④ 胡适：《读书》，《胡适谈读书》，第8—9页。
⑤ 胡适：《读书》，《胡适谈读书》，第5页。
⑥ 老舍：《谈读书》，《老舍全集（16）（文论）》，第646页。
⑦ 鲁迅：《读书杂谈——七日十六日在广州知用中学讲》，《鲁迅全集（第3卷）》，第246页。

## 上编 《冰心日记》中的史料

"勤",记读书笔记。老舍认为,"随读随作笔记。这不仅大有助于记忆,而且是自己考试自己,看看到底有何心得"①。胡适认为,读书要"手到","做读书札记,是要动手的"②。蔡元培总结了幼时读书的教训后指出,"第一能专心,第二能动笔,这一定有许多成效"③。

有了科学的阅读方法,冰心等作家也在实际生活中做到了"多读书"。

冰心五岁时就在母亲的帮助下认字、读古典名著,"因为看《三国演义》引起了我对章回小说的兴趣","到得我十一岁时,回到故乡的福州,在我祖父的书桌上看到了林琴南老先生送给他的《茶花女遗事》,使我对于林译外国小说引起了广泛的兴趣,那时只要我手里有几角钱,就请人去买林译小说来看,这又使我知道了许多外国的人情世故"④。郑振铎在作品中谈到艰苦岁月里藏书、买书的艰辛,"我的所藏的书,一部部都是很辛苦的设法购得的;购书的钱,都是中夜灯下疾书的所得或减衣缩食的所余。一部部书都可看出我自己的夏日的汗,冬夜的凄栗,有红丝的睡眼,右手执笔处的指端的硬茧和酸痛的右臂"⑤。

郑振铎、叶圣陶、茅盾等作家的日记中留下了作家们"多读书"的身影。郑振铎常在日记中记录买书的快乐,对待书籍的态度和建议;作为国家出版总署副署长,叶圣陶需要阅读大量的文稿,"今日伏案看稿件,虽亦不闲,颇觉有味,此可见我之性情于编审工作为宜"⑥。为准备第三次文代会报告,茅盾在工作之余阅读了大量的文学作品。茅盾在日记中记录了文学作品的内容,也记录了阅读的进度和阅读的

---

① 老舍:《谈读书》,《老舍全集(16)(文论)》,第 645 页。
② 胡适:《读书》,《胡适谈读书》,第 5 页。
③ 蔡元培:《我的读书经验》,载肖东发、杨承运编《北大学者谈读书》,北京图书馆出版社 2000 年版,第 8 页。
④ 冰心:《忆读书》,载卓如编《冰心全集(第七册)文学作品(1987—1997)》,第 225 页。
⑤ 郑振铎:《永在的温情——纪念鲁迅先生》,《郑振铎全集(2)(诗歌散文)》,第 545—546 页。
⑥ 叶圣陶著,叶至善、叶至美、叶至诚编:《叶圣陶集(22)》,1951 年 8 月 14 日,江苏教育出版社 2004 年版,第 217 页。

感悟,"阅《武则天》剧本至次晨一时","八时起整理两个月来阅读书刊所作的笔记"①。冰心每天都会看新寄来的刊物,如《小说月报》《新文学史料》《人民文学》《文教资料》《香港文学》《海峡》等刊物,这些刊物中有的是文学作品集,有的是学术刊物;有的是大陆出版的期刊,有的是港台出版的刊物。"正是因为"博"览、"专"读、思"疑"、手"勤",作家们笔耕不辍,为读者创作了一部部文学经典。

有了科学的读书方法,冰心、鲁迅、老舍、郭沫若等作家也在文学作品中告诉了明确了应该"读什么"。

一是,"博"览后确立自己的阅读兴趣"专"读。冰心"博"览了大量作品后,发现泰戈尔"快美的诗情,救治我天赋的悲感","超卓的哲理,慰藉我心灵的寂寞"②,并受泰戈尔《飞鸟集》的影响,"仿用他的形式,来收集我零碎的思想"③,写作诗集《繁星》。"先行泛览,然后决择而入于自己所爱的较专的一门或几门"④,鲁迅读了大量的作品后,从尼采的作品《查拉图斯特拉如是说》中获得了思想启迪,提出"掊物质而张灵明,任个人而排众数"⑤的观点,并受其影响写作了《阿Q正传》《再论雷峰塔的倒掉》等作品。郭沫若读了大量作品后,"个人的郁积,民族的郁积",从惠特曼的《草叶集》中"找出了喷火口,也找出了喷火的方式"⑥。

二是,读经典文学作品。周作人在《读书的经验》一文中,提

---

① 茅盾:《茅盾全集(39)(日记一集)》,1960年5月12日、1960年4月7日,人民文学出版社2001年版,第78、66页。
② 冰心:《遥寄印度哲人泰戈尔》,载卓如编《冰心全集(第一册)文学作品(1919—1923)》,第120页。
③ 冰心:《我的文学生活》,载卓如编《冰心全集(第二册)文学作品(1923—1941)》,第326页。
④ 鲁迅:《读书杂谈——七日十六日在广州知用中学讲》,《鲁迅全集(第3卷)》,第247页。
⑤ 鲁迅:《文化偏至论》,《鲁迅全集(第1卷)》,第21页。
⑥ 郭沫若:《序我的诗——有人要把我以前的诗集来翻印,我便写了这样的一篇序》,《郭沫若全集(文学编)第19卷》,人民文学出版社1992年版,第408页。

上编 《冰心日记》中的史料

到了有关文学批评、乡土研究、文化人类学方面的经典代表著作。郑振铎在《中国文学研究的重要书籍介绍》一文中介绍经典书籍240余部,"其目的乃在把最好的、最易购的关于中国文学的书籍,介绍给平素对于中国文学没有系统的研究的诸君"①,为读者读书开了书单。郑振铎以毕生精力辛勤收集的中外文图书目录《西谛书目》,为文学、历史、考古等研究者阅读提供了重要的参考资料。

三是,从生活实践中读书,读生活这本"活书"。在散文《写作的练习》中,冰心认为,"多旅行多看山水风物;城市乡村的一切,便可多见事物的背景,多搜集写作的丰富材料"②。鲁迅在《读书杂谈》中说,读书"必须和实社会接触,使所读的书活起来"③。郭沫若也认为,"人是活的,书是死的。活人读死书,可以把书读活。死书读活人,可以把人读死"(《游太湖蠡园为游人题词》)。生活是文学创作永恒的主题,文学记录着生活中的吃穿住行、酸甜苦辣。结合生活这本"活书",可以加深读者对文学作品的理解。

冰心、鲁迅、胡适、老舍、周作人等作家的散文,以及茅盾、叶圣陶等作家日记中对读书的态度和建议,对冰心提出的"读书好,多读书,读好书"的观点进行具体分析,一定程度上对冰心《忆读书》中倡导的读书观进行了注解,为更好地理解冰心的文学阅读观提供了资料。

在散文《我的一天》中,冰心用简练的语言概括了一天的生活。冰心的晚年日记是冰心散文《我的一天》的具体化。日记全面、真实地记录了冰心晚年的身体状况、写作的过程、参加的社会生活、读书的内容等。在日记里,冰心絮絮叨叨地记录着自己晚年酸甜苦辣

---

① 郑振铎:《中国文学研究的重要书籍介绍》,《郑振铎全集(6)中国古典文学文论、〈漫步书林〉〈劫中得书记〉》,第11页。
② 冰心:《写作的练习》,载卓如编《冰心全集(第三册)文学作品(1942—1957)》,第29页。
③ 鲁迅:《读书杂谈——七日十六日在广州知用中学讲》,《鲁迅全集(第3卷)》,第247页。

的生活，琐碎的生活记录里蕴含着丰富、生动的生活细节，展示了一个生活化的作家形象。冰心晚年日记中对个人生活的记录，为全面了解冰心晚年的身体状态、写作生活、社会生活、阅读生活提供史料。

# 结　　语

　　本编探讨的是"《冰心日记》中的史料"。由《冰心日记》中提供的时间、地点、事件等线索,将《冰心日记》与历史书籍、地方志、人物志、作家回忆录、作家口述材料、作家的文学作品等文献资料互文阅读,搜集、注释、考证、研究《冰心日记》中的史料。

　　《冰心日记》主要记录了三个方面,分别是冰心在国外访问期间的日程、在国内考察期间的日程、在家中的个人生活日程。《冰心日记》为了解中华人民共和国成立后国际交流状况、国内经济和文化建设状况以及冰心晚年的个人生活提供了史料。对应《冰心日记》涵盖的主要内容,本编在结构安排上分为四部分,分别是日记中与国际交流状况有关的史料、日记中与国内经济建设有关的史料、日记中与国内文化建设有关的史料、日记中与冰心个人生活有关的史料。

　　《冰心日记》不仅是对时代与环境的记录,也是对冰心个人的读书、写作生活及人际交往等方面的记录。"《冰心日记》中的史料"这一论题的意义表现在以下两个方面。

　　第一,将《冰心日记》与冰心的文学作品及社会史、人物志等文献资料互文阅读,为了解中华人民共和国成立后的国际交流状况、国内建设状况及冰心晚年的个人生活提供了史料。

　　第二,将《冰心日记》与冰心的文学作品、年谱等文献资料互文阅读,丰富了冰心研究史料。日记为了解冰心的生活状态提供了感性且生活化的资料,丰富了冰心的生平资料和中国现当代文学史料。

## 结　语

　　《冰心日记》可以补充、修改、精确、完善冰心的传记、年表或研究资料。日记为补充、完善冰心的年表、研究资料提供材料。

　　比如，1957年4月17日至5月12日，冰心在日记中记录了到江南考察手工业合作社时的见闻和感受，冰心没有将此阶段的经历写成文章。由于缺少日记史料，大部分的传记对于冰心此次的考察活动没有提及。[①] 2014年，台北独立作家出版了王炳根的著作《玫瑰的盛开与凋谢：冰心与吴文藻》，王炳根参考了冰心的日记，因此，此部传记详细地介绍了冰心1957年在江南的考察见闻。据《冰心日记》记录，1977年11月23日至26日，复刊不久的《诗刊》组织作家到河北省任丘市参观华北油田，但是冰心传记、冰心年表对此次参观见闻均没有涉及。此外，作家日记，可以精确或修改作家年表中不太准确的记录。据《冰心日记》记录，1960年3月1日至18日，冰心参加全国人大代表、政协全国委员考察团，到湖北参观访问。对于此次考察，大部分的冰心研究著作有所提及，但时间不够准确。《冰心研究资料》上写的是"2月—3月，到湖北省暨武汉市参观访问"[②]。1959年10月22日至27日，冰心日记里记录了到丰台区黄土岗人民公社访问，并与当地农民"同吃、同住、同劳动"的生活，而《冰心研究资料》却将其时间写为1960年，"秋，访问京郊丰台区黄土岗人民公社，并参加了数天劳动"[③]。《冰心日记》可以修改冰心年表、研究资料或传记中不准确的部分，使时间、细节更加准确。

　　《冰心日记》与冰心的文学作品相互补充，可以加深对冰心生活日程、生活状态的了解。

　　将日记与文学作品互文阅读，我们可以了解冰心的生活日程。1959年3月18日至4月8日，冰心与许广平、谢为杰等参加全国政协组织的到河南参观考察的活动。在日记里，冰心记录了在郑州西太康

---

[①] 《冰心研究资料》（范伯群编）、《冰心一片　冰心》（段海宝编著）、《一个真实的冰心》（段慕元编）等著作没有提及冰心的江南考察活动。
[②] 范伯群编：《冰心研究资料》，北京出版社1984年版，第27页。
[③] 范伯群编：《冰心研究资料》，第27页。

## 上编 《冰心日记》中的史料

路人民公社、大冶镇、雷州水库、文村的幸福沟等地见闻，并以见闻为材料写作了《记幸福沟》等时事散文。也许是日记本丢失了，也许是到达洛阳后，冰心就没有再写日记，冰心日记记到4月2日就停止了。但是，我们却可以从冰心此阶段的散文《奇迹的三门峡市》中，了解冰心一行在洛阳参观后，又到三门峡市参观三门峡大坝工地的情景。

《冰心日记》在时间上并不连续，但是结合起来，却可以看出中华人民共和国成立后从20世纪50年代到90年代近半个世纪的"社会生活、时代变迁和人文景象"[①]。本编在现有的《冰心日记》研究状况的基础上，重视史料的搜集、注释、考证与互文研究，以期为《冰心日记》的研究提供一个准确、清楚、确定的文献，丰富冰心的研究史料及中国现当代文学的文献史料。

---

① 王炳根：《冰心日记刍议》，《中华读书报》2017年5月24日第9版。

## 下 编

# 冰心与同时代作家日记的互文研究

# 绪　　论

　　日记是"个人生活思想的真实记录",是"把自己在工作、生活、学习、劳动中的言行、见闻、思想、感触有选择地逐日以书面形式记叙下来"①的感录类文体。除了《冰心日记》外,本编参考的日记材料还有与冰心同时代作家的日记。冰心同时代作家的日记可以为研究《冰心日记》提供互文阅读、互相补充、互相印证的史料。冰心同时代作家,是中国现代文学史上第一代作家,如文学革命的倡导者胡适,中国现代小说的奠基人鲁迅,文学研究会作家叶绍钧、沈雁冰、郑振铎、周作人、王统照、许地山等,创造社作家郭沫若、郁达夫、田汉,湖畔派诗人潘漠华、冯雪峰……《冰心日记》涵盖的年代是20世纪50年代至90年代,探讨的语境是此阶段中国大陆的社会生态。冰心同时代作家日记,是指中华人民共和国成立后仍然在世、居住在大陆的、有日记文本出版的中国现代文学史上第一代作家的日记。中华人民共和国成立后不生活在大陆的胡适、苏雪林等作家不在本编讨论范围内。中华人民共和国成立后生活在中国大陆,冰心同时代作家中已经出版日记文本的可作为参考材料的日记,有叶圣陶、周作人、茅盾、郑振铎、老舍、田汉、冯雪峰等作家的日记。

　　本编在具体探讨时并不拘泥于《冰心日记》,而是将《冰心日记》置于冰心同时代作家日记群中进行探讨,以便更好地定位《冰心日

---

① 鲁开民等编著:《常用文体概要》,山东大学出版社1992年版,第334—335页。

## 下编 冰心与同时代作家日记的互文研究

记》的文体特点,更好地理解《冰心日记》的内容。作家的当代日记包括中华人民共和国成立后到改革开放之间的 20 世纪 50—70 年代日记、进入新时期以来的日记。本编探讨的日记是冰心及同时代作家 20 世纪 50—70 年代的日记。

本编以《冰心日记》为研究对象,同时将《冰心日记》与冰心同时代作家的日记,如叶圣陶日记、郑振铎日记、老舍日记、周作人日记等进行互文阅读,更好地理解冰心及同时代作家日记的内容和风格。将冰心及同时代作家的日记结合起来,可以总结出作家日记文体的风格特点;日记补充和完善了作家的生平资料和研究资料,也为了解日记中的家庭生活、劳动生活、文学生活提供了史料。

# 第一章 作家日记概况

本章主要是对《冰心日记》及冰心同时代作家日记的出版情况及研究情况进行说明，以期对作家日记的出版状况及研究状况有较为整体的把握。

## 第一节 作家日记的出版情况

与冰心同时代的作家日记的出版情况如下。

叶圣陶从17岁（1911）开始写日记，一直持续到94岁（1988），七十余年的日记几乎涵盖了社会发展中的重大历史事件，"反映了当代历史的一个侧面，是一部不可多得的史记"[①]。1997年山西教育出版社出版的《叶圣陶日记》、2004年江苏教育出版社出版的《叶圣陶集》第二十二卷和第二十三卷，收录了叶圣陶的部分日记。2010年至2012年，《出版史料》断断续续刊登了由叶圣陶孙辈叶永和、蒋燕燕整理的《叶圣陶未刊日记》，叶圣陶当代日记的出版工作逐渐完善。

1998年山西教育出版社出版的《茅盾日记》载有茅盾当代的部分日记，2001年人民文学出版社出版的《茅盾全集》第39卷和第40卷，及2014年黄山书社出版的《茅盾全集》第40卷和第41卷，各载

---

① 叶永和、蒋燕燕：《叶圣陶日记中的1958》，《炎黄春秋》2010年第6期。

## 下编 冰心与同时代作家日记的互文研究

有厚厚两册茅盾日记,而这只是茅盾日记中的一部分,"这不是一部普通的日记,也不是一部事先就预备要流传千古的要人'名言嘉行'录式的东西"①。

1998年石家庄的花山文艺出版社出版了《郑振铎全集》第17卷,内有郑振铎中华人民共和国成立前的日记和题跋;2006年山西古籍出版社出版了《郑振铎日记全编》,增加了郑振铎中华人民共和国成立后的日记,日记文本更为全面丰富。

1999年人民文学出版社出版了《老舍全集》第19卷,内有老舍的日记和佚文。2018年人民文学出版社出版的《老舍全集》中也包括老舍的日记。

2000年,花山文艺出版社出版了《田汉全集》第20卷,收有田汉1965年、1966—1968年的部分日记。

2004年河南大学出版社出版的《周作人与鲍耀明通信集(1960—1966)》里刊有周作人与鲍耀明在1960年6月到1966年8月的来往书信745封,同时收入的还有与这些信件相关的周作人日记837则。在《编者前言》中,鲍耀明说"将老人来信及我自己的去信,与我们通信有关的老人日记,三者一并整理起来,以单行本方式问世,目的不外记念我与老人之间的一场神交,进而提供资料给研究老人的学者而已"②。周作人的孙子周吉宜整理了周作人1949年的部分日记,发表于《中国现代文学研究丛刊》2017年第7期,整理的周作人1959年日记发表于《中国现代文学研究丛刊》2018年第4期,整理的周作人1966年的日记发表于2018年《现代中文学刊》,整理的周作人1945年日记发表于《新文学史料》2021年第1期,整理的周作人1955年日记发表于《杭州师范大学学报》(社会科学版)2021年第4期,整理的周作人1965年日记发表于《现代中文学刊》2022年第1期。止庵的《周作人传》和孙郁的《周作人左右》等研究专著引用了周作人

---

① 叶子铭:《梦回星移 茅盾晚年生活见闻》,南京大学出版社1991年版,第76页。
② 鲍耀明:《编者前言》,载周作人著,鲍耀明编《周作人与鲍耀明通信集(1960—1966)》,河南大学出版社2004年版,第2页。

部分日记，为周作人日记的研究提供了资料。

冯雪峰的日记（1968年8月2日至1975年3月13日）发表在2003年《新文学史料》第2、3、4期及2004年第1、2、3期，2016年6月人民文学出版社出版了《冯雪峰全集》（1—12），其中《冯雪峰全集》（7）中刊有冯雪峰1965年至1975年的部分日记。

冰心及冰心同时代作家20世纪50—70年代日记的出版，为作家当代日记的互文阅读和更好地研究《冰心日记》提供了史料。

## 第二节　作家的日记态度

冰心及同时代作家的日记态度，既包括作家的日记写作态度，也包括作家的日记文本接受态度。冰心等作家重视日记文体、重视日记写作，发表了许多关于日记的言论。

### 一　作家对待日记文体的态度

冰心等作家重视日记写作，早年曾发表过许多关于日记文体的看法，这些言论主要对日记的文体特点、作用进行了阐释。

有的言论揭示了日记的文体特点。较早全面揭示日记特点的是周作人，在《日记与尺牍》一文中，周作人认为日记具有趣味性、真实性的特点，"比别的文章更鲜明的表出作者的个性"[①]。鲁迅在《马上日记》中区分了日记的类型，将日记分为"写给自己看的"的"正宗嫡派"和"有志于立言，意存褒贬，欲人知而畏人知"的"不像日记的正脉"[②]，在鲁迅看来，坚守私密性、个体性特点的日记，才是真正的日记。苏雪林同样强调日记的私密性特点，日记是"私人的档案"[③]；郁达夫也

---

[①] 周作人：《日记与尺牍》，载周作人著，钟叔河编《周作人文类编3（本色　文学·文章·文化）》，湖南文艺出版社1998年版，第210页。

[②] 鲁迅：《马上日记》，《鲁迅全集（第3卷）》，第165页。

[③] 苏雪林：《三十年写作生活的回忆》，载沈晖编《苏雪林文集（第二卷）》，安徽文艺出版社1996年版，第114页。

### 下编　冰心与同时代作家日记的互文研究

在《日记文学》里认为日记具有私密性、真实性、随意性的文体特点。周作人、鲁迅、苏雪林、郁达夫等作家在谈论日记私密性、随意性特点时，也就暗示了日记文体与非日记文体的差别。

有的言论涉及了日记的作用。第一，周作人、田汉等作家认为日记具有史料价值，研究者从作家日记中既可以了解作家对所处时代的看法，又可以了解作家的内心世界。周作人认为，日记可以成为"一种考证的资料"[①]；田汉认为"日记是内外生活的记录"[②]。周作人日记中，"维钧来访云文化部意欲得旧日记及书简存于鲁迅博物馆中"[③]，周作人在北伐以前的部分日记被鲁迅文学馆收去，成为了解鲁迅生活、研究鲁迅生平的史料。第二，日记是作家自我倾诉、书写心得、排遣苦闷、保存记忆的方式。作家在日记中记录生活琐事，日记是作家的"备忘录"。苏雪林认为日记可以"以备偶然检查之用"[④]。郁达夫在《日记文学》和《再谈日记》中都分析了日记的"备忘录"作用，日记可以"预防你一个人的私事遗忘而写的"，具有"备遗忘，录时事，志感想"[⑤]的功用。第三，日记具有一定的文艺欣赏的价值。周作人认为"给自己看的"日记"自然是更真实更天然"[⑥]。郁达夫日记中对个人生活的记录，加上自然优美的行文风格，自出版以来就获得读者的青睐，郁达夫日记《芜城日记》发表于1921年《时事新报·学灯副刊》，他的《日记九种》（《劳生日记》《病闲日记》等）出版后受到社会的关注，创造了"出

---

① 周作人：《日记与尺牍》，载周作人著，钟叔河编《周作人文类编3（本色　文学·文章·文化）》，第211页。
② 田汉：《蔷薇之路·自记》，载田汉著，陈刚、季定洲等编《田汉全集（第20卷）（书信、日记、难中自述）》，花山文艺出版社2000年版，第225页。
③ 周作人著，鲍耀明编：《周作人与鲍耀明通信集（1960—1966）》，1961年11月30日，第97页。
④ 苏雪林：《三十年写作生活的回忆》，载沈晖编《苏雪林文集（第二卷）》，第114页。
⑤ 吴秀明主编：《郁达夫全集（第十一卷）文论（下）》，浙江大学出版社2007年版，第212页。
⑥ 周作人：《日记与尺牍》，载周作人著，钟叔河编《周作人文类编3（本色　文学·文章·文化）》，第210页。

第一章　作家日记概况

版界空前的销路"①。字词句的选择、结构布局等使日记充满了审美价值。

从记日记、阐释日记理论、重视日记价值到出版日记，显示出冰心及同时代作家对日记文体的重视。

中华人民共和国成立后，作家仍然保持着写日记的习惯，冰心等作家在日记中记录了日常起居、喜怒哀乐，也记录了眼中的社会生活，所思所想中蕴含着作家的亲情观念、文学理念等。中华人民共和国成立后，作家的日记态度呈现出以下三种。

有的作家将日记作为练习写作，提高写作能力的手段。冰心虽然没有明确发表过关于日记理论的文字，却常在散文、小说里以作品中人物的口吻表达对日记文体的看法。在《再寄小读者·通讯十四》里，冰心建议小朋友通过写日记来锻炼写作和阅读的能力。在《陶奇的暑期日记》中，张老师送给陶奇一个日记本，要其利用暑假时间写日记，在一定程度上，此处的张老师就是冰心的化身。冰心用文中张老师的话表达了对日记的看法，每天写日记，"就是很好的练习"，日记写的"都是你身边熟悉的事情，也好玩得很……你只好好地注意每天在你身边所发生的一切事情，想写什么就写什么，只要把它写得自然、生动就行"②。冰心将日记作为记录见闻、锻炼写作能力的方式。在日记中记录考察见闻，为写作积累素材，也是冰心日记的特点。茅盾认为日记是写作的"材料库"③，要把日记作为"自由探索，自由发展的地盘"，用日记来练习写作，"要利用写日记的精力使合于练习写作的目的"④。坚持写日记并阐释日记写作态度，显示出作家对日记文

---

① 沈从文：《郁达夫张姿平及其影响》，《沈从文散文集》，太白文艺出版社 2008 年版，第 159 页。
② 冰心：《陶奇的暑期日记》，载卓如编《冰心全集（第三册）文学作品（1942—1957）》，第 350—351 页。
③ 茅盾：《关于"写作"》，《茅盾全集（20）（中国文论三集）》，人民文学出版社 1990 年版，第 212 页。
④ 茅盾：《怎样练习写作》，《茅盾全集（24）（中国文论七集）》，人民文学出版社 1996 年版，第 73 页。

### 下编 冰心与同时代作家日记的互文研究

体的重视。

有的作家将日记作为记录日程的方式。茅盾称自己的日记是"流水帐［账］式之日记"①，茅盾在日记中按照早—中—晚的格式，记录一天的见闻、感受。周作人日记同样以记录生活日程为主，因此，日记是晚年周作人写回想录不可缺少的材料，"写回想录需查考"②，"因写回忆录需要查照，尚在手头，然回忆录未写成以前亦不能暂离"③。郑振铎、叶圣陶等作家用日记来回忆往事、抒发感情。郑振铎"在家理书，找出旧的日记来，断断续续，不成片段。回首前尘，感触殊深"④；叶圣陶对于过去的书信和日记，"今日重观之，颇有意味"⑤。作家在日记中记录生活日程，日记成为作家回忆往事、抒发今昔感慨的通道。

有的作家用日记来记录思想状态。田汉、茅盾、冰心等作家在日记中记录学习过程、思想动态，日记内容显示出鲜明的时代印记。1965年11—12月冰心在赣鄂考察日记中记录了思想学习心得和小结9则；田汉"觉得日记应该多写点感想，像在大楼写思想汇报"⑥；茅盾认为"如果用日记或笔记的方式记录下来，随时自己检查，最初也许觉得繁琐，但积久之后，这种日记或笔记便成为自己思想有没有进步的寒暑表"⑦。日记成为作家反映思想状态的记录本。

---

① 茅盾：《茅盾全集（40）（日记二集）》，1971年1月1日至31日日记，人民文学出版社2001年版，第614页。

② 周作人著，鲍耀明编：《周作人与鲍耀明通信集（1960—1966）》，周作人致鲍耀明信，1962年2月9日，第121页。

③ 周作人著，鲍耀明编：《周作人与鲍耀明通信集（1960—1966）》，周作人致鲍耀明信，1962年6月22日，第167页。

④ 郑振铎著，陈福康整理：《郑振铎日记全编》，1957年3月22日，山西古籍出版社2006年版，第499页。

⑤ 叶圣陶著，叶至善、叶至美、叶至诚编：《叶圣陶集（23）》，1976年2月22日，江苏教育出版社2004年版，第321页。

⑥ 田汉著，陈刚、季定洲等编：《田汉全集（第20卷）（书信、日记、难中自述）》，1967年5月7日，第483页。

⑦ 茅盾：《体验生活、思想改造和创作实践——第一届电影剧本创作会议上发言摘要》，《茅盾全集（23）（中国文论六集）》，人民文学出版社1996年版，第244页。

## 二 作家的日记文本接受态度

作家日记的文本接受，是指作家对他人日记的接受情况。除了重视日记文体、重视日记写作外，冰心等作家还经常阅读他人日记。

第一，作家会根据自己的兴趣选择阅读对象，从他人日记中了解其思想观念。茅盾阅读"林则徐日记"，"我这几天在看林则徐的日记，林则徐是民族英雄，爱国主义者，但从他的日记仍能看出他还有封建主义、唯心主义的一面"[1]。

第二，社会语境影响作家的日记阅读，日记成为思想教育的方式之一。在毛主席"向雷锋同志学习"的号召下，《雷锋日记》成为宣传的重点。冰心笔记记录了1963年4月22日座谈会上人员的发言，有作家说"向雷锋同志学习……我们都看见他的日记，是教育青年的绝好材料。我们必须有伟大的理想气魄，在战略上有伟大的雄心壮志，战术上言行一致"[2]。郭沫若读了《雷锋日记摘抄》后，在《一把劈断昆仑的宝剑》一文中赞扬了雷锋精神，"雷锋的声音永远在空中回旋，他虽然只活了二十二年，但他永远活在人们的心坎里，就像一把劈断昆仑的宝剑"[3]。田汉在日记中写道，"重新又看了《雷锋日记》，一种单纯明净的新战士感情真值得学习"[4]。战士王杰也是全国人民学习的英雄，王杰日记同样是思想学习的重点。据冰心笔记，在1966年1月12日小组学习座谈会上，林汉达表示，"要以王杰日记来照镜子，不是一个脱离低级趣味的人……要不断地端正学习态度，重新认识自己"[5]。

作家可以根据自己的阅读兴趣和需求选择日记文本，从日记中了解他人的思想观念；同时，作家阅读的日记文本也会受到时代环

---

[1] 韦韬、陈小曼：《父亲茅盾的晚年》，文化艺术出版社2008年版，第9页。
[2] 冰心笔记手本，1963年4月22日，现存于福建冰心文学馆。
[3] 郭沫若：《一把劈断昆仑的宝剑》，载邢华琪主编《歌唱雷锋》，解放军出版社2012年版，第5页。
[4] 田汉著，陈刚、季定洲等编：《田汉全集（第20卷）（书信、日记、难中自述）》，1965年9月26日，第401页。
[5] 冰心笔记手本，1966年1月12日"小组学习座谈"，现存于福建冰心文学馆。

境的影响。

### 三 作家的日记写作态度

冰心及同时代作家在日记写作上存在以下共同点。

第一，日记本的随意性。冰心、老舍往往将日记与考察或参观时的笔记写在同一本子上，郑振铎日记中夹杂着座谈会的起草提纲（比如，郑振铎在1956年12月6日日记后写了"对浙江文艺界座谈会讲话"的提纲）、访问的笔记（1953年12月9日日记）、国外访问回来为家人带来的礼品清单（1955年3月21日）。郑振铎的日记有的记在精装的日记本上，有的则记在用线简单装订的台历背后。茅盾多将日记写在旧外文报刊（如德文版《新闻报导》）的反面，"纸质是一般性的新闻纸，被裁截成32开大小，只用它反面的空白"①。日记俨然成为作家随身携带的便利贴。

第二，日记语言的非规范性。作家往往会在清晨、工作结束或工作期间的休息空隙写日记，为记录方便、提高效率，有时会使用习惯句式或自创的简化语进行写作，作家日记语言呈现非规范的特点。

《冰心日记》中仅有少数地方使用了标点符号，有时会用外语表示地名，或用英语首字母表示特定名词。在国外访问时，冰心会用所在地方的语言表示地名，如莫斯科的"Mehopale Hotel"，巴黎的法语地址"Rue de la Rowwion"。有时会用英语的首字母表示固定名词，如"S"代表"社会主义"，"Cap"代表"资本主义"，"Re"代表革命，"Cl. S."代表"阶级斗争"，"Ca. Re"代表"资产阶级革命"，"S. Ed"代表"社会主义教育"。比如，"反过来还是有害的，就是引诱读者走上Cap［资本主义］的道路。我要走的是Re［革命］与生产，歌颂工农兵、歌颂S［社会主义］，边结合边写，边写边改造"②。有时则使用特定的简称，将日记和笔记相对照才能明晰作者的

---

① 查国华、查汪宏：《茅盾日记·前言》，载查国华、查汪宏编《茅盾日记》，山西教育出版社1997年版，第3页。
② 冰心著，王炳根编：《冰心日记》，1965年12月6日"这一段心得"，第112页。

意思。比如，冰心 1959 年 12 月 18 日写道："参观 H. T. 炼铁厂，看了好几次铁水等奔流。"① H. T. 是什么，冰心在日记中没有说明。结合冰心的笔记，可以推断"H. T."代表"邯郸"。1959 年 12 月 17 日冰心在笔记中记录的李祖莹在座谈会上的发言，"邯郸为什么叫 H. T.？邯山是太行山的余脉，郸是尽头，古为今用"②。然而日记中有的地方却无法判断，如"C. C. A. S. E."，"下午参观 C. C. A. S. E. 展览会"③。周作人日记中夹杂日语，茅盾日记中常简单地用"处理杂事"四字概括工作内容。

使用简化语、多种语言混杂或潦草书写，为作家本人的写作带来方便，但是给日记的整理者带来很多困难。《冰心日记》主编、整理者王炳根说，"冰心日记断断续续跨越了半个世纪，其间中国发生了巨大的变化，无论是口头语言还是书面语言，尤其是一些流行的术语，都随着时代的变迁逐渐消失，读来有隔时之感"④。郑振铎日记的整理者陈福康言，"我比较担心的是，我从胶卷整理的日记中，有个别文字看不清，尤其是外文，有的写得太草，有的本身写法不规范，甚至有用英文来拼写其他语种的地名、人名的，我在尽量'依样画葫芦'时很可能写错"⑤。周作人熟悉日本语言，日记中常常夹杂日语，如"阅駄果子の故乡，亦石桥幸作所著"⑥。鲍耀明在整理周作人书信和日记时说，"老人来信及日记，行文中经常出现若干日语词句，有些是他直接引用原文，有些是日本人姓名、书名及专有名词；因他留学日本，长期与日本文化接触的结果，往往意识地或下意识地在文章中插入日语，若是作为私人记事，自己写给自己看，固然没有问题，可

---

① 冰心著，王炳根编：《冰心日记》，1959 年 12 月 18 日，第 55 页。
② 冰心笔记手本，1959 年 12 月 17 日"李祖莹发言"，现存于福建冰心文学馆。
③ 冰心著，王炳根编：《冰心日记》，1964 年 5 月 29 日，第 83 页。
④ 王炳根：《〈冰心日记〉后记》，载冰心著，王炳根编《冰心日记》，第 475 页。
⑤ 陈福康：《郑振铎日记全编·整理者言》，载郑振铎著，陈福康整理《郑振铎日记全编》，第 10 页。
⑥ 周作人著，鲍耀明编：《周作人与鲍耀明通信集（1960—1966）》，1966 年 8 月 12 日，第 449 页。

是公开发表，整理起来，难免发生一点困难"①。冰心及冰心同时代的作家，用自己习惯的句式或自创的简化语进行日记写作，为整理者的日记整理工作带来了困难；作家在日记中不注重对语言进行包装和修饰，随意、自然的语言表达，也从另一个侧面说明日记文体的随意性，以及作家对日记文体私密性、个体性的坚守。

第三，日记内容的生活化。作家会根据自己的情况记录日常生活场景、日常工作等，日记的内容呈现生活化色彩。《冰心日记》中会写看到的小花儿，吃到的特色小吃，看到的地方戏剧名字，日记内容呈现出生活化的特点。比如，"园地上有桉树（白皮）、桃及海棠均开花，桂花亦满树，温暖如春，可爱之极"②，"上次到黄洋界，路边看见一枝九串小紫粒果，极其可爱。今天又过此，注意找了一番，现在里程碑112之侧，下次不知能否重见了"③。茅盾睡眠不好，每天的日记都会记录自己的睡眠情况：几点服用安眠药，睡了几个小时，夜里醒了几次，醒来后状态怎样；中午休息了多长时间，效果怎样；晚上几点服药，几点入睡。如"昨入睡后一小时即醒，此后一小时又醒，时为今晨2时，加服S.一枚，仍然只睡一小时即醒……中午小睡一小时许……十时服药如例，于十一时半入睡"④。日记与日常生活息息相关，生活场景的描绘、生活化语言的使用，使作家日记内容充满生活化色彩。

## 第三节　作家日记研究现状

作家们在日记中记录日常生活、思想状态、心理变化、个人情绪、与友人的交往，也会记录看到的、听到的或经历的社会事件，

---

① 鲍耀明：《编者前言》，载周作人著，鲍耀明编《周作人与鲍耀明通信集（1960—1966）》，第3—4页。
② 冰心著，王炳根编：《冰心日记》，1955年11月23日，第14页。
③ 冰心著，王炳根编：《冰心日记》，1965年11月23日，第103页。
④ 茅盾：《茅盾全集（40）（日记二集）》，1968年9月1日，第366页。

## 第一章 作家日记概况

日记是了解作家思想历程、文化立场、友人行迹和所处时代的重要史料。作家日记经过后人整理成为作家全集的重要组成部分，然而，评论界对作家日记的研究并不充分，作家日记研究还有许多方面需要探究和挖掘。《冰心日记》的研究状况在本书上编中已经探讨，本部分不再论述。本部分对冰心同时代作家当代日记的研究状况进行梳理和分析，以期对作家日记研究的成就和不足有整体的把握。

研究界对冰心同时代作家日记的研究主要集中在以下四个方面。

有的论文是对作家日记文本形式的介绍。《郑振铎〈日记〉手稿》《郑振铎日记全编·整理者言》《记北京图书馆所藏郑振铎日记和手稿》[1]《〈周作人日记〉手稿的辨认及其他——为〈周作人年谱〉辩诬》[2]《手稿与日记整理胚谈》[3] 等论文对作家日记的来源、体例、内容概况、形式、日记手稿整理方式等进行介绍。

有的论文通过日记来探究当代社会生态，强调作家日记的史料价值。叶永和、蒋燕燕的《叶圣陶日记中的1958》[4] 等论文，分析了叶圣陶日记里所展示的时代生态，作家是时代发展的见证者。作者摘抄并分析了叶圣陶日记的片段，叶圣陶日记为了解时代提供了重要的材料。《1949年郑振铎日记》[5] 一文，分析了郑振铎日记的史料价值，从郑振铎日记中可以了解1949年中华人民共和国成立前以郭沫若为团长的代表团赴法国巴黎参加世界和平大会的过程，为了解中华人民共和国成立初期曲折的外交经历提供了重要史料。蔺春华的《"十七年"文学生态的隐性叙述——以〈茅盾日记（1953—1966）〉为例》[6] 认

---

[1] 陈福康：《记北京图书馆所藏郑振铎日记和手稿》，《文献》1986年第4期。
[2] 张铁荣：《〈周作人日记〉手稿的辨认及其他——为〈周作人年谱〉辩诬》，《鲁迅研究月刊》2019年第12期。
[3] 凌孟华：《手稿与日记整理胚谈》，《南京师范大学文学院学报》2020年第2期。
[4] 叶永和、蒋燕燕：《叶圣陶日记中的1958》，《炎黄春秋》2010年第6期。
[5] 《1949年郑振铎日记》，《档案春秋》2003年第5期。
[6] 蔺春华：《"十七年"文学生态的隐性叙述——以〈茅盾日记（1953—1966）〉为例》，《当代文坛》2018年第4期。

## 下编 冰心与同时代作家日记的互文研究

为,《茅盾日记》真实地反映了茅盾的内心世界和日常生活,也隐含了关于"十七年"文学生态的丰富信息。金欣欣的《叶圣陶日记所见〈新华字典〉第一版编纂、出版史料考述》,[①] 梳理和探讨了叶圣陶日记中所涉及的编纂、出版史料。作家在日记中记录时代的见闻和感受,日记为研究者还原历史现场、了解时代面貌、反思时代局限提供了重要的材料支撑。但是,作家日记中对时代的记录毕竟只是作家眼中的历史,由于作家政治立场、社会身份、知识结构或人际交往的亲疏等原因,作家对历史的展示会带有一定的主观性、片面性。研究者往往正面强调现代作家日记对还原时代面貌的史料价值,却对作家日记史料价值的局限性缺少足够的思考。研究者应该结合不同材料互文阅读,客观判断作家眼中的历史,对作家日记的史料价值做出较为准确和理性的定位。

有的论文通过作家日记探究作家的精神面貌。这类研究表现在两个方面。第一,探究时代与作家精神状态的互动影响。作家精神状态,是指作家在一定文化背景中形成的心理趋势、价值取向和认同态度。叶至善的《在那激动人心的日子里——叶圣陶日记摘抄》[②] 选取了叶圣陶1949年参加人民政协筹备工作和成立大会、开国大典时的记录,表现了叶圣陶对新中国、新生活的兴奋和向往。王涛的《1949年日记中的叶圣陶》[③] 分析了叶圣陶等知识分子初入解放区时的心态。叶永和、蒋燕燕的《叶圣陶日记中的1958》[④] 分析了叶圣陶在时代处境下由兴奋、积极参与到渐趋冷静的心理过程。介子平的《郑振铎日记的魅力》[⑤] 一文,从郑振铎日记中了解郑振铎的心态。研究者从日记中寻找解读作家心灵的资源,日记为把握作家的心理状态提供了材料支撑。第二,探究时代政治背景下作家的思想理念。冯锡

---

① 金欣欣:《叶圣陶日记所见〈新华字典〉第一版编纂、出版史料考述》,《和田师范专科学校学报》2022年第1期。
② 叶至善:《在那激动人心的日子里——叶圣陶日记摘抄》,《民主》1989年第2期。
③ 王涛:《1949年日记中的叶圣陶》,《书屋》2008年第5期。
④ 叶永和、蒋燕燕:《叶圣陶日记中的1958》,《炎黄春秋》2010年第6期。
⑤ 介子平:《郑振铎日记的魅力》,《名作欣赏》2009年第11期。

刚选取茅盾1962年的三则日记，① 从茅盾对电影《女英烈传》、话剧《最后的一幕》、梅兰芳逝世一周年纪念事件的评论中，分析茅盾的文学观。叶永和、蒋燕燕的《由叶圣陶日记所想到的》，② 由叶圣陶日记探究叶圣陶的教育理念。邱雪松的《新论1949年叶圣陶"北上"缘由》，③ 由中华人民共和国成立后出版体制与叶圣陶出版理念的契合中思考叶圣陶"北上"的内在缘由和必然性，表现了叶圣陶对"书业亦绝非生意经"出版理念的执着追求。陈福康的《记北京图书馆所藏郑振铎日记和手稿》，④ 从郑振铎日记中频繁买书、影印古书的记录中探究郑振铎对考古事业、中国传统文化遗产的倾心和付出。

有的论文以作家日记为本考察文学事件，进行文化"考古"。张霖的《当代日记中的"大连会议"》，⑤ 将茅盾日记、顾颉刚日记，以及沈从文书信、黎之和侯金镜的材料互文对证，对周扬参加"大连会议"的时间等模糊点进行了明确。王秀涛⑥分析了前三次文代会报告的起草过程。作家日记对文学事件和人文风景进行文化"考古"，丰富了日记研究的方法，拓展了研究视角，提供了新的研究方向和路径，不仅为研究者了解时代人文风景、文学事件的进程、作家对文学事件的态度提供了许多感性的材料，而且丰富了中国现当代文学的史料，对中国现当代文学学科建设有重要的意义。

对冰心同时代作家日记的研究状况进行梳理后，我们可以发现，日记研究近些年来呈上升趋势，作家日记研究取得了一定的成果，研究视野逐渐开阔，研究角度日益多样。研究者在日记文本细读的基础上，将作家日记中的感性材料与理性分析相结合，为读者了解

---

① 冯锡刚：《"万家梘腹看梅郎"——读茅盾1962年的三则日记》，《同舟共进》2016年第3期。
② 叶永和、蒋燕燕：《由叶圣陶日记所想到的》，《书屋》2010年第5期。
③ 邱雪松：《新论1949年叶圣陶"北上"缘由》，《新文学史料》2013年第2期。
④ 陈福康：《记北京图书馆所藏郑振铎日记和手稿》，《文献》1986年第4期。
⑤ 张霖：《当代日记中的"大连会议"》，《华南师范大学学报》（社会科学版）2014年第2期。
⑥ 王秀涛：《前三次文代会报告起草的若干问题》，《扬子江评论》2016年第6期。

### 下编　冰心与同时代作家日记的互文研究

时代、了解作家提供了许多宝贵的材料和思想启迪。但是，相比于文学作品研究，作家日记研究还很薄弱。具体来说，表现在以下五个方面。

研究成果数量不足。周作人、叶圣陶、郑振铎、茅盾、冰心、田汉、冯雪峰等作家日记研究在成果数量上较为有限。对周作人日记的研究集中在周作人早年日记，当代日记多作为周作人传记中的旁证材料。对郑振铎日记的研究，仅有刘烜的《郑振铎〈日记〉手稿》、陈福康的《郑振铎1953年出国日记》、介子平的《郑振铎日记的魅力》等数量有限论义。对叶圣陶日记的研究，有叶永和、蒋燕燕的《叶圣陶日记中的1958》、王涛的《1949年日记中的叶圣陶》、商金林的《叶圣陶毅然"北上"》[①]等为数不多的论文。茅盾日记的研究文章有冯锡刚的《"万家枵腹看梅郎"——读茅盾1962年的三则日记》、蔺春华的《"十七年"文学生态的隐性叙述——以〈茅盾日记（1953—1966）〉为例》，以及查国华、查汪宏的《茅盾日记·前言》，对茅盾日记进行介绍和分析；程光炜的《文化的转轨"鲁郭茅巴老曹"在中国（1949—1981）》，[②]将茅盾的个别日记作为旁证材料。田汉和冯雪峰的日记研究基本处于空白状态。作家日记研究数量有限，反映了研究界对作家日记的重视不足，研究视角、研究方向都需要进一步拓展。

研究队伍较为薄弱。日记研究的研究者集中于作家的亲人或作家日记的整理者。叶圣陶20世纪50—70年代日记研究的研究者集中在叶圣陶的第二代，研究论文如叶至善的《在那激动人心的日子里——叶圣陶日记摘抄》；第三代，有叶永和、蒋燕燕的《叶圣陶日记中的1958》等论文。对郑振铎日记的研究，集中在郑振铎日记的整理者陈福康，如《记北京图书馆所藏郑振铎日记和手稿》《郑振铎日记全编·整理者言》。作家日记的研究队伍还需扩大。

---

[①]　商金林：《叶圣陶毅然"北上"》，《民主》2015年第5期。
[②]　程光炜：《文化的转轨"鲁郭茅巴老曹"在中国（1949—1981）》，北京大学出版社2015年版。

## 第一章 作家日记概况

　　作家日记研究的系统性和整体性不足。作家日记的研究较为零散，而且不成系统。研究者侧重于作家个体研究，或研究作家在某一阶段的思想面貌，对作家在中华人民共和国成立后的整体思想状态研究较少，对作家文学思想等延续、转变的原因和过程缺少细致的梳理和把握。有的论文是对作家一生的日记情况进行总体概括，会由于时代跨度大而对历史背景的复杂之处缺少深刻洞察，作家日记中较为精彩的细节被忽略；有的论文只是就日记谈日记，从时代政策解读作家心态；有的论文对作家在新旧时代转型时的心理状态有所表现，但是对时代与作家文艺观的互动影响的探究还不够细致，作家与时代的互动关系还需进一步探讨。由日记文本探究作家文风演变等论题还需要进一步探究和把握。

　　研究者多将日记用作考据、验证的史料，对日记文体特点缺少重视。研究界对作家日记的研究并不充分，对作家日记文本缺少重视，没有将作家日记作为独立的研究对象，而是多作为史料支撑或旁证材料，或由作家日记探究作家内在思想，或用作家日记探究外部生态，多是强调作家日记在了解时代历史、探究作家思想、丰富中国现当代文学学科史料上的价值意义，对作家日记的文体特点探究不足。日记本身的私密性、写作的随意性，使日记理论的研究存在一定的难度，研究者对作家日记文体的写作规律、体例、形式等理论探讨较少。研究者多是先梳理内容，随后进行解析，研究视角和研究路径还需开拓。

　　以作家日记研究作为学位论文的研究，在数量上较为不足。有的论文以现代作家的现代日记为研究对象，张高杰的博士学位论文[1]分为上、下两编，上编为整体研究，探讨了现代作家日记的社会功能、审美规范等方面；下编为作家日记的个案研究中，选取鲁迅、胡适等四位作家日记来探讨作家的思想。吴辰的博士学位论文《1950年代

---

[1] 张高杰：《中国现代作家日记研究——以鲁迅、胡适、吴宓、郁达夫为中心》，博士学位论文，兰州大学，2008年。

## 下编　冰心与同时代作家日记的互文研究

中国大陆文学生态研究——以作家书信日记为视角》,[①] 分析了巴金、孙犁等作家的当代日记,从作家日记、书信等方面探究20世纪50年代中国大陆的文学生态。日记研究方面的学位论文,或是对作家日记的内容、风格、体例等进行概括性说明,或是选取作家人生中某一个或某几个阶段的日记进行分析,解读作家背后的文学立场、思想态度。通过分析可以知道,以作家日记为研究对象的学位论文目前在数量上还十分不足,日记的文体特点和内容还需要概况梳理和深度研究。

　　总体而言,就冰心同时代作家日记目前的研究状况而言,我们可以看到研究者都对作家的日记进行了积极有益的探索,研究角度逐渐增加,研究内容逐步细致。但是与小说、散文、诗歌等其他文体的研究相比,评论界对作家日记的关注和研究还不足,研究范围、研究方向还有许多可以提升的空间。研究界多是对单个作家进行研究,多集中在日记文本内容或日记文学风格的探究,日记多作为研究作家思想态度、文化立场的史料支撑或旁证材料,对日记文体缺少重视,由日记文本探究作家的思想历程、文风演变的论题研究不足;研究内容较限于日记内容的探讨,对日记的文献整理探讨不足,与日记有重要关联的佚文发现不足。研究者多关注作家日记的史料,对日记写作规律、体例、形式等文体特点探讨较少;侧重于作家个体研究,对作家日记的整体性研究不足,对作家日记中体现的作家的生活态度、文学风格等方面的研究较为缺乏;缺少作家日记之间、作家日记与公开文学作品之间、作家日记与时代背景之间的互文对照,研究视角、研究路径还需丰富,研究角度还需拓展,研究深度还需增加。研究作家日记,不是只单纯地看作家日记,而是要以多元开放的研究态度,将作家日记与时代历史、作家作品等相互结合,拨开繁杂的表面,深入历史的复杂和作家的心灵深处,了解在当代历史语境下,作家思想的总体面貌及形成的内在动因,以公正和客观的学术态度探究作家思想的复杂

---

[①] 吴辰:《1950年代中国大陆文学生态研究——以作家书信日记为视角》,博士学位论文,山东师范大学,2016年。

性。提升理论研究，扩大研究视野；深入研究对象，细致梳理内容；创新研究形式，拓展研究路径，是作家日记研究应该努力的方向。

本编以《冰心日记》为研究对象，但并不是只针对单个作家日记，而是选择在知识结构、人生结构、社会结构上有相似经验的冰心同时代作家群为研究主体，总结作家日记在文体风格上的特点，分析家庭生活、劳动生活和文学生活在作家日记中的表现，以便更好地理解和把握《冰心日记》的体例特点和内容风格。

# 第二章　日记的文体风格

本章探究《冰心日记》及冰心同时代作家日记在语言、体例、表达和风格上的特点。将《冰心日记》与冰心同时代作家日记互文阅读，才能更好地对《冰心日记》的文体风格予以定位。文言与白话相夹杂的语言形式、叙述与议论相结合的体例形式、真实与隐晦并存的表达方式，以及集体主语与朴素平实的风格，是冰心等作家日记的文体特点。

## 第一节　文白相夹的语言特点

《冰心日记》中冰心的语言呈现出文言与白话相结合的特点。冰心出生的年代决定了她受到中国传统文化和新文化的双重夹击，既受到中国古典文学的影响，又受到五四新文化运动的洗礼，新旧文化熏陶使其既有深厚的古典文学功底又具有较为开放的文化视野。一方面，冰心在日记中引用古诗词、创作古体诗，追求精练、简洁、隽永的语言表达，文言化的语言特点显示出作家深厚的古典文化修养；另一方面，日记文体的随意性、冰心对现代白话语言的积极践行、在日记中对人民群众日常生活语言的使用，造就了日记语言的白话特点。冰心的成长环境、教育背景，以及新中国的文艺政策、政治要求，共同影响了冰心的语言表达，表现在日记上便是文白相夹的语言特点。

## 第二章　日记的文体风格

《冰心日记》的语言特点，是冰心同时代作家日记的共同特点，同一时代环境决定了作家在日记语言上的统一性。

### 一　日记语言的文言特点

冰心及同时代作家的日记在语言上的第一个特点，是语言的文言化色彩，具体表现在以下两个方面。

（一）使用文言字词

《冰心日记》在语言上的文言化特点，首先表现为冰心在日记中使用文言字词。代词"余""其"，动词"系""抵""赴"，程度副词"甚""亦""尚"，时间副词"即"，关联词"故"，假设连词"若"，结尾语气词"也""耳""而已""矣"等是冰心在日记中经常使用的文言字词。如在20世纪50—70年代的冰心日记中，"系"字出现138次，表示判断动词"是"的意思；副词"甚"出现185次，表示程度"非常"的意思；副词"尚"出现39次，表示"仍然"的意思；副词"亦"出现104次，表示"也"的意思。文言字词在《冰心日记》中所占比例较高，现举例如下（下文引用日记原文中的着重号为笔者所加）：

> 苏州市容街道比无锡宽阔，寓所系从前苏纶纱厂招待所，亦颇精致。饭后少憩。至怡园（本顾家花园），小而曲折，假山、亭子等均好，雨中甚有幽致。再至玄妙观，大殿系石柱，坚固美观。又到师［狮］子林，因园中假山甚多，状如师［狮］子，亦有如蛙如蟹者，风景亦好。
>
> 晨六时，杰即起，我亦起，许大姐亦继起。7时半，吃面，甚可口。车中看两旁，树色青青，田野亦甚青绿。……甚好。树亦多，省交际处甚整齐。①

---

① 冰心著，王炳根编：《冰心日记》，1957年5月1日、1959年3月19日，第30、38页。

### 下编　冰心与同时代作家日记的互文研究

使用文言字词，不仅是《冰心日记》的语言特点，也是冰心同时代作家日记的特点。代词"余""渠""者""其"，动词"系""抵""赴"，程度副词"甚""亦""尚"，时间副词"即"，关联词"故"，假设连词"若"，结尾语气词"也""耳""而已""矣"等是叶圣陶、老舍、周作人日记中经常使用的文言字词。如叶圣陶1951年7月24日日记中，将"者""之""其""颇""亦"等文言字词串联起来记录了自己"竟日"（即"从早到晚"）的生活。冰心同时代作家日记中使用的文言字词现举例如下（着重号为笔者所加）：

> 大会期已近，筹备百端，余固无可尽力，然集会亦渐多矣。
> 唯今日大学教授，亦非甚闲，休养之愿，恐难实现耳。
> 竟日谈关于学习之事。明日余当作报告，已交代者期其彻底，心存顾虑者期其彻悟而交代。于今后小组长宜如何工作，提出办法颇多。下午，少数人来谈，亦无非关于学习之事。①
> 群众所以如此，盖有激而然，此中亦难免有坏人兴风作浪。
> 其时天色转阴，略有雾霭，故不觉其鲜艳。看红叶亦只是个名目，无非借此共同游散而已。②
> 连日购书甚多，颇欲将清人集部多收集些，以其甚有用也。
> 浑忘晚餐未进矣！不仅眼饱，腹亦饱了，甚是高兴！③
> 中午不能睡，仅偃卧一小时而已。下午续写报告约二小时，甚感疲劳。今天共成千字许耳。④
> 因其只是缩短而已，故重写亦不甚费事。⑤

---

① 叶圣陶著，叶至善、叶至美、叶至诚编：《叶圣陶集（22）》，1949年6月21日、1949年12月20日、1951年7月24日，第51、86、212页。
② 叶圣陶著，叶至善、叶至美、叶至诚编：《叶圣陶集（23）》，1976年4月5日、1976年10月26日，第334、407页。
③ 郑振铎著，陈福康整理：《郑振铎日记全编》，1956年9月15日、1957年2月28日，第461、494页。
④ 茅盾：《茅盾全集（39）（日记一集）》，1960年5月3日，第74—75页。
⑤ 茅盾：《茅盾全集（40）（日记二集）》，1979年7月31日，第623页。

## 第二章 日记的文体风格

下午无端易作,大为不快,唯有归之因缘运命而已,殆非死莫救也。

得耀明十九日信,云上月初所寄日记尚未到,此亦正是过于信任邮政之过也,记之可以作一教训。①

赴佛山民间艺术研究社参观。陈列各种灯,极可喜。春色亦突出……有戏台,系李文茂起义处,亦为粤鉴定处。②

冰心等作家热衷于在日记中使用文言字词,常用代词指代前面已经出现过的人物或事物,以避免重复;在使用动词时,常用文言的单音节字代替现代汉语的双音节词,如"抵""赴";陈述句句末常用"耳""也"等结尾语气词,表达肯定语气。文言字词的使用,显示了古典文言语言对冰心这一代作家的深远影响;文言字词使日记行文简约精练,日记充满古雅色彩。

(二)引用古诗词、创作古体诗

冰心及同时代作家对古诗词都有浓厚的兴趣,自幼受古诗词的影响,具有深厚的古典文学修养。

第一,作家高度肯定了古典诗词的价值。冰心五岁时就在母亲的帮助下认字、读书,读遍了《三国志》《水浒传》《三国演义》等古典名著:"古人供给我们丰富的可供利用的古诗、古文、古词作为蓝本、材料,倘若不能领略享受,真是太对不起了!"③周作人在古诗词的历史悠久方面肯定了中国传统古诗词的价值,"后世的诗文比起古代的来,实在要差得多了"④。周作人喜爱读古诗词,晚年时仍

---

① 周作人著,鲍耀明编:《周作人与鲍耀明通信集(1960—1966)》,1961年8月20日、1964年5月25日,第75、322页。
② 老舍:《老舍全集(19)(日记·佚文·汉语教材)》,1962年3月20日,人民文学出版社2008年版,第144页。
③ 冰心:《寄小读者·通讯二十三》,载卓如编《冰心全集(第二册)文学作品(1923—1941)》,第82页。
④ 周作人:《今不如古》,载周作人著,钟叔河编《周作人文类编3(本色 文学·文章·文化)》,第516页。

### 下编 冰心与同时代作家日记的互文研究

请友人帮买诗集,"承其代买《中华饮酒诗选》,不胜感激"①;喜爱陶渊明的诗歌,"文不多而均极佳"②。郑振铎认为古诗词含蓄优美、情感隽永,"诗歌是最美丽的情绪文学的一种。它常以暗示的文句,表白人类的情思,使读者能立即引起共鸣的情绪"③;赞扬《诗经》:"这个古代的诗歌总集所包含的是那末丰富的文学的与历史的珠宝啊!"④

第二,作家将古诗词作为建设中国现代文学的必要前提。冰心认为"作家能无形中融会古文和西文,拿来应用于新文学,必能为今日中国的文学界,放一异彩"⑤;新文学作者要学习元曲"善引用旧诗词,或融化无迹,或一直抄写"⑥的优点。老舍将古诗词作为丰富现代词语,促使现代语言优美的重要材料,"古人留下来的东西多是千锤百炼的。我们从这里面学习,可以使我们认识我们语言的特质"⑦;认为提高现代青年作者的文学修养的方式之一是"请一批老先生教教诗词歌赋"⑧。作家在阅读大量古诗词的基础上积累了丰富的古典文学知识,以简练、隽永的语言开启了中国现代文学写作的发生。浓厚的古诗词兴趣、丰富的古典文学积累,提高了冰心等作家自如运用和创作古体诗的能力。

在日记中,冰心、郑振铎热衷于引用古诗词或历史典故;茅盾、老舍、田汉则喜欢在日记中创作古体诗,用古诗的形式表达时代的见闻和感受。

---

① 周作人著,鲍耀明编:《周作人与鲍耀明通信集(1960—1966)》,周作人致鲍耀明信,1964年11月29日,第363页。
② 周作人:《非正统的儒家(我的杂学之四)》,载周作人著,钟叔河编《周作人文类编2(千百年眼 国史·国粹·国民)》,第5页。
③ 郑振铎:《何谓诗》,《郑振铎全集(3)(杂文、文学杂论、〈汤祷篇〉)》,第460页。
④ 郑振铎:《伐檀篇——"诗经里所见的古代农民生活"之一》,《郑振铎全集(3)(杂文、文学杂论、〈汤祷篇〉)》,第665页。
⑤ 冰心:《遗书》,载卓如编《冰心全集(第一册)文学作品(1919—1923)》,第435页。
⑥ 冰心:《元代的戏曲》,载卓如编《冰心全集(第一册)文学作品(1919—1923)》,第577页。
⑦ 老舍:《文学语言问题》,《老舍全集(17)(文论)》,第711页。
⑧ 老舍:《学一点诗词歌赋》,《老舍全集(18)(文论·工作报告·译文)》,第170页。

## 第二章 日记的文体风格

冰心、郑振铎常在日记中引用古诗词。"由于受诗不知不觉的陶冶，对诗的表现方式和技巧有了某种直接性领悟"，因此当作家面对自然景色或触及个人兴趣时，会有"借助诗的形式和节奏表达自己思想感情的愿望"[①]。冰心多通过引用古诗词来描写景色、抒发感情；郑振铎日记中对古诗词的摘抄，体现了郑振铎对古代俗文学的关注兴趣和研究热情。

冰心的1957年江南考察日记是冰心当代日记中引用古典诗词最集中的部分。历史古迹、风景名胜触发了冰心细腻的情感，古迹中的古诗词、历史典故成为冰心描述景点、抒发感情的通道。冰心在考察手工业合作社的间隙，游览了南京、扬州、镇江、无锡、苏州等地的代表性景点，并在日记中抄写楹联、记下典故。在扬州的一个小桥上，同行记者单于听到冰心看着桥下的流水低声吟诵着"念桥边红药，年年知为谁生"的诗句[②]，冰心通过默念诗句来追怀历史，表达今昔对比的感慨。参观龚家花园时，冰心记下龚家花园原主人龚易图晚年时在家中撰写的对联"百年无事但饮酒，五岳归来不看山"。离开镇江，坐小船东下，一路看见金山、焦山，冰心联想到狄楚青诗句"独立中流喧日夜，万山无语看焦山"。在扬州，冰心抄下史公祠里史可法衣冠冢处的楹联"数点梅花亡国泪，二分明月故臣心"，记下登山时听到的关于盐枭徐宝山的故事；参观历史古迹隋炀帝迷楼旧址鉴楼；参观个园，了解个园的历史发展及改建情况。在镇江，参观江天一览亭，记下典故，"慈寿塔系为慈禧六十寿建，此寺源于东晋，每代必毁于兵火，旁有法海洞，又有白龙洞，有白石刻青白二蛇女像"[③]。在无锡游览鼋头渚，冰心在日记中写道："真是久闻大名了，岸有康有为写'横云'二字。上山至广福寺，有一联别致之至，曰：'唤起淡妆人，更何必十分梳洗；商略黄昏雨，只可惜一片江山。'"[④]冰心称之为

---

① 王光明：《王光明讲现当代诗歌》，湖南教育出版社2012年版，第3页。
② 单于：《随冰心先生视察》，《世纪》1995年第6期。
③ 冰心著，王炳根编：《冰心日记》，1957年4月26日，第27页。
④ 冰心著，王炳根编：《冰心日记》，1957年4月28日，第28页。

下编　冰心与同时代作家日记的互文研究

"别致之至",是因为此联是从姜夔四首不同的诗中各选一句集成的新联:"唤起淡妆人",源自《法曲献仙音》;"更何必十分梳洗",源自《解连环》;"商略黄昏雨",源自《点绛唇·丁未冬过吴松作》;"只可惜一片江山",原词作"最可惜、一片江山",源自《八归·湘中送胡德华》。在陶朱阁,冰心记下闽县陈永修一联,"家国恩仇归一舸,湖山形胜占三吴"。在传说中祝英台读书的地方"碧鲜庵"游览,冰心记下英台阁门内的对联,"结个茅庵留客住,开条大路与人行","此寺玉林祖师曾召顺治来出家受戒,庆殿后有两石轮(万行门)记之甚详"①。在苏州,游览天目山,从尚义园入,记下明代书法家祝枝山的对联,"老树阴浓新雨后,空山籁静夜禅初"及尚义园楼上的对联"万笏皆从平地起,一峰常插白云中"。经天平山墓地至灵岩寺,在东阁小坐时,记下壁上清代书画家苏六朋的对联,"叠鼓夜深垂灯春浅,写经窗静觅句堂间"。古诗词"常在一定的环境中,说出你心中要说的话"②,名胜古迹中的楹联、典故,揭示了历史发展的历程,是冰心描述景点、表露内心情感的途径。

将古典文学、古典诗词中的词语、诗句、章法融汇到文学创作中,也是冰心当代文学作品的特色之一。站在长城上,看着长城被岁月侵蚀的斑驳印记,想到了过去"秦时明月汉时关,万里长征人未还"的战乱频仍,也想到诗句"将军白发征夫泪"所表达的征夫们的痛苦生活(《再到青龙桥去》)。来到十三陵水库的建设现场,看到工人们的帐篷和明月,想到了杜甫《后出塞五首·其二》中的"落日照大旗,马鸣风萧萧"的诗句,用古代威严雄壮的军容气势表现新生活建设的豪情与气势。曾经"蓬断草枯,凛若霜晨,鸟飞不下,兽铤亡群"的古战场,迎来了改造自然的大军(《古战场变成了大果园》);十三陵水库的建设把"衰草悉烟,乱鸦送日,风沙回旋平野"的衰飒塞北,变成了"龙头舴艋吴儿竞,笋柱秋千游女

---

① 冰心著,王炳根编:《冰心日记》,1957年4月30日,第29页。
② 冰心:《寄小读者·通讯十四》,载卓如编《冰心全集(第二册)文学作品(1923—1941)》,第49页。

## 第二章 日记的文体风格

并","曲岸持觞,垂柳系马","开帘送酒,临水悬灯"的明媚江南(《塞北变江南》)。除了品评国内的新建设,冰心还用古诗句品评新文艺。用"采采流水,蓬蓬远春"与"落花无言,人淡如菊"表现刘白羽与杨朔在散文追求与风格之间的不同(《〈海市〉打动了我的心》);"鸳鸯绣罢凭君看,不把金针度与人"的诗句,把"金针"比喻成文学创作技巧,用来说明儿童作家掌握创作技巧的重要性。在语文的学习上,冰心用"工欲善其事,必先利其器"号召孩子们养成良好的语文学习习惯;用"好书不厌百回读"教导儿童要熟读经典作品;用"青出于蓝而胜于蓝""冰生于水而寒于水"的诗句表达对孩子们的期望(《漫谈关于儿童散文创作》)。冰心还常把古诗句与今诗句结合归类,表现人们的工作生活和精神状态。看到纷扬的大雪,冰心联想到四大名著里有关雪的诗,最后落脚到毛泽东《沁园春·雪》上,表达对祖国壮丽山河的赞美(《雪窗驰想》)。"将古典诗词与眼前的美景融会揉〔糅〕合,使两者两相参证,如入自然之图画、诗词之境界,更是冰心的生花妙笔的神形兼备之处。"[①]

与冰心常在描写景色时引用古诗词不同,郑振铎日记中对古诗词的引用多与关注的兴趣或工作任务有关。郑振铎对古诗词的引用和摘抄,寄寓着郑振铎的文学趣味及审美情趣,显示了郑振铎对古典俗文学诗词的喜爱和重视。

郑振铎重视中国古代传统文化,热衷于购买、收集、研究不被收藏家重视的古典俗文学作品。在郑振铎看来,"俗文学"就是通俗的、民间的、大众的文学,"就是不登大雅之堂、不为士大夫所重视,而流行于民间,成为大众所嗜好、所喜悦的东西"[②],而"不登大雅之堂"民间诗歌的小调里"往往有最珍异的珠宝蕴藏在那里"[③]。古典俗文学中的民间诗歌是郑振铎收集、整理、研究的重点之一。日记中,

---

[①] 范伯群、曾华鹏:《冰心评传》,人民文学出版社1983年版,第213—214页。
[②] 郑振铎:《中国俗文学史》,《郑振铎全集(7)(中国俗文学史)》,第1页。
[③] 郑振铎:《明代的时曲》,《郑振铎全集(5)(中国文学研究)下》,第177页。

### 下编　冰心与同时代作家日记的互文研究

郑振铎常记录收集古代诗歌的辛苦与快乐，记录编目、版本比较、诗歌研究的过程和心得，记录对待古书的态度和建议。到隆福寺书肆买来明刊本《四堂诗汇》、清初刊本《宋元诗善鸣集》等古书，"到来熏阁，选购古书不少，多半是残本。《昙花记》、《颜氏家训》及金丝罗纹印的《唐百家诗》四册为最佳"①；到北京图书馆看书，"抄了《诗慰》的全目而回"；"《石仓诗选》亦取来一束，却是沧海之一粟，万难配齐。写书衣题识数则。灯下观书，检书，不自知其苦辛也"②。此外，郑振铎还将查看古文物时看到的古诗词记在日记里。1957年4月至5月，郑振铎率全国政协考察团到陕西、甘肃等地考察。在1957年5月7日的日记里，郑振铎摘抄了《敦煌县志》中汪漋的《登沙州城楼，出郊看千佛洞墩台二首》（之一）及《游佛洞》、姚培和的《千佛洞》、苏履吉的《千佛灵岩》（敦煌八景之一）四首古诗。抗日战争时期，郑振铎不顾个人安危、投入大量的精力和财力收集古书、保护古书，"我们的民族文献，历千百劫而不灭失的，这一次也不会灭失。我要把这保全民族文献的一部分担子挑在自己的肩上，一息尚存，决不放下"③。中华人民共和国成立后，郑振铎将保护中国古代文学遗产的重任继续担在自己的肩上。

与冰心、郑振铎常在日记中引用古诗词不同，叶圣陶、老舍、茅盾等作家热衷于在日记中创作古体诗，句式工整、格律严谨的古体诗作品同样使日记语言充满文言化色彩。作家在日记中所作的古体诗，具有以下两个特点。

第一，作家创作的古体诗形式整齐，讲究节奏和韵律。节奏、韵律使古体诗读起来朗朗上口，有了音乐的美感。田汉为邻里写条幅就用了旧体诗的形式，"画家能为老骥吟，沧州回首战尘深，十年

---

① 郑振铎著，陈福康整理：《郑振铎日记全编》，1957年3月20日，第498页。
② 郑振铎著，陈福康整理：《郑振铎日记全编》，1957年1月11日、1月19日，第484、486页。
③ 郑振铎：《求书目录（1940年1月4日至2月5日）·序》，载郑振铎著，陈福康整理《郑振铎日记全编》，第92页。

第二章　日记的文体风格

未过荇桥去，犹有风沙万里心"①。全诗压 in 韵，每联七字，形式整齐。看完波兰文化部马佐夫舍歌舞团演出后，茅盾作旧体长诗②表达观后感受，全诗 19 句，共押五韵：一、二、十二、十三后半句"盛名鼎鼎震四海""歌声宛曼而慷慨""俊杰于今联臂来""万千贤路为民开"，押 ai 韵；四至七句押 ang 韵，"传统长""赖加强""再进舫""闹洋洋"；八、九句后半句"解唱此曲不离口""牵衣絮语情弥厚"押 ou 韵；十四、十六句"满园林""气象新"押 in 韵；后两句"文艺之交醇厚如酒""友谊天长地又久"押 ou 韵。1961 年 7 月 29 日至 10 月 16 日在内蒙古考察期间的日记，是老舍在日记中创作古体诗最集中的阶段。这期间，老舍在日记中创作的古体诗 38 首，有描写自然景点的诗歌，如《游红山》《大兴安岭》《达赉湖》《陈旗草原》；有表现文艺活动的诗歌，如《安代舞一》《安代舞二》《二人台》《歌舞演员水晶花》；有表达考察、访问观感的诗歌，如《参观呼市博物馆》《保安屯访问》《访问卫生红旗户》。老舍日记中的诗歌《茂林公社》，"蒙汉同心公社强，三河骏马细毛羊，花开并蒂农兼牧，汗滴荒沙玉米香"，全诗押 ang 韵；《游红山》诗，"塞上红山映碧池，茅亭望断柳丝丝。临风莫问秋消息，雁不思归花落迟"③，结尾的字为"池""丝""息""迟"，全诗押 i 韵，句式整齐，塞上、碧池、茅亭、柳丝、雁、花等意象描绘出一幅秋初红山图。冰心在《老舍的散文》④一文中，引用了老舍的诗词《昔年》《今日》。老舍的诗歌《昔年》中每一句的结尾压 in 韵，"愁长记忆新""壮岁饱酸辛""荒野鬼为邻"；诗歌《今日》中每一句结尾压 ou 韵，"日夕百无忧""工农共戚休""笔扫旧风流""昂昂争上游"。善于创作古体诗，讲究语言的韵律感和节奏感，是老舍的语言特点。作家

---

① 田汉著，陈刚、季定洲等编：《田汉全集（第 20 卷）（书信、日记、难中自述）》，1965 年 4 月 11 日，第 357 页。
② 茅盾：《茅盾全集（39）（日记一集）》，1960 年 9 月 19 日，第 134 页。
③ 老舍：《老舍全集（19）（日记·佚文·汉语教材）》，1961 年 8 月 31 日，第 96 页。
④ 冰心：《老舍的散文》，载卓如编《冰心全集（第六册）文学作品（1980—1986）》，第 167 页。

下编　冰心与同时代作家日记的互文研究

在日记与公开文学作品中都强调语言的音调、韵律。"通过音调和韵律所表现的东西，不属于思想……逻辑学家认为无关重要的东西，对于语言中为了美而追求的意义来说，可能恰恰表现为重要的东西。"[1]

冰心及同时代作家在日记中强调语言的韵律。据叶圣陶日记，老舍与叶圣陶谈写作，共同推敲诗歌的用字和韵律，"老舍作记游之诗，邀余商量，共同推敲乃历二小时许"[2]。叶圣陶在评价剧作时强调语言的韵律和平仄。叶圣陶赞扬了锡剧演员姚澄的演唱"清楚而有韵味，表演亦极自然，能达感情"，但也认为锡剧与越剧的唱腔"皆平平而下，无抑扬之致。此则限于吴语区之语言，系此二种剧种之先天之弱点也"[3]；在与锡剧演员谈话时，叶圣陶提醒演员要辨字之声韵，"唱词总须注意平仄协调"[4]。日记中，老舍多次写自己读剧本的经历：到广播电台读《骆驼祥子》，到人民剧院读剧本，到青年剧院读《方珍珠》，到人民艺术剧院念稿。[5] 据北京人民艺术剧院欧阳山导演回忆，老舍将自己的作品念得抑扬顿挫，很受演员们欢迎。[6]

文学作品中，作家也谈及语言韵律性的重要。首先，作家强调音韵之美是中国古典文学的特色，新时代文学同样需要追求语言的音韵美。冰心在文风座谈会上说"音韵是中国文字的长处"，认为创作者要努力掌握音调的平、上、去、入；告诫青年作家创作时"要注意语言的音韵……不但会说，而且说得好听"[7]。老舍认为旧戏中的道白、

---

[1] ［德］弗雷格：《思想》，《弗雷格哲学论著选辑》，王路译，商务印书馆2006年版，第136—137页。

[2] 叶圣陶著，叶至善、叶至美、叶至诚编：《叶圣陶集（23）》，1961年9月9日，第286页。

[3] 叶圣陶著，叶至善、叶至美、叶至诚编：《叶圣陶集（23）》，1954年9月28日，第155页。

[4] 叶圣陶著，叶至善、叶至美、叶至诚编：《叶圣陶集（23）》，1961年5月22日，第224页。

[5] 老舍：《老舍全集（19）（日记·佚文·汉语教材）》，1950年3月23日、8月9日、8月11日、8月28日，第22、41、41、43页。

[6] 陈徒手：《老舍：花开花落有几回》，《人有病，天知否——1949年后中国文坛纪实》，生活·读书·新知三联书店2013年版，第73页。

[7] 冰心：《在文风座谈会上的发言》，载卓如编《冰心全集（第四册）文学作品（1958—1961）》，第8页。

第二章　日记的文体风格

评书中的散文,"都是有滋有味的说出来的,并不平铺直叙",新时代创作仍要"严格地追求音节声韵之美"①。其次,作家认为语言的韵律性是保证文学作品优美动听的重要因素。冰心赞扬泰戈尔的诗歌,"他的诗永远是那么美,那么清新,那么富有音乐性"②;老舍赞扬京剧《坐宫》的演出中女演员孟幼冬"其唱苍老有韵味,颇为难得"③。此外,作家为提高作品语言的韵律性提出建议。老舍作品具有"声调上的诵读性","老舍创作是现代京腔京韵文学的巅峰之作。他的文学语言读起来往往四声匀称,平仄和韵,配合着内容的情感变化,蕴含着音乐的律动"④。作为语言音乐性的典范,老舍对作家如何获得语言的音乐性提出了具体的建议:一方面,创作者要从古典著作中学习用字,做"文字的主人",学会"词汇的控制和运用"⑤的本领。只会用文字,并非最终目的,"文字用对了,意思都对了,声音好听不好听呢?你写的是文章嘛,得让人念起来有个腔调……让人念起来逻辑性很强,声音很美,这才是好的白话文。语言是有声音的"⑥。另一方面,老舍主张从生活语言中吸取新鲜生动、通俗、浅近的词语,"在自然中求其悦耳生动"⑦。冰心及同时代作家在文学作品中从中国文字音韵的意义、价值等方面强调语言韵律的重要性,并为提高语言的韵律性提出了具体的建议。

第二,作家在日记中多用古体诗表现时代内容。有的作家用古体诗来表达对国家建设的期待。叶圣陶日记中的古体诗表现了知识分子初入解放区的感受,以及谋划、建设新中国的愿望。1949 年二月底,叶圣陶与一批民主人士、文化界的人士化装成船员,秘密绕道香港到

---

① 老舍:《民间文艺的语言》,《老舍全集(17)(文论)》,第 603 页。
② 冰心:《西郊短简》,载卓如编《冰心全集(第三册)文学作品(1942—1957)》,第 498 页。
③ 叶圣陶著,叶至善、叶至美、叶至诚编:《叶圣陶集(23)》,1961 年 8 月 25 日,第 271 页。
④ 李玲:《老舍与北京现代文化》,《名作欣赏》2017 年第 10 期。
⑤ 老舍:《古文今用》,《老舍全集(18)(文论・工作报告・译文)》,第 39 页。
⑥ 老舍:《勤学苦练,提高作品质量——在大同市一个文艺报告会上的讲话》,《老舍全集(18)(文论・工作报告・译文)》,第 159 页。
⑦ 老舍:《我的"话"》,《老舍全集(17)(文论)》,第 307 页。

### 下编 冰心与同时代作家日记的互文研究

达解放区,参加即将召开的新政协会议。叶圣陶在日记中记录了他及同行人员在来行船上所和的诗作。① 叶圣陶诗句中有"翻身民众开新史,立国规模俟共谋";柳亚子的诗句中,"万夫联臂成新国,一士哦诗见远谋";陈叔通诗歌中,"纵横扫荡妖氛靖,黾勉艰难国是谋"。叶圣陶等知识分子的和诗中都有"谋"字,共同表现了知识分子希望通过共同谋划,以服务国家建设的愿望。

有的作家用古体诗表现时代生活。老舍的《茂林公社》《昭盟五三公社农民学校之一》等古体诗表现了人民公社。茅盾"为张家口宾馆写一幅字,临时凑句"②,"光芒冲天""震撼世界""气焰高""何坦荡"等字词里显示出鲜明的时代基调。

有的作家用古体诗来描写游览的景点或考察的见闻。1961年访问内蒙古期间,老舍与叶圣陶都在日记中创作了多首古体诗。老舍创作《游红山》《大兴安岭》《陈旗草原》描写看到的景色,"坡上林园坡下菜,课余学子摘甜瓜。菜圃桃园亦课堂,田间辛苦乐亲尝"等诗句描绘在内蒙古看到的农业生产景象。叶圣陶作诗"天似穹庐始信然,草原一碧望中圆。临风呼侣笑相语,到此真知覆载宽"③,表达内蒙古草原的广阔和自己初到内蒙古草原的兴奋。1961年8月2日日记中,叶圣陶详细、生动地记录了社员表演的套马之技;在8月3日的日记中,叶圣陶作七绝一首,"齐驰群马如涛涌,套马男儿若有神。马欲不羁终就勒,颠腾无奈扣缰人"④,诗中既写了林区马的奔腾,也写了社员套马技术的高超,对套马过程的描述充满动感,流露出叶圣陶观看套马表演时的惊叹和佩服。

有的作家用旧体诗表达文艺观念。老舍1963年写作古体诗《赠幼我》,诗中写道:"余钱买字画,斗室傲云烟,心悦为珍品,神游乐自

---

① 叶圣陶著,叶至善、叶至美、叶至诚编:《叶圣陶集(23)》,1949年3月1日—3月2日,第29页。
② 茅盾:《茅盾全集(39)(日记一集)》,1960年3月9日,第55—56页。
③ 叶圣陶著,叶至善、叶至美、叶至诚编:《叶圣陶集(23)》,1961年8月2日,第248页。
④ 叶圣陶著,叶至善、叶至美、叶至诚编:《叶圣陶集(23)》,1961年8月3日,第248页。

然，挑灯论笔墨，补壁识山川，儿女知欣赏，风流继万年。"① 幼我为现代医学家侯宝璋，曾是老舍齐鲁大学的同事和好友，与老舍一样酷爱文物、字画。1962年侯宝璋回北京后，将自己在海外搜集的文物分批献给国家，受到文化部、国家文物局的表彰。在这首诗中，老舍将字画视为"珍品"，并讲述了自己在字画中神游、论笔墨的惬意，充满怡然自乐之感。赠送给友人的诗歌《赠幼我》，其实也是老舍追求文艺、享受文艺的自我宣言。茅盾日记中的古体诗同样体现了茅盾的文艺追求。茅盾为电影美术片《小蝌蚪找妈妈》题词，在古体诗中，茅盾夸赞了作品原作者齐白石画的鱼虾"俊逸复清新"，并赞扬美术片集哲理、画意、诗情于一体，"此中有哲理；画意与诗情，三美此全具"②。茅盾为新编赣剧《西厢记》题诗，夸赞新编赣剧《西厢记》的胜处在于崔莺莺形象的塑造，"人物满堂谁最胜，柔情傲骨一崔娘"③，新剧作突破了过去剧作夸大红娘作用的表演方式，突出崔莺莺"柔情傲骨"的性格特点，具有敢与"前修论短长"的勇气。从茅盾创作的两首古体诗可以看出，茅盾重视作品的艺术表现力，认为主题与艺术兼顾的作品才是优秀的文艺作品；强调创作者要有突破前人定论的勇气，要在作品中表现出自己的艺术个性。日记中的旧体诗，暗含了老舍、茅盾的文艺态度和文艺追求。

朱光潜说："诗比别类文学较谨严，较纯粹，较精微。"④ 冰心等作家日记中对文言字词的使用和对古体诗的引用、创作，使日记语言简练、严谨、古雅，充满古典色彩。

## 二 日记语言的白话特点

白话语言的使用，是冰心及同时代作家日记语言的第二个特点。

---

① 老舍：《老舍全集（19）（日记·佚文·汉语教材）》，1963年3月23日，第179页。
② 茅盾：《茅盾全集（39）（日记一集）》，1962年4月25日，第302页。
③ 茅盾：《茅盾全集（39）（日记一集）》，1962年6月6日，第316页。
④ 朱光潜：《谈谈诗与趣味的培养》，《朱光潜读书与做人》，国际文化出版公司2014年版，第15页。

具体表现在以下三个方面。

(一) 日记文体的随意性

《冰心日记》及冰心同时代作家日记中语言的白话色彩，是由日记文体本身随意性的特点决定的。日记是写作者对日常生活的记录，在日记中记录日常生活、作息起居、家人生活、经历的事件、遇到的人事、心灵的感触等，是写作者与自我交流的一种方式。日记文体形式自由，不拘泥于固定的格式，日记为作家提供了随意使用语言、随意选择表达内容的空间。无论是对日记本的选择，还是对语言的运用、内容的择取，作家都是随意的。日记文体的随意性决定了作家不需要对日记的用字、结构、句式进行润色，不需要考虑字体是否工整、文字是否优美、结构是否条理、句式是否完善，只需要用生活化的语言、自己能理解的方式记录日常生活。日记文体的随意性、个体性，为冰心及同时代作家日记的白话语言特点提供了可能。

(二) 对现代白话语言的积极践行

进入当代文学阶段，现代文学已发展三十余年，现代白话语言发展更为成熟，作家对现代白话语言的使用更加熟练、规范。自新文化运动提倡白话文以来，冰心、叶圣陶、周作人、茅盾等作家努力克服传统文言语言的艰涩和西方欧化语言带来的影响，积极吸收现代白话语言的词汇、句式，践行文学革命"反对文言，提倡白话"的宗旨。周作人用白话语言创作新诗《小河》，被胡适称为"有一种新内容和新精神"，"打破那些束缚精神的枷锁镣铐"，"是新诗中的第一首杰作"[1]。1915年秋，叶圣陶应邀为商务印书馆编写小学语文课本，叶圣陶认为编写教材要用白话文，"小学国文教材宜纯用语体"[2]。作为白话运动的坚定支持者和现代文学的第一代作家，冰心等作家宣传白话文、践行白话文，自觉创作现代白话小说、白话散文、白话诗歌，为中国现代白

---

[1] 胡适：《谈新诗——八年来一件大事》，载陈金淦编《胡适研究资料》，北京十月文艺出版社1989年版，第371—372页。

[2] 叶圣陶：《小学国文教授的诸问题》，载叶圣陶著，叶至善、叶至美、叶至诚编《叶圣陶集（13）》，第9页。

话文的发展制定了模本,成为后代作家学习、模仿的榜样。流利、规范地使用白话语言,一直是作家们的追求;经过三十余年的文学努力,作家们的白话语言使用日益娴熟,日记中语言的白话色彩更加浓厚。

(三) 人民群众日常生活语言的大量使用

进入20世纪50—70年代后,冰心等同时代作家减少对欧化语、文言语、方言俗语的使用,有意识地学习人民群众的语言,作家的日记语言呈现出白话色彩。

20世纪40年代毛泽东的《在延安文艺座谈会上的讲话》发表后,解放区逐渐确立了通俗化、大众化的统一话语规范。"延安文学创建了现代中国文学的新秩序,并成为当代文学构造的雏形。"[1] 在解放区文艺规范基础上成长、发展起来的新中国文艺政策,同样要求知识分子过"语言关"。在新中国的文艺规范下,"消灭资产阶级政治与思想影响",知识分子过了"生活关、情感关、语言关",才能走向"最彻底的无产阶级文艺"[2]。

学习人民群众的日常生活语言后,冰心等作家的语言习惯有所改变。据冰心笔记记录,南开大学钱教授在座谈会上谈到了与人民群众接触后自己在语言上的变化,"对农民怎样招呼,平辈的大哥大嫂,长辈的大伯大娘,小的叫名字,要很虚心,两天后工作队反应'点头哈腰,满脸装笑,大娘大嫂,你早你好',之后很快学会了不论何时'吃过了吧'"[3]。学习人民群众通俗化、直白化的语言表达,是符合时代要求的话语模式。

时代环境的要求逐渐转化为冰心等作家的内在要求。冰心谈到自己过去的创作,"既没有表现劳动群众的情感思想,也没有用劳动群众所喜爱熟悉的语言形式"[4]。《宪法》草案颁布后,郑振铎认为"以

---

[1] 王本朝:《中国当代文学制度研究(1949—1976)》,新星出版社2007年版,第1页。
[2] 冰心笔记手本,1960年7月21日"周扬讲",现存于福建冰心文学馆。
[3] 冰心笔记手本,1964年5月28日"南开大学钱教授讲",现存于福建冰心文学馆。
[4] 冰心:《我是怎样写〈繁星〉和〈春水〉的》,载卓如编《冰心全集(第四册)文学作品(1958—1961)》,第158页。

深入浅出的语言文字来具体的生动的说明"政策并发扬宪法精神,是作家"目前重大的政治任务"①。老舍决定用通俗语言取代浮词滥调的语言,愿意跟老作家们"一齐下决心,给年轻人作个好榜样,认真学习,热诚的学习",进而走向"文艺新生命"②。除了从意识上审视过去的语言习惯,作家们还从实践上进行了改变。

冰心等作家改变过去的语言习惯,在日记中主要体现为两个方面。

一方面,冰心等作家有意识地学习文件中的语言。冰心从政治理论文件中学习语言,日记中,"有孙局长报告,甚有概括性,恨我文件不熟。午饭后,补看三篇文章,地名、人名才弄清楚一些"③。田汉在日记中记下焦裕禄精神,"'不为名,不为利,不怕苦,不怕死。'为祖国人民,为世界劳苦人民"④。对文件中语言的学习,使作家的日记呈现出鲜明的时代印记。

另一方面,作家有意识地学习人民群众的语言。冰心、老舍等作家在日记中记录了学习群众语言的经历或具体内容。

除了从文件中学习政治语言,冰心也学习群众的语言,"由四队队长姜秀万报告生产情形,其掌握理解政策的态度精神真是岿然不动、树木根深、风摇不动"⑤;冰心在1965年12月17日的"参观学习思想小结"中写道,"余江县白塔新集的水利局长邵华芳给我以很大的启发。他谈到《愚公移山》,说'愚公是一家一户,我们却有千家万户',这是我从来没有想到的","井冈山青年孙照英'关于毛主席慰问井冈山人,她因送牛奶没有见到伟大的领袖毛主席,她却坦然地自己安慰说,毛主席是来慰问井冈山人,也有我的一份',这样自己和集体已经融化在一起"⑥。冰心在霸县考察时,群众的热情和语言感染

---

① 郑振铎:《我们有了〈宪法草案〉了!》,《郑振铎全集(2)(诗歌散文)》,第344页。
② 老舍:《认真检查自己的思想》,《老舍全集(14)(散文·杂文)》,第474页。
③ 冰心著,王炳根编:《冰心日记》,1965年11月21日,第102页。
④ 田汉著,陈刚、季定洲等编:《田汉全集(第20卷)(书信、日记、难中自述)》,1966年2月7日,第439页。
⑤ 冰心著,王炳根编:《冰心日记》,1965年11月8日,第93页。
⑥ 冰心著,王炳根编:《冰心日记》,1965年12月17日"这一段参观学习思想小结",第119页。

第二章　日记的文体风格

了冰心,"贫下中农痛痛快快地谈自我革命、自觉革命,而我们本质不是如此,遮遮掩掩,没有他们那么［痛］快、那么彻底,那里头有阶级本质问题,农民提意见水平高,又概括又具体"①。此阶段的冰心日记中,多有对群众语言的记录,"贫下中农说'书记盖房,大队长买羊,贫下中农吃绝粮'"②;"农民生动语言:拉香盖臭、螺丝脑袋"③;"半截革命、说服教育……查上当,放包袱,团结对敌,你受苦时他为什么不找你?""带枪的敌人你看见了"④;"开大会时群众沸腾,尤其老年人身受其害者发言愤激,有人要打说政府不许打,说话中有人说'恨不得把你的麻子咬平了','人把咱村叫百亩恶虎村'"⑤。冰心还把学习到的语言运用到实际的交流中。在江西考察时,"晚饭后,许多人在门口打谷场上闲谈,我找北斗七星找不到,老俵说北斗要子夜以后才出现,这是一天文知识也"⑥。冰心到了江西,日记中就出现了江西方言"老俵",可谓践行了毛泽东在《在延安文艺座谈会上的讲话》中倡导的"我们的文艺工作者的思想感情和工农兵大众的思想感情打成一片。而要打成一片,就应当认真学习群众的语言"⑦的观点。

　　为创作《骆驼祥子》续集,老舍亲自去了解车夫们在新中国的处境和想法,老舍日记中附有"为创作《骆驼祥子》续集向车夫调查的资料记录",记录里写了车夫们日常交流的语言,"三民主义啦,怎么打人?""八路军是穷人的党,分土地,对我没坏处。""以前是老爷,太太,现在是同志,老大爷,叫爷爷抱上来,谢谢爷爷。服务态度好","处处不养爷,爷就投八路"⑧,老舍日记中车夫们的语言,更符

---

① 冰心著,王炳根编:《冰心日记》,1964 年 6 月 2 日,第 86 页。
② 冰心著,王炳根编:《冰心日记》,1964 年 5 月 25 日,第 82 页。
③ 冰心著,王炳根编:《冰心日记》,1964 年 6 月 2 日,第 86 页。
④ 冰心著,王炳根编:《冰心日记》,1964 年 5 月 29 日,第 84 页。
⑤ 冰心著,王炳根编:《冰心日记》,1964 年 6 月 3 日,第 86 页。
⑥ 冰心著,王炳根编:《冰心日记》,1965 年 12 月 1 日,第 109 页。
⑦ 毛泽东:《在延安文艺座谈会上的讲话》,载中共中央文献研究室编《毛泽东文艺论集》,中央文献出版社 2002 年版,第 52 页。
⑧ 老舍:《老舍全集(19)(日记·佚文·汉语教材)》,第 206—209 页。

· 191 ·

合底层劳动人民的真实想法,透露了车夫们朴素的生活愿望。

冰心、老舍等作家从生活中接触、学习群众的语言,并将学到的语言运用到日记和实际创作中。

日记文体本身的随意性、作家对现代白话语言的实践,以及作家对人民群众日常生活语言的自觉学习,使冰心等同时代作家的日记充满白话色彩。

总体而言,古典文言与现代白话不是非此即彼的关系,而是兼容地并存于冰心及冰心同时代作家日记中,日记语言呈现"文白相夹"的特点。时代环境和作家们的语言习惯,共同影响了作家日记的语言特点。作家既有意识地学习体现时代环境的文件中的语言和人民群众的语言,改变古典语言的艰涩和欧化影响,使文字通俗易懂,又习惯性地、下意识地运用文言字词、欧式句式,冰心日记中"有奥地利代表送礼给我代表""有对联在石柱上"[①] 等状语后置正是受英语句式的影响。白话语中加入文言字词、古典诗词,使日记语言古朴、简练、典雅;日记中白话语言的使用,又使日记呈现出随意性、生活化的特点。

## 第二节　叙议结合的体例特点

冰心及同时代作家的日记在体例上呈现叙议结合的特点。作家在日记中叙述自己的生活起居、生活见闻、经历的事件、接触到的人,也会对看到的文学作品、遇到的人物或事件发表看法。从日记中的叙述中,可以了解冰心等作家的身体状况、考察中的见闻、经历事件的发展过程;从日记的议论中,可以了解作家对社会生活、政治事件、文学作品的态度。在日记内容简略或详细的叙述、议论中,暗含了作家的关注兴趣和精神需求。叙议结合的体式,使日记既充满生活气息,又拥有了思想内涵。通过与冰心同时代周作人、

---

[①] 冰心著,王炳根编:《冰心日记》,1955年7月8日、1955年11月23日,第4、14页。

郑振铎、田汉等作家的日记比较阅读，可知《冰心日记》属于"日程式"日记，在叙述、议论上有详有略，"简略式"日记与"铺排式"日记并存。

## 一 "日程式"日记和"片段式"日记

以作家日记是否按时间轴叙述、议论，可将日记分为"日程式"日记和"片段式"日记。

（一）"日程式"日记

"日程式"日记，是指作家在记日记时，以时间为轴，记录早上、中午、晚上的日程。冰心、茅盾、周作人等作家的日记，属于"日程式"日记。在记录日程时，作家对每一时间段的着墨比较均衡，日记体式较为规律，呈现出模式化的特点。

冰心的日记属于"日程式"日记体例。冰心大都按照时间记录一天从早到晚的日程，如1960年3月4日日记就包含"晨""午""晚""夜"的时间点：

> 晨，听张省长报告，充分说明了发展的过程。午饭，有省方请客，与人大女代表朱早弟同桌，饭后睡了一觉。下午三时，座谈。晚饭后，看湖北炼钢、治水治山电影，还看了《万紫千红总是春》，很有意思。夜十二时，洗澡睡，睡得不好，屋子太热。[1]

冰心常常将时间精确到分，如"路上少睡，一搂［瞜］表为12：20"，"12时34分，离上海"，"2时26分午睡……他们10：25分走"[2]，日记显示出鲜明的记录日程的目的。

茅盾日记体式通常为：早上起床时间、回顾前夜睡眠状态；上午工作内容；中午休息时间、休息状态；下午工作内容；公务活动内容

---

[1] 冰心著，王炳根编：《冰心日记》，1960年3月4日，第59页。
[2] 冰心著，王炳根编：《冰心日记》，1955年7月28日、1955年11月18日、1965年12月12日，第9、12、115页。

## 下编　冰心与同时代作家日记的互文研究

（晚上有公务活动时），阅读书籍（晚上无活动内容时），睡眠时间。茅盾睡眠不好，日记中往往会略为详细地记录睡眠状况。比如：

> 今晨四时许醒来，半小时后犹未成眠，乃加服 M 丸一枚，又阅书，半小时乃入睡。六时又醒，六时半起身，做清洁工作等如例。上午阅报、《参资》，处理杂事，中午小睡一小时。下午赴人大出席小组会，五时返家。晚阅书至九时半，服药二枚如例，于十时半入睡。[①]

茅盾的大部分日记是按照这一体式进行写作，但也时有变动。作为文化部部长，茅盾的许多时间被切成片段，工作任务往往精确到某一时间点；作为家庭中的一员，茅盾还会在日记中穿插谈及家人情况，但日记基本体例不变。

> 今晨六时许醒来，即未再睡。上午续写前稿，并将已写部分再加修改，因《文艺报》编辑部拟先发前半部分（约万二千字）也。十时赴国务院全体会议（在人民大会堂人大常委会），十一时列席人大常委会，听周总理报告最近国际形势（入侵古巴和老挝战争问题），一时回家。又续校改已成之稿，于二时半发出。二时赴机场欢迎老挝首相富马亲王及寮国领袖梭发那冯亲王。四时返家。晚阅电视一小时，又阅书至十二时，服药二枚如例，半小时后入睡。阿桑和小宁于今日晚间八时许到家，明日他们回乡下。[②]

周作人日记的体例多为：天气状况、早上做的事情、下午做的事情。周作人日记中记录的事情多为写信、收信、寄信、取包裹、友人

---

[①] 茅盾：《茅盾全集（39）（日记一集）》，1962年4月6日，第297—298页。
[②] 茅盾：《茅盾全集（39）（日记一集）》，1961年4月22日，第173页。

## 第二章 日记的文体风格

来访、看书与译书的工作情况等。日记中基本不涉及日常起居时间或睡眠情况,可见睡眠并未对周作人造成困扰。如周作人 1961 年 12 月 20 日日记:

> 晴,风,零四度。上午托丰一寄耀明信、石柏泉信。校稿至下午,约得十纸。托丰一往前门邮局取小包,付税三元六角,乃猪油罐头。晚又易作,真不知好歹,只好默然耳。得小门寄散人第九期一册。①

对于作家来说,作家在日记中以时间为轴记录日程,既能记录作家彼时的日常生活状态,又能起到"备忘录"的作用,茅盾晚年写《回忆录》、周作人写《回想录》时,"写回想录需查考"②,都参考了日记。"日程式"日记的规律性特点,也是作家生活规律的体现。"日程式"日记体例为后代研究者了解冰心等作家的日常生活起居、身体状态、工作过程等提供了研究资料。

(二)"片段式"日记

"片段式"日记,是指作家日记不以时间为轴进行写作,而是选取生活的片段或横断面,对有兴趣或较为关注的地方着力铺排、详细记录,对其他地方简写、略写或不写的日记体例形式。老舍日记、田汉日记就属于"片段式"日记体例。

老舍日记的内容较为简略,许多日记仅一句话。通常情况下,老舍并不按照时间顺序一一记录经历的事件,而是选取其中较为重要的时间片段进行记录。比如:

> 早为艺人演《方珍珠》。(1950 年 6 月 24 日)

---

① 周作人著,鲍耀明编:《周作人与鲍耀明通信集(1960—1966)》,1961 年 12 月 20 日,第 103 页。
② 周作人著,鲍耀明编:《周作人与鲍耀明通信集(1960—1966)》,1962 年 2 月 9 日,第 120—121 页。

下编　冰心与同时代作家日记的互文研究

早六时半起飞，飞较慢，九个钟头，午一时半抵莫斯科，住莫斯科旅馆。腰痛。（1959年5月16日）

"文联"主席团会议。（1962年4月16日）

下午人民代表视察，报告。（1963年10月17日）

除了与考察笔记写在一起的日记，老舍在日记中很少对见闻或事情进行铺排。老舍日记中很少涉及生活起居、天气情况、身体状况、家人情况，记录的重点多是与行政工作、文艺关注兴趣有关的事宜，如写作情况、参加的活动、见到的朋友、观赏到的剧作。老舍日记内容虽然简略，但当涉及通俗文艺作品或剧作时，老舍会在日记中简略地评论，显示出对通俗文艺作品的重视。老舍重视通俗文艺作品，源于老舍对其艺术魅力、宣传作用及文化意义的思考。老舍认为，通俗文艺集合了民间智慧，本身具有诗性和音乐美；通俗文艺简短、自由、通俗的特点，有利于新中国的文艺宣传，"曲艺是文艺战线上的尖兵。它最便于迅速反映现实，及时配合政治任务"[1]；发展通俗文艺也是继承中国优秀传统文艺的一部分，"没有艺术的国家岂不象一片大沙漠么？"[2] 老舍为中华人民共和国成立后河北梆子的重新兴起感到兴奋，欣喜地看到老太太打太平鼓、小姑娘打腰鼓，"这么一闹，有些已将失传的老节目就保存下来了，而且一定会经过加工有所发展"[3]。在日记中，老舍多次记录自己对通俗文艺的创作情况：写鼓词《别迷信》《鼓词与新诗》；写相声《隆福寺》《绕口令》，改写相声《菜单子》；写《曲艺作法》；写歌词《红灯舞》……日记显示了老舍对通俗文艺作品的喜爱和重视，并为通俗作品的演出投入热情和精力。将静态的文艺作品与动态的舞台艺术相结合，是老舍对自己也是对戏剧工作者提出的要求。老舍强调

---

[1] 老舍：《积极发挥文艺尖兵的战斗作用》，《老舍全集（18）（文论·工作报告·译文）》，第251页。

[2] 老舍：《十年百花荣》，《老舍全集（15）（散文·杂文·书信）》，第43页。

[3] 老舍：《越看越高兴》，《老舍全集（15）（散文·杂文·书信）》，第6页。

第二章　日记的文体风格

舞台表现，在欣赏演出时，老舍注意观察作品中的人物表现及舞台效果，并在日记中对观赏的剧作发表评论。

1950年日记中：

> 彦祥约看小翠花，气吞山河，不好，上座不佳。
> 晚看《莫斯科性格》，并无出奇处。演员很坏。
> 晚看《打金砖》。李少春不纯，袁世海不如侯喜瑞更老练。
> 晚看《白毛女》，只看一幕。粗糙，话太多，且说的不自然。既取旧形式，又不充分取其所长。话既不像白话，又不像戏口。家伙往往搅了唱。①

老舍日记内容简略，却对通俗文艺作品投入较多笔墨，从中可以看出老舍对通俗文艺作品的关注兴趣和重视力度。

田汉日记也属于"片段式"日记。田汉选取生活片段进行记录，或叙述事件，或表露心迹、抒发感情，很少按"早晚照应"的形式写日记，比如：

> 阴。看文件。写检查。抄第一部分。雪花稍飞即化，未到大楼扫雪去。②

"片段式"日记不追求日程记录的完整，从作家对生活片段的选取中可以看出作家的关注兴趣和关注重点，是研究作家思想的重要材料。

通过将《冰心日记》与老舍、茅盾等作家日记互文阅读，可知《冰心日记》属于"日程式"日记。

---

① 老舍：《老舍全集（19）（日记·佚文·汉语教材）》，1950年2月2日、2月11日、3月2日、5月25日，第12、14、19、31页。
② 田汉著，陈刚、季定洲等编：《田汉全集（第20卷）（书信、日记、难中自述）》，1965年2月18日，第336页。

## 二 "简略式"日记和"铺排式"日记

根据作家日记在叙述、议论上的详略,可将作家日记分为"简略式"日记和"铺排式"日记。《冰心日记》中的旅欧日记、福建日记、晚年日记等,属于"简略式"日记;江南日记、湛江日记、西南日记等,则属于"铺排式"日记。

(一)"简略式"日记

"简略式"日记,是指作家记日记时,不爱铺排事件,叙述、议论简略。冰心的部分日记属于"简略式"日记。如冰心1955年12月12日日记:

> 晨,在福州市委会开文教座谈会。中午回舍,有省团委来访,讨论演讲问题。午后,分组,在楼上开,有戏剧界发言。晚,有马平及三姊、五弟等来。夜林赶三送票看戏《周仁献嫂》。夜,十一时睡。[①]

老舍、周作人、冯雪峰等作家的日记也属于"简略式"日记。

老舍1950年6月1日日记仅五个字,"儿童节。休息。"1950年12月4—6日日记仅为四字,"'戏改'大会。"外出考察或文艺座谈时,老舍会将考察的见闻、座谈、参加人员发言的内容写在日记中,与其他阶段的日记相比较为详细,但也并非铺排。老舍1961年访问内蒙古期间的日记,如8月2日日记中记录了陈旗阿巴尔虎牧业公社的考察情况,日记记录了当地的气候,公社的牧民、牲口情况;8月4日日记中记录了海拉尔乳品厂的规模、乳品产量;8月16日日记里记录了哲里木盟石书记对哲里木盟情况的介绍……老舍将听到的报告简要记在日记中,主要是为写作积累材料。老舍"片段式"的简略日记里,却对通俗文艺作品投入了较多关注,显示出老舍对文

---

① 冰心著,王炳根编:《冰心日记》,1955年12月12日,第21页。

## 第二章 日记的文体风格

学创作的思考。

《冰心日记》属于"日程式"日记，但其中的旅欧日记等仍属于"简略式"日记，多是采用集中概括的方法简略记录经历的事件，点明事件却不具体铺排，叙述、议论简单。日记中点明了参加的活动，却没有具体记录活动的内容，叙述简略。简略的日记并不简单，作家对生活琐事的简略叙述中展示出作家的生活状况、思想状况和精神状态。

(二)"铺排式"日记

"铺排式"日记，并非指作家详细讲述一天的所见所闻，也不是以每篇日记字数的多少来确定；如果作家对某些事情、某些领域投入较多笔墨，叙述、议论详细，就属于"铺排式"日记。

冰心在写日记时，有时会用大量笔墨描写看到的景色，叙述听到报告的内容，说明考察、参观的内容。冰心的江南日记中有大量记录景色的句子，如冰心1957年4月30日日记中对"善卷洞"的描写：

> 同至善卷洞，有储烟水（储南强县长之女）引导，先至中洞，系狮象大场，形象极肖，上去为上洞，亦称云洞及暖洞，有云雾大场，有娲皇、盘古，池水最清，蝙蝠群飞，洞系储先生所布置，二年始成；转至下洞，亦称水洞，有九层池，并有松像（上洞有梅花，均系石钟乳），从水洞坐小舟，转三湾出来，水最深处有8.5尺，洞口有"豁然开朗"四字，上去有蝶亭，并有"碧鲜庵"，传系祝英台读书处。善卷寺倾颓已甚，石圆寺旁有英台阁，门内一联，曰："结个茅庵留客住，开条大路与人行。"此寺玉林祖师曾召顺治来出家受戒，庆殿后有两石轮（万行门）记之甚详。[①]

在参观、考察时，冰心会在日记中详细记录看到的、听到的内容。

---

① 冰心著，王炳根编：《冰心日记》，1957年4月30日，第29页。

· 199 ·

■ 下编　冰心与同时代作家日记的互文研究

如冰心1975年7月11日日记：

>　　到毛主席故居，灶屋有火塘，上面可挂木窗，吃饭屋梁上有燕窝，父母住屋有相片（主席父亲［19］20年故，母亲1919年故），主席长的［得］像母亲，主席在火塘旁给家人讲革命道理，家中有六位烈士：毛泽民（新疆），1896—1943.9，47岁；毛泽覃（江西），1905—1935，30岁；毛泽建（堂妹），1929年牺牲，毛大湘女将；杨开惠［慧］（1901—1930），29岁；毛岸英（1922—1950）；毛楚雄（泽覃之子）（1927—1946），19岁。此外有碓房、牛棚、猪栏等，后门柱头有三三三符号，前门也有。又到禾场及"毛氏公屋"，系毛家祠堂，主席发蒙处，坐前第二排外首座位。①

郑振铎、田汉、叶圣陶等作家的日记，属于"铺排式"日记。郑振铎日记中对古书整理、文物保护等事情着重记录；涉及出版、教育等工作时，叶圣陶往往在日记中花费较多笔墨。

郑振铎1957年5月6日、5月8日日记均有1600余字，除首尾句涉及天气情况、为家人写信等个人生活外，其余的内容均是对文物——千佛洞内洞穴的记录，既介绍了每个洞穴的编号、朝代、样貌，又谈及观看感受、保护建议，日记后还附有摘抄的县志、诗歌。郑振铎1953年12月9日日记2300余字，日记中记录了高尔基文学研究所9个研究部的名称及研究的内容，研究所工作人员的职称、人数，外文部主任谈到的内容，高尔基博物馆的历史、内部摆设，列举了莫洛瓦剧院工作人员提到的九个问题以及自己的回答……除了谈及工作上的事情，郑振铎还谈及旅居在外对家人的思念、因不满机程安排而引起的心理波动。观看电影后，郑振铎会在日记中详细介绍电影的主要内容，1953年12月7日日记中详细记录了芭蕾舞剧的三幕八场；在日记中记下会议提纲，1956年11月23日日记中记有"苏州文化界座谈

---

①　冰心著，王炳根编：《冰心日记》，1975年7月11日，第148页。

会提纲";购书时往往会记下得书的过程,1957年1月19日日记记下得书的过程、买书的价值、检书的辛苦……郑振铎日记内容丰富,既是涉及文物保护、古书收集及古书整理等方面的学理性说明文,也是涉及个人生活及状态的记叙文。

作为国家出版总署副署长,叶圣陶对教科书的编辑、出版工作往往详细记述。1951年9月24日日记中,叶圣陶看完泗原编写的工农中学教材,在日记中记录了阅读后的感受;查看《人民日报》送来的《标点符号用法》的校样,详细记录了《人民日报》对校样的严格规定,阐明对校样格式的看法、对出版界发展的期望。1951年10月12日日记中,叶圣陶详细记录了《图书评论》编委会会议召开后商讨的结果、自己对会议可行处及困难处的看法;铺排了《毛泽东选集》出版庆祝会会议的过程、解决的问题及即将开展的工作。

郑振铎日记显示了郑振铎对保护中国传统文化的一片深情,叶圣陶日记显示了叶圣陶对国家出版工作、教育事业投入精力之多。与日记中对工作内容的记录相比,郑振铎、叶圣陶等作家日记中对个人生活起居、家庭生活记录得较少,但仍能看出作家忙碌的工作状态和对亲情的无限眷恋。

日记"可叙可议,可歌可赋,可即兴记事,可浮想抒怀,长短不论,结构随便"①。日记形式是自由的,没有固定的规律,作家并非固定于某种日记体。《冰心日记》中"简略式"日记与"铺排式"日记并存。老舍的大部分日记是"片段式",但有时他也会按照时间轴的线索记录一天的事情,日记中也会有早上、中午、晚上等字样,但这种形式的日记较少,如1950年7月2日日记,"早到辅仁为毕业生演讲,午请叔超等吃承顺居。晚家宝请饭,有石挥";1962年4月2日日记,"早参观工艺陈列馆,有陶瓷,抽纱,嵌瓷,漆器,买柳烟咀[嘴]三个。午后休息,理发。晚看戏,潮戏:《五进酒》《判梁》李有存演,汉剧《斩子》"。冯雪峰的大部分日记属于"日程式"日记,

---

① 鲁开民等编著:《常用文体概要》,第335页。

"上午清洁。学习。上下午整天写、抄关于杜鹏程的材料"①；但在有的日记中也会简单记录生活的片段，如"欢迎咸宁地区慰问团"②。郑振铎日记是"铺排式"日记体例的代表，但"铺排式"是郑振铎日记的主要体例而非唯一体例，郑振铎有时也会简单地选取生活的片段进行记录，如"绕甲板一周。沐浴。夜，讲《红楼》"，"第二批人下午四时许到。近午夜，睡"③。日记体例的不固定，是日记文体随意性特点的体现，也是作家在日记中随心表达生活的体现。

总体而言，冰心等作家的日记有叙述，有议论，呈现出叙议结合的体例特点。作家叙述、议论的内容和布局，显示了作家的关注领域，使作家日记既充满生活气息，又拥有思想内涵。

## 第三节 真实与隐晦相结合的表达特点

研究界对日记的表达特点，持两种看法。一种看法是，"日记文体是最具民间性和最私人化的言说方式"④，写作者在私密的日记里记录个人生活，具有比公开文学作品可贵的真实性。另一种看法是对写作真实性的质疑。研究者认为，写作主体的主观性决定了写作者往往会刻意隐藏不愿为人所道的一面，日记并不能完全真实地展现写作者的内心。赵宪章的《日记的形式诱惑及其第一人称权威》、南帆的《论日记》、马龙闪的《戴着镣铐写日记》等论文，质疑日记的真实性。刘增杰从日记发掘、日记出版、日记内容真伪的辨析、日记内容阐释及学理性分析四个层面，针对日记文体的局限性提出了应对措施。⑤南帆在《论日记》中认为"日记同样不是放纵内心的场所，'超

---

① 冯雪峰：《冯雪峰全集（7）》，1969年1月8日，第222页。
② 冯雪峰：《冯雪峰全集（7）》，1970年1月17日，第245页。
③ 郑振铎著，陈福康整理：《郑振铎日记全编》，1955年3月1日、3月4日，第435页。
④ 赵宪章：《日记的私语言说与解构》，《文艺理论研究》2005年第3期。
⑤ 刘增杰：《论现代作家日记的文学史价值——兼析研究中国存在的两个问题》，《文史哲》2013年第1期。

## 第二章 日记的文体风格

我'依然存在"①。在《日记的私语言说与解构》中,赵宪章分析了日记文体的变体规律,认为日记作为闭合性文本,不可避免地从有序走向无序,"表现为无对话、无交流、无回应的自说自话"②,日记的解体和本义的消解成为必然,作者引用鲁迅日记和陈白尘日记质疑了日记文体的真实性;在《日记的形式诱惑及其第一人称权威》一文中,赵宪章认为"用日记形式所营造的内心独白是一个真切而诱人的雾瘴,以其'格式化了的记忆'诱惑读者的艺术想象"③。日记集真实性与隐晦性于一体,鲁迅、周作人都曾在文章中谈到日记文体真实与隐晦相结合的两面性。鲁迅在《马上日记》一文中,认为日记存在"有志在立言,意存褒贬,欲人知而畏人知"的"不像日记的正脉"④。周作人也说,"真相仿佛心中隐约觉到,但要写他下来,即使想定是私密的文字,总不免还有做作,——这并非故意如此,实在是修养不足的缘故"⑤。

通过比较阅读《冰心日记》及冰心同时代作家的日记可以发现,真实性与隐晦性于一体,是作家日记在表达上的共同特点。

### 一 隐晦的表达

当涉及人际关系或较为敏感的事件时,作家往往会采取隐晦用字、点到为止、叙而不论、后继说明或出版前删改的方式,使日记呈现出隐晦的表达特点。隐晦的表达可以隐藏个人想法中不愿为人知道的一面,进而达到保护他人、保护自己、减少不必要麻烦的目的,"富有象征意味地记录了知识分子在一个大转型的时代里呈现出来的另一种精神状态"⑥。具体来说,作家在日记里主要采用三种方式来进行隐晦的表达。

---

① 南帆:《论日记》,《哲思与想象》,福建教育出版社2020年版,第204页。
② 赵宪章:《日记的私语言说与解构》,《文艺理论研究》2005年第3期。
③ 赵宪章:《日记的形式诱惑及其第一人称权威》,《江汉论坛》2006年第3期。
④ 鲁迅:《马上日记》,《鲁迅全集(第1卷)》,第165页。
⑤ 周作人:《日记与尺牍》,载周作人著,钟叔河编《周作人文类编3(本色 文学·文章·文化)》,第210页。
⑥ 陈思和:《中国当代文学关键词十讲》,复旦大学出版社2002年版,第88—89页。

下编　冰心与同时代作家日记的互文研究

（一）隐晦的字词

当涉及他人利益、顾忌他人名誉或间接表达内心不满情绪时，作家有时会在日记中使用较为隐晦的字词，用"某"字代替他人名字。

郑振铎1945年9月22日的日记中写道："梦见寄存之书，为郭某偷去不少，大哭而醒，殊可怪也！"①此处的郭某，是日记里常常提到的郭墨林？"至郭墨林处看'俑'，价竟大昂，甚怪"，"郭墨林送俑十余件来，绝佳，很高兴！惟款尚未知从何处得到耳"②。是郭寿臣？"至郭寿臣处。观数唐俑及二汉银釉瓶，甚佳"，"偕森老至郭寿臣宅，看陶俑四十余件，绝佳者有二十余件，甚为高兴！惟价太昂耳"③。还是郭沫若？"方行来，谈甚久，计划为沫若出考古丛书事。"④"郭某"是谁，已无从知道。在当代日记中，郑振铎有时仍会用"某"字来代替他人的名字（下文着重号为笔者所加）。在1956年12月1日日记中，"座上闲谈了不少事，特别是关于某某二画家及某一词人事，谈得十分愤激。有一六十岁的老画家，竟因欲入画苑，拜吴某为师，大摆宴席，人间直无羞耻事矣！惨极！无用者可以化为有用。过去有历史污点者可以脱掉帽子，使其安心工作。但不宜即令之冠冕群伦。使正直之人寒心不平也"⑤。因所谈内容是涉及他人的负面事件，日记中的"某某二画家""某一词人""吴某"正是有意为之。

叶圣陶在日记中也会使用以"某"代替人名的方式。1961年，叶圣陶去四川考察、旅行，作为教育工作者，叶圣陶到多所学校听课。在新南门外龙江路小学，"听袁丽华老师教六年级语文，课文为《詹天佑》，教法颇不错"⑥；到新南门外第七中学听萧曼倩老师讲初中一

---

① 郑振铎著，陈福康整理：《郑振铎日记全编》，1945年9月22日，第251页。
② 郑振铎著，陈福康整理：《郑振铎日记全编》，1947年3月4日、1947年4月25日，第267、276页。
③ 郑振铎著，陈福康整理：《郑振铎日记全编》，1947年4月10日、1947年5月6日，第274、278页。
④ 郑振铎著，陈福康整理：《郑振铎日记全编》，1947年7月5日，第289页。
⑤ 郑振铎著，陈福康整理：《郑振铎日记全编》，1956年12月1日，第472页。
⑥ 叶圣陶著，叶至善、叶至美、叶至诚编：《叶圣陶集（23）》，1961年4月26日，第201页。

年级语文《延安求学的第一课》,"萧之范读甚佳,能使学生听而增进了解"①;听白敦仁老师教高三年级语文,"课文为胡绳所作之《又红又专为世界观的问题》一文。此是议论文,一般老师往往感议论文难教,而白老师讲得甚好,约言之,即如余平日所怀想,按作者之思路为学生指点之。要言不烦,思想内容与文章技法兼顾,学生静听一遍,必比自己玩索更多理会。余深佩之"②。叶圣陶认为三位教师的教法对学生理解课文深有帮助,作为语文教育者,叶圣陶给予了高度评价"余深佩之"。叶圣陶赞赏三位老师的授课方式,并将其名字写入日记,然而,当被听课教师的教法并不令叶圣陶满意时,"某"字便出现了,"某君教初一《公社的一家》,能讲说,而头绪杂乱,离开课文而提问,而发挥,此殆亦是一般情形"③。

或是顾忌对方的名誉,或是担心日记公布出来影响人际关系,无论是基于何种想法,郑振铎、叶圣陶都在用"某"字来消除负面事件对当事人的影响。每个人都会有自己的秘密或不愿意被他人知道的想法,"个人私密之'不可告人',很难说它就是污浊的、卑鄙的,而是个人与社会之间达成默契。'不可告人'之私密一旦曝光或外泄,于人、于己都会造成某种尴尬或伤害,本来正常的人际关系就会发生混乱"④。

(二)点到为止、叙而不论、后继说明

作家有时会在日记中采取点到为止、叙而不论、后继说明的方式,间接、隐晦地表达自己对事件的看法或不满情绪。

第一,作家在日记中表达看法时,有时会采用含糊其词、点到为止的方式。

冰心在日记中采用点到为止的方式表达情感。在贵阳考察时,冰心在招待所里倚窗外望,"灯火之中连对面那座破塔也很美了,灯光

---

① 叶圣陶著,叶至善、叶至美、叶至诚编:《叶圣陶集(23)》,1961年4月27日,第202页。
② 叶圣陶著,叶至善、叶至美、叶至诚编:《叶圣陶集(23)》,1961年4月27日,第202页。
③ 叶圣陶著,叶至善、叶至美、叶至诚编:《叶圣陶集(23)》,1961年4月28日,第203页。
④ 赵宪章:《日记的私语言说与解构》,《文艺理论研究》2005年第3期。

下编　冰心与同时代作家日记的互文研究

从窗棂中透出,圆形式长方形的花纹,甚至那污水沟也有倒影了,所以说光天化日之下,坏形象是藏不住的"①。冰心在日记中提到的"光天化日之下,坏形象是藏不住的",似有所指,又欲言又止、点到为止。点到而不说破的语言中,透露出冰心的顾虑。

茅盾日记中表达对梅兰芳纪念活动的看法时,没有直抒胸臆,而是用点到为止的方式,间接地表达内心的不满。1962年梅兰芳逝世一周年,一系列的纪念活动相继展开。1962年9月15日中国邮电发行了纪念梅兰芳逝世一周年的纪念邮票;中央新闻纪录电影制片厂制作了纪录片《梅兰芳》;1962年8月8日到11日,北京市文化局和北京市文学艺术工作者联合会主办了"梅兰芳逝世一周年纪念演出"……此外,有资料显示:

《人民日报》发表文章纪念梅兰芳逝世一周年,其中包括欧阳予倩的文章《追念梅兰芳同志》和郭沫若的诗《咏梅二绝》。

香港文化艺术界知名人士和梅兰芳生前好友举行座谈会,纪念梅兰芳逝世一周年。

8日,戏曲艺术家梅兰芳逝世一周年。上午,首都文艺界人士和梅兰芳的家人及生前好友共300余人前往北京西郊万花山梅兰芳墓地祭扫陵墓。下午,首都戏剧界90多人在文联礼堂隆重举行纪念座谈会,追念卓越的戏曲艺术家梅兰芳光辉灿烂的艺坛一生。中国戏剧家协会主席田汉、文化部副部长齐燕铭、艺术事业管理局副局长马彦祥和梅兰芳生前好友、文艺界著名人士老舍、姜妙香、徐兰沅、马连良、焦菊隐等,以及梅兰芳的子女在会上发言。齐燕铭的发言《学习梅兰芳同志——在梅兰芳逝世一周年座谈会上的发言》发表在《光明日报》1962年8月23日上。同日下午,上海市戏剧界集会纪念梅兰芳逝世一周年,周信芳、盖叫天、徐凌云、陶雄、杨畹农、魏莲芳等在会上畅谈了梅兰芳生

---

① 冰心著,王炳根编:《冰心日记》,1975年7月1日,第142页。

## 第二章 日记的文体风格

前对戏剧事业的贡献，并对如何继承发扬梅派艺术交换了意见。从8日起，北京和上海、南京、昆明、武汉、太原等地，分别举行梅兰芳逝世周年纪念演出。《北京日报》、《文汇报》等相继发表文章悼念梅兰芳。①

针对为纪念梅兰芳逝世一周年而举办的铺张活动，茅盾十分反感，"辗转思维，良多感慨"。在日记中，茅盾引用了翻译家罗稷南发表在简报（办公厅）71号的观点，并认为"罗论甚是"，赞同罗稷南的观点。② 罗稷南认为，纪念梅之逝世一周年的活动过盛，对历史题材的重视程度超越现实题材并非文艺发展之道，"又谓，近来名剧作家竟以历史题材相争鸣，好像现实生活的题材不被重视，与纪念梅做得过头，都非文艺之所宜云云"。除了引用罗稷南的观点以印证自己的想法，茅盾还在日记中补充了罗稷南所不知道的事情，"但彼不知，举办此事者，有大力者作后台，因非可以口舌争也"，并作诗一首，"知人论世谈何易，底事铺张作道场。艺术果能为政治，万家枵腹看梅郎"。茅盾认为，"有大力者作后台"，是纪念活动隆重的原因；大规模纪念梅兰芳的活动可谓"万家枵腹""底事铺张"；"艺术果能为政治"一句，可以断定是纪念梅兰芳活动是与政治活动相联系的，印证了日记中所言的"有大力者作后台"。然而，"大力者"是谁，茅盾在日记中没有说明。

第二，作家有时会在日记中采用叙而不论的方式，隐晦地表达内心的情绪。在日记中，郑振铎多次表示，"不知怎样定不下心来，写不出东西"，"已不能再写什么了。晚间不能做事，是一大苦事。不知担［耽］搁了多少应做的工作！此后应力加纠正！"③ 在日记中，郑振

---

① 张健主编，张柠本卷主编：《中国当代文学编年史（第3卷）（1960.1—1965.12）》，山东文艺出版社2012年版，第294—295页。
② 茅盾：《茅盾全集（39）（日记一集）》，1962年9月22日，第347页。
③ 郑振铎著，陈福康整理：《郑振铎日记全编》，1958年4月12日、1958年2月2日，第613、600页。

铎反思了自我，却没有道出"已不能再写什么了"的原因和具体所指，只能用叙而不论的方式间接地表达内心的想法。冯雪峰有时也在日记中采用叙而不论的方式。冯雪峰经常接待人员的来访，一般情况下，冯雪峰是以平静的心情接受来访，将来访人员的姓名、询问事宜写在日记中。"人事科叫去，有三人（过去来过）来质问……一人直接到办公室来问"[1]，冯雪峰在日记中对来访人员没有评论，却用"质问""直接到"等词语间接地表达了内心不满情绪。叙而不论，是作家隐晦表达内心想法的方式。

第三，作家有时会采用后继说明的方式，对日记中隐晦表达的原因进行说明。有的是作家在写日记时有意回避的，多年后对回避的原因进行说明。叶圣陶的《北上日记》记录了1949年年初离开上海，绕道香港到达解放区的经历。1981年，叶圣陶作《〈北上日记〉小记》回忆起那段生活，"香港成为当时的中转站，遇到的熟人有一百位左右，大多是受中国共产党的邀请，在那里等待进入解放区，参加政治协商会议的。跟我接头的记得是李正文，查一九四八年的日记却没有记载，可能是当时有意略去的。只十一月二日记了一句：'杜守素来，谈近事，致远方意。'十二月二十日又有一句：'觉农来，代远方致意'。'远方'指中国共产党"[2]。因北上是秘密行动，"以此行略带秘密性，防为人注意"[3]，叶圣陶和同行的其他民主人士化装成船员，并将能表露身份的日记、书籍、信件等寄存在船中隐秘之处。"有意略去"一些信息，是作家为防止暴露他人和自己信息的一种手段。有的日记是作家暂时回避敏感内容，后期进行补记说明。1976年10月8日，叶圣陶在日记中写道："临睡前听到可惊消息，今暂不之记。"[4] 10月18日日记又补记，"余八日所记之可惊消息，即指

---

[1] 冯雪峰：《冯雪峰全集（7）》，1968年1月20日，第197页。
[2] 叶圣陶著，叶至善、叶至美、叶至诚编：《叶圣陶集（22）》，第48页。
[3] 叶圣陶著，叶至善、叶至美、叶至诚编：《叶圣陶集（22）》，1949年2月26日，第26页。
[4] 叶圣陶著，叶至善、叶至美、叶至诚编：《叶圣陶集（23）》，1976年10月8日，第399页。

第二章　日记的文体风格

此事"①。叶圣陶解释了后继说明的原因,"闻之亦多,余惮于记之"②。因为"惮于记之",叶圣陶在最初听到"可惊消息"时只能选择在日记中"暂不之记",消息确定才敢于补记。后继说明,既减少了作家的顾忌,也追踪和补充了事件的发展过程和结果,保证了事件记录的完整性。

（三）出版前删减

作家日记在出版前的相应删减,是后人质疑日记真实性的原因之一。有的是日记出版前经过作家本人或作家家人审定后进行的删减。郑振铎日记的整理者陈福康在《整理者言》中说,郑振铎日记"只在很个别的有必要的情况下作了很节制的删节"③。叶圣陶的日记是有选择性地出版。叶圣陶的日记由其儿子抄写并出版,在《叶圣陶集·编后记》中,叶至善言,叶圣陶日记是按照以"出版总署和人民教育出版社的工作为中心,旁及他所参加的文化活动和政治活动"的原则进行出版,"在那五年多的日记中删去了将近两百天,绝大多数是星期天和其他休假日的。抄录下来的一千六百七十二天,也根据同一原则作了删节。如果一字不漏照录,字数大约会多出一倍"④。出版后的叶圣陶日记保留了与工作相关的政治活动、文化活动,却删除了与节假日有关的记录。叶圣陶1961年旅川期间的日记在1983年出版前由其儿子叶至诚抄写,"叫至诚把这一段日记抄了下来"⑤；在《旅川日记·小记》中,叶圣陶回忆并简单介绍了中华人民共和国成立后四次入川的经历,"以上四次入川,第一次日记比较短,日记中主要记事务；后两次到的地方多,涉及的方面广,日

---

① 叶圣陶著,叶至善、叶至美、叶至诚编：《叶圣陶集（23）》,1976年10月18日,第402页。
② 叶圣陶著,叶至善、叶至美、叶至诚编：《叶圣陶集（23）》,1976年10月18日,第402—403页。
③ 陈福康：《郑振铎日记全编·整理者言》,载郑振铎著,陈福康整理《郑振铎日记全编》,第10页。
④ 叶至善：《叶圣陶集（22）·编后记》,载叶圣陶著,叶至善、叶至美、叶至诚编《叶圣陶集（22）》,第464—465页。
⑤ 叶圣陶著,叶至善、叶至美、叶至诚编：《叶圣陶集（23）》,第240页。

下编　冰心与同时代作家日记的互文研究

记不免丢三拉四,有些部分还得作一些必要的整理"①。出版前"有些部分还得作一些必要的整理",可见出版后的日记与原始日记之间存在差别。

隐晦、谨慎地表达看法,是作家消除顾忌、自我保护的一种方式。无论是写作过程中对文字的隐晦处理,还是出版前对日记的删减,都说明作家在潜意识里有日记有朝一日会被流散的预设。"日记文本内部'隐身听者'的存在"②,"现实的读者缺席,但抽象的读者却永远在场"③,担心日记会被公开的预设,都有可能促使作家在书写日记时过滤内心真实的想法,采取较为含蓄、温和的方式叙述事件、抒发情感。

冰心及同时代作家日记中对隐晦字词、点到为止、后继说明、出版前删减等方式的使用,使日记呈现一定的隐晦性。

## 二　真实的表达

为了保护自己、保护他人,冰心及同时代作家有时会采取隐晦的方式谨慎、含蓄地表达对时代社会的真实想法,日记具有一定的隐晦性,但不能因此以偏概全,抹杀作家日记的真实性。作家日记的真实性不能否定,原因有以下两点。

(一) 作家坚守日记文体的私密性、真实性

作家具有严肃、认真的日记写作态度,坚守了日记的私密性和真实性。

一方面,作家坚守日记的私密性。有的作家虽然没有发表过有关日记理论专文,但却坚持写日记,努力坚持日记的私密性。苏雪林认为日记是"私人的档案,生前以备偶然检查之用"④,曾不止一次慎重

---

① 叶圣陶著,叶至善、叶至美、叶至诚编:《叶圣陶集(23)》,第240页。
② 赵宪章:《日记的私语言说与解构》,《文艺理论研究》2005年第3期。
③ 南帆:《论日记》,《哲思与想象》,第205页。
④ 苏雪林:《三十年写作生活的回忆》,载沈晖编《苏雪林文集(第二卷)》,第114页。

第二章 日记的文体风格

地交代学生,"务必在她死后,把日记烧掉"①,《苏雪林日记》是她在101岁高龄记忆力大半丧失的情况下糊里糊涂答应出版的。朱自清曾对夫人陈竹隐说"日记是不准备发表的"②。徐志摩早年日记历经失而复得的命运,近几年才整理成为《徐志摩全集》的一部分。郭沫若在出版日记《离沪之前》时曾删去一些"不关紧要和不能发表的事情"③,但却保留了一些也许会遭到后人诟病的个人私事,日记的真实性不能否认。

就本书所涉及的研究对象而言,作家们坚守了日记的私密性。郑振铎1927年5月21日至8月31日的欧行日记于1934年在上海良友图书印刷公司出版。郑振铎参加革命政权组织,为躲避当局的捕杀与残害,于1927年离开新婚三年的妻子,远行欧洲。郑振铎旅欧日记里记录了自己的学术抱负,也记录了自己对妻子高君箴的绵绵思念。《自记》中,郑振铎说,"原本只是写来寄给君箴一个人看的"。出版日记,一是因为穷,需要靠卖稿来缓解经济压力;一是希望通过出版来保存作品。作者承诺"绝对不是着意的经营,从来没有装腔作态的描叙"④。"绝对不是着意的经营"是郑振铎坚持的日记写作态度。冰心、郑振铎、茅盾等作家在生前都没有出版日记;直到作家去世后,日记才被发现、被整理。冰心的家人与冰心文学馆的工作人员从冰心遗物里发现了冰心的日记。⑤郑振铎逝世二十余年后,其家人才知道郑振铎的日记手稿存在于北京图书馆。⑥茅盾去世后,其家人在清理其遗物时发现茅盾几十本已经发黄的日记。⑦周作人在日记和书信中记录

---

① 唐亦男:《非常"另类"的苏雪林〈日记卷〉》,《中国文化研究》1999年第4期。
② 陈竹隐、李钢钟:《朱自清日记(1931.8.22—1931.11.3)》,《新文学史料》1981年第1期。
③ 郭沫若:《离沪之前》,《郭沫若全集(文学编)》第13卷,第272页。
④ 郑振铎:《郑振铎日记全编·自记》,载郑振铎著,陈福康整理《郑振铎日记全编》,第2页。
⑤ 王炳根:《尘封的美文——冰心的佚文与遗稿》,《书屋》2007年第9期。
⑥ 陈福康:《郑振铎日记全编·整理者言》,载郑振铎著,陈福康整理《郑振铎日记全编》,第5页。
⑦ 查国华、查汪宏:《茅盾日记·前言》,载查国华、查汪宏编《茅盾日记》,第3页。

下编 冰心与同时代作家日记的互文研究

了自己和家人的生活,在给鲍耀明的信中,周作人认为日记就是私人生活的记录,不愿将自己的日记公开,"需阅敝日记,兹已捡出民卅三年的一册,日内即可寄上,唯其中虽无甚秘密,因系私人记录,不愿公开,故祈勿示外人(尊府以外的人)至为感荷"①。日记是作家与自我的对话,包含着作家的私密生活和真实想法。作家对日记私密性的维护,暗示着日记内容的真实性。

另一方面,作家遵循日记文体真实性的特点。日记文体私密的性质决定了日记的真实性特点。日记的写作对象仅有作者自己,其他的只是潜在的甚至是假想的阅读对象。作家在日记中记录日常生活、身体状况、接触到的人物、欣赏到的景色,也记录了他们对时代社会、人情世故的看法。作家日记是对作家公开作品的有效补充,从日记中,我们可以看到作家的内心世界,"那些被时代的喧嚣之声所淹没的声音,恰恰具有可贵的个人性和独立性"②。当然,作家有时会在日记中采用叙而不论、后继说明等方式隐晦地记录生活、表达感想。无论何种形式,直率表达也好,含混隐藏也罢,都代表了作家们在特定情境下的所思所想,是作家在一定情境下思想的自然流露,即便有隐晦的表达,也是作家思想中的一部分,"真实地反映了作家个人彼时彼地的精神状态,也真实地反映了大变化中极为复杂的时代精神现象"③。作家有意或无意地采用隐晦的笔法或删改日记内容,也为我们了解时代环境、作家的精神状态等提供了宝贵的资料。从作家日记中,我们可以了解作家的处世态度、人际关系、心理状态、文学理想,私密的日记和公开的文学作品里所体现的思想共同构成了作家思想的全貌。

作家大多严守日记的私密性和真实性,他们也许并不在意的文字记录,为后代的研究者留下了珍贵的文学遗产。作家日记为后代研究

---

① 周作人著,鲍耀明编:《周作人与鲍耀明通信集(1960—1966)》,周作人致鲍耀明信,1964年4月3日,第313页。
② 陈思和:《中国当代文学关键词十讲》,第70页。
③ 陈思和:《中国当代文学关键词十讲》,第68页。

## 第二章 日记的文体风格

者还原时代历史现场，解读作家性格、文学风格和心理状态提供了许多新鲜、具体、感性和可贵的资源和视角。

（二）整理者保持日记的原样

作家日记的整理者努力保持日记的原样，是保证日记真实性的重要原因。整理者往往带着真诚的敬意，在将作家日记手稿转化为铅字的过程中，确保不改动、不添加，按照作家日记原有的内容和格式进行录入、整理，即使遇到看不清、看不懂的字也不主观推测，坚持日记原样的真实性。

整理者不添加、不改动作家日记，是保证作家日记原样性、真实性的重要步骤。郑振铎日记的整理者陈福康言，"为尊重和保持日记的原貌和真实性，本书的整理力求保持原样。一些字、词的写法，用现在的眼光看也许不规范，但能不改就不改"[①]。笔者参与了日记的整理工作，接触到冰心的日记手稿是宝贵的学习机会，认真、细心、客观地整理日记，是对作家的敬畏和最大的尊重。为确保《冰心日记》的原样性，整理过程中整理者完全按照日记原有的样式进行整理，不管是日记中出现英语单词、英语简写、法语地名，还是字词的重复、漏写，均按照原文整理、录入，遇到看不清的字在注释上进行说明，《冰心日记》主编王炳根说："整理时只做标点、断句、分段，文字一律保持原貌……保持日记者的书写与心灵的真实面貌，保持日记者真实的生命状态。"[②] 为了确保《冰心日记》录入、整理的准确性，冰心文学馆原馆长王炳根将录入稿与日记原稿进行比对，并做了最后的定稿整理。

冰心及同时代作家20世纪50—70年代日记在表达方式上呈现出真实性与隐晦性相结合的特点。直率的表达与隐晦的书写，是时代环境变化、作家心态变化在作家日记中的体现。

---

① 陈福康：《郑振铎日记全编·整理者言》，载郑振铎著，陈福康整理《郑振铎日记全编》，第9页。
② 王炳根：《冰心日记·后记》，载冰心著，王炳根编《冰心日记》，第475页。

下编　冰心与同时代作家日记的互文研究

## 第四节　集体主语与朴素平实的风格特点

集体主语和朴素平实的日记风格，是冰心同时代作家日记风格的主要特点。

### 一　集体主语的大量出现

"我们""大家"等集体主语的大量出现是冰心等作家当代日记在表现主体上的一大特色。冰心等同时代作家早年日记多表现"我"的日常生活；在当代日记中，作家除了表现作家个体"我"的生活外，"我们""大家"等集体话语在日记中大量出现。作家日记中"我们""大家""中国人"等集体性主语中内含着作家对自我身份的认知，具体表现为以下两个方面。

（一）外交关系中的"我们"

中华人民共和国成立后，作家在日记中常将与我国社会性质相同的社会主义国家称为"我们"，表达"我们"的友好关系和"我们"共同的政治态度（着重号为笔者所加）。

茅盾日记中：

> 相信再一个五年，就可以实现"人家有的，我们也有；人家没有的，我们也要有"的雄心宏图了。①

田汉日记中：

> 我们的态度鲜明而坚决，将有极大的国际影响。
> 我们能这样快制出氢弹是帝国主义所估计不到的。但我们在毛泽东思想指引下，就会出现这样的奇迹。这一爆炸对全世界震动

---

① 茅盾：《茅盾全集（40）（日记二集）》，1966年2月8日，第99页。

是极大的,对进行反帝抗暴斗争的亚非拉人民是绝大的鼓舞!①

1953年的波兰是社会主义国家,郑振铎记录了在华沙感受到的热情:

> 受到很热烈的欢迎(波兰人民对于中国人民的友谊是深厚的。)……波兰民族受苦难最深,故对和平的保卫工作,也感到最迫切。②

1955年,捷克是苏联的加盟共和国,捷克友好对待同为社会主义国家的中国。郑振铎在日记中写道:

> 今天的情绪热烈极了!捷克工人、农人的代表们、送礼者纷纷而来。③

《冰心日记》中写道:

> 捷克人对中国人极好,沿途有人要求签字。④

作家将政治性质相同的社会主义国家想象成统一的政治共同体,将自身定位为国际社会主义同盟中的一员。在涉及对外关系时,"我们"等集体话语大量出现,是新中国外交政策在作家日记中的体现,显示出鲜明的时代印记。

(二) 集体生活中的"我们"

日记中,作家常以"我们""大家"等集体代词为主语,表达集

---

① 田汉著,陈刚、季定洲等编:《田汉全集(第20卷)(书信、日记、难中自述)》,1965年1月25日、1967年6月18日,第318、495页。
② 郑振铎著,陈福康整理:《郑振铎日记全编》,1953年11月20日,第400页。
③ 郑振铎著,陈福康整理:《郑振铎日记全编》,1949年4月23日,第387页。
④ 冰心著,王炳根编:《冰心日记》,1955年7月3日,第3页。

下编　冰心与同时代作家日记的互文研究

体的考察生活、集体的工作环境。

1955年冰心的旅欧日记里，记录了中国代表团与印度、德国、印尼、日本、罗马、苏联等国家代表们联欢的场景。日记中的"我们""大家"等字词表现的是集体的行动和感情：

> 在新站并有女士勉励我们"为和平斗争"。
> 十时半开大会，戈登夫人开幕词中有小诗，十分动人，大家下泪。
> 九时又开会，通过致四大国外长书、致联合国书及大会宣言，资格审查委员报告，鼓掌如雷，大家拉手歌唱，绕场数周，丝巾挥动，情形热烈。
> 有斯丽曼夫人来送我们至机场，法国朋友如阿蒙、Dc lahmnm等均来相送，依依不舍。①

欧洲考察之前，中央政府对出访人员进行了两个星期的外事教育，如周总理关于出席世界母亲大会情况的介绍，陈毅副总理对国际形势的介绍，② 集体商定考察的注意事项、日程安排，为外出访问做了充分的准备；考察又是集体的行动，冰心旅欧日记里表现集体"我们"的生活和态度也就正常了。叶圣陶日记中，"老舍呼吁大家多为通俗文艺，天翼呼吁大家多为儿童文艺，皆切时要。余希望大家多多注意语言，虽亦切要，恐影响不大，唯希转变观念而已"③。"我们""大家"等集体主语的使用，是中华人民共和国成立后集体观念、集体活动的体现。

时代环境下的外交关系及对集体主义观念的强调，内化为作家的自我要求，并从日记中的集体话语体现出来。

---

① 冰心著，王炳根编：《冰心日记》，1955年6月30日、7月7日、7月10日、7月22日，第2、4、5、8页。
② 王炳根：《玫瑰的盛开与凋谢：冰心吴文藻合传（下编）》，第726页。
③ 叶圣陶著，叶至善、叶至美、叶至诚编：《叶圣陶集（23）》，1953年9月30日，第35页。

## 二 朴素平实的日记风格

中华人民共和国成立后，冰心及同时代作家们告别早年优美诗意的日记风格，日记呈现出朴素平实的写作风格。

冰心早年的日记还未发现，但她同时代作家（如田汉、郑振铎）早年的日记呈现出优美诗意的风格。日记虽然不是为了发表而进行的写作，"却具有某种潜性的文学因素"[1]，使作家无意带上某种倾向或目的。作家的早年日记语言典雅，充满诗情画意，抒情色彩浓厚。郑振铎早年日记《欧行日记》记录了在旅欧期间的见闻、感受，也记录了身在异地的乡愁和对妻子的思念。田汉的早年日记《蔷薇之路》记录了与恋人漱瑜甜蜜的爱情生活。冰心早年作品是明丽清新的，"古雅的文言文和洋派的西文完美地糅合在一起，形成了典雅、凝练而又明丽清新的风格特点"[2]，早年书信体散文《寄小读者》按时间顺序记录了冰心的见闻和个人生活，具有日记的形态，表现出优美诗意的文体风格。《寄小读者》有明确的接受对象，日常生活的记录里增加了语言的锤炼和情绪的渲染。冰心早年的日记在抗日战争期间丢失了，[3]从《寄小读者》中剥去为发表而进行的"包装"，我们大致可以想象冰心早年日记的形态：内容多是对"我"日常生活的书写，冰心个人语言的典雅、诗意的生活态度又使日记呈现出优美诗意的风格。

以田汉为例。将田汉的早年日记《蔷薇之路》与田汉的当代日记进行对比，可以发现田汉日记文学风格的变化。在早年生活中，田汉在日记中描景、独白，日记文字清新典雅、节奏舒缓、旋律悠扬，散文化、抒情化的语言里彰显的是田汉的古典情怀和诗意的人生态度。

---

[1] 陈思和：《潜在写作的文学史意义》，《新文学整体观续编》，山东教育出版社2010年版，第82页。
[2] 陈勇：《清丽典雅中西兼容精心熔炼——冰心体散文语言特点研究》，载王炳根主编《冰心论集（四）》（上册），海峡文艺出版社2009年版，第444页。
[3] 冰心：《丢不掉的珍宝》，载卓如编《冰心全集（第三册）文学作品（1942—1957）》，第84页。

下编　冰心与同时代作家日记的互文研究

　　想起那一带森林里，藏过我多少欢愉，多少郁闷，藏过我和漱瑜多少默祷，多少笑语。又想起那森林那边的钓鱼池畔，也留过我们多少风致悠然的记忆。又想森林这一边的秋叶庵里，更留过我和漱瑜及他友人多少妙绪横生的清谭，和我多少自然的歌咏，自由的画稿。这个心也不觉随着雨声在那里潇潇洒洒，历历落落。①

　　推开窗外雨板，日光同鸟语，同时跳到我的枕畔来……红的枫叶上，褐的无花果叶上，青苍翠的松柏叶上，绿黄的芭蕉叶上，嫩绿的蔷薇叶上，受着朝日的光都像点着无数的金蜻蜓、银蝴蝶似的。微风一吹，这些金蜻蜓、银蝴蝶在那些青绿红黄的色彩中间飞舞起来。同时庭前好像黄缎子起紫花的地面上，那些紫花也跟着在黄缎子上飞舞起来。看了真令人起"地上乐园"之感。②

　　果然一朵好花！外面的瓣全都开了，里面还含着苞，不肯轻易开放。颜色在粉红淡白之间，瓣端色稍浓，像美人的朱唇似的。近而嗅之，仿佛此身不在草木黄落雁南飞的天地，而沉醉于百花熳烂的芳园。苞上还残着几点宵来的宿露，战栗于薄寒的晨风中，如啼痕之未拭。大树的黄叶萧萧落下，因风飞过蔷薇，像蝴蝶之闻香而至。③

　　早年的日记中，田汉运用比喻、拟人、排比等手法写景描物，铺洒情感，与初恋爱人漱瑜强烈的爱情渗透其中，缠绵、眷恋中饱含着浓浓的幸福感。在上面所引的三则日记中：森林、钓鱼池畔、秋叶庵留下了两人默祷、笑语和悠然的记忆，田汉使用日光、鸟语、红色枫叶、褐色无花果叶、青苍翠的松柏叶、绿黄的芭蕉叶、嫩绿的蔷薇叶等一系列自然的意象，又运用比喻、拟人的手法，描绘了一幅美丽、

---

①　田汉著，陈刚、季定洲等编：《田汉全集（第20卷）（书信、日记、难中自述）》，1921年10月10日，第225—226页。
②　田汉著，陈刚、季定洲等编：《田汉全集（第20卷）（书信、日记、难中自述）》，1921年10月11日，第226—227页。
③　田汉著，陈刚、季定洲等编：《田汉全集（第20卷）（书信、日记、难中自述）》，1921年10月21日，第252页。

第二章 日记的文体风格

生机、烂漫、色彩浓烈的庭前百花图，具有平和冲淡的宁静之美；运用联想、通感的手法，日光、花朵飞舞，又使景物充满动感。即使着眼于"一朵好花"上，田汉也是通过细腻的感受，从花的颜色渐进、花苞上的寒露进行描写、联想，视觉、听觉、嗅觉来回转换、交错，比喻、拟人手法交织，寒露、晨风、黄叶仿佛都有了动感。此阶段，田汉正在日本东京求学，10月的东京已是深秋，"草木黄落雁南飞"的景象在作家眼中已然成为"百花烂漫的芳园"，衬托的是作家犹如"地上乐园"的幸福感。田汉在日记《蔷薇之路》中赞赏了李初梨的文章，认为他"心意之纯真，和感情之热烈"，并表明了他的文学观，"要得名文，当性格、境遇、事件都是文学的"[①]。对生活投入文学的思维和文学的情感，也是田汉早年的生活态度。细腻、敏锐的感受，多种修辞手法的使用，视觉、听觉、嗅觉多种感官的充分调动，自然意象、意境的描绘和塑造，田汉早年日记中呈现出优美诗意的文学风格。

《田汉全集》中的田汉当代日记，包括1965年日记，1966—1968年的日记残片，日记呈现出朴素平实的风格特点。田汉在日记中记录日常生活，仅有几次涉及天气或景色描写，但也没有铺陈：

  我们家会有好些香椿了。
  浇花木。芍药出来更多了。
  过乐寿堂海棠未开，芍药亦早，木兰却开得正好。杏花亦正热闹。
  与沅爬后山，一路上山花乱落，似乎寻春较晚了，但芍药还没有开。[②]

此阶段，田汉对日记的定位是"觉得日记应该多写点感想，像在

---

[①] 田汉著，陈刚、季定洲等编：《田汉全集（第20卷）（书信、日记、难中自述）》，1921年10月14日，第237页。
[②] 田汉著，陈刚、季定洲等编：《田汉全集（第20卷）（书信、日记、难中自述）》，1965年3月21日、3月24日、4月4日、4月11日，第348、349、355、357页。

大楼写思想汇报"①。田汉改变了早年日记的文学性表达，在当代日记中，或是记录会议内容，或是用日记记录思想动态，日记呈现出朴素平实的色彩。涉及景色描写时，往往点到为止，但对自然景物的细腻观察和含蓄抒情中，仍能隐约地感受到田汉的古典情怀和诗意心灵。时代环境影响了作家关注生活诗意的情调，日记呈现出朴素平实的风格特点。

集体观念盛行的时代环境，是促成冰心及同时代作家文学风格转型的外在原因。作家的文风转型，从日记的风格中体现出来。集体的写作主语和朴素平实的风格是冰心及同时代作家日记风格的主要特点。

总体而言，本章将《冰心日记》与冰心同时代作家的日记互文对读，探究冰心及同时代作家日记在语言、体例、表达和风格上的特点，旨在对《冰心日记》文体的整体概况有较为宏观的把握。在语言上，作家日记呈现文白相夹的特点。文言字词的运用、古诗词的引用和创作，使日记语言充满古典文言色彩；日记文体本身的随意性、作家对现代白话语言的实践，以及作家对人民群众日常语言的记录，又使作家日记呈现白话色彩。在体例上，叙述与议论相结合。以是否按时间轴逐一记录为标准，可分为"日程式"日记与"片段式"日记；以叙述、议论的详略为标准，分为"简略式"日记与"铺排式"日记。在表达上，作家日记隐晦性与真实性并存。隐晦的字词、点到为止、叙而不论、后继说明、出版前删除等方式的使用，使作家日记呈现一定的隐晦色彩；作家对日记文体的重视、日记整理者对日记原样性的坚持，又使作家日记充满真实性。在风格上，冰心及同时代作家在日记中大量使用集体主语，风格朴素平实。中华人民共和国成立后的时代环境和作家的语言、体例等表达习惯共同影响了作家的日记写作，两者的互动影响通过日记的语言、体例、表达和风格显现出来。

---

① 田汉著，陈刚、季定洲等编：《田汉全集（第20卷）（书信、日记、难中自述）》，1967年5月7日，第483页。

# 第三章 日记中的家庭生活

"不同的社会对于何为'日常生活'有着不同观点。然而,他们都大致将'日常'定义为日复一日所发生的事情,它们是那些源于寻常'却没有明显标志的事情'。"① 日常生活是"不计其数的平凡琐碎的事情"的结合,呈现"程式化和平庸世俗"的特点。② 20世纪50—70年代的文学语境中,"日常生活"概念是与革命、阶级等宏大历史相对应的生活模式,"大致是指那些平凡的、没有激烈的矛盾冲突的生活场景和事件,很多时候也包含着缺乏典型性、不反映社会'本质特征'的含义在内","始终处在一种被怀疑和被批判的地位"③。

"家庭生活"是"日常生活"的重要组成部分。家庭是基本的社会形体单位,黑格尔认为,家庭是国家、民族等社会形体产生的基础,是一个合乎伦理价值的统一共同体,"这里,在抽象所有物中单单一个人的特殊需要这一任性环节,以及欲望的自私心,就转变为对一种共同体的关怀和增益,就是说转变为一种伦理性的东西"④,亲情伦理是家庭的重要因素。在《辞海》中,"家庭"意为"由婚姻、血缘或

---

① [英]戴维·英格利斯:《文化与日常生活》,张秋月、周雷亚译,中央编译出版社2010年版,第11页。
② [英]戴维·英格利斯:《文化与日常生活》,张秋月、周雷亚译,第2页。
③ 冷霜:《日常生活》,载洪子诚、孟繁华主编《当代文学关键词》,广西师范大学出版社2002年版,第231—234页。
④ [德]黑格尔:《法哲学原理》,范扬、张企泰译,商务印书馆2017年版,第210—211页。

收养而产生的亲属间的共同生活组织"①；在《中国大百科全书》中，在明确家庭的婚姻关系、血缘关系或收养关系的同时，也强调了社会对家庭关系的影响，家庭作为"社会生活共同体"，"通常由夫妻、父母子女、兄弟姐妹和其他亲属组成"，除了具有"两性结合和血缘联系"的自然属性外，还具有社会属性，家庭"主要是由其社会属性所决定，一定的家庭形式总是与社会发展的一定阶段相适应"②。综上，家庭是以婚姻、血缘等关系为基础并会受到社会影响的生活组织，是日常生活的重要组成部分。

无论是对社会形态的发展，还是对家庭成员的个人成长来说，家庭都起着不可替代的作用。"在我国古代自然经济条件下，整个社会的最基本、最广泛的组织是以血缘关系为基础的家族组织。"③ "作为中国文化精神的基本结构要素，血缘是'家'的抽象，是由家及国的起点、基石和范型，当然也是'人'的确立方式、价值取向与价值理想……可以说，血缘在中国文化中，不仅是一种基本的人伦关系，而且是一切社会关系的原型，是人际关系的组织结构形式。"④ 作为基本的人伦关系，家庭是作家表现日常生活、抒发情感的源泉之一。家庭生活虽然是平凡的、琐碎的，却蕴藏着丰富的人情世态，"与我们平凡的生命贴得最紧的似乎也不一定就是历史风雨和正文正本，个体人生最切肤的痛感与快感都来自眼前身边日常生活"⑤。"日常生活包含的内容比我们想象的要有意义得多"，"生活于特定时代和地点的某个群体的被记录下来的文化（recorded culture）也为我们接近生活文化提供了可能"⑥。

自新文化运动以来，作家对家庭的态度就暧昧不清，"'中国'作

---

① 《辞海》，上海辞书出版社1999年版，第2759页。
② 《中国大百科全书》，中国大百科全书出版社2000年版，第89页。
③ 曹锦清、陈中亚：《走出"理想"城堡——中国"单位"现象研究》，海天出版社1997年版，"前言"第1页。
④ 李杨：《50—70年代中国文学经典再解读》，山东教育出版社2003年版，第51页。
⑤ 王光明：《边上言说》，海峡文艺出版社2011年版，第253页。
⑥ ［英］戴维·英格利斯：《文化与日常生活》，张秋月、周雷亚译，第4、22页。

## 第三章 日记中的家庭生活

为一个现代民族国家的确认,并非联系着对传统中国家庭的认同;与此相反,它刚好伴随对着传统中国亲属结构的否定与颠覆"①。"从'五四'时代的将'个人'与'家庭'的对立,到'十七年文学'的社会主义改造中'大家庭'与'小家庭'的对立,建立在血缘和亲缘之上的'家庭'始终是现代性主体的'他者',虽然现代性主体这一'超验能指'被不断置入'个人'、'民族国家'、'阶级'、'同志'等不同的时代内涵。"②

20世纪20年代,作家对家庭呈现出"回归"与"逃离"并存的复杂态度。一方面,家庭给予作家生活温情和情感慰藉,作家渴望从家庭的"回归"中获得应对人生风浪的精神支撑。作家在作品中描绘亲情场面、刻画亲人形象、抒发亲情感悟,表现家庭对自己性格形成、精神成长的重要作用。一直到晚年,冰心仍坚持认为,家庭是社会的基本组成单位,是社会正常、健康发展的前提,"家庭是社会的细胞。有了健全的细胞才会有一个健全的社会乃至一个健全强盛的国家"③。冰心在作品中描绘亲情场面、刻画亲人形象、抒发亲情感悟、表现父母亲情,抒发对家庭亲情伦理的深深眷恋。老舍在作于20世纪40年代的《我的母亲》一文中,讲述了母亲对自己性格的影响,"把性格传给我的,是我的母亲。母亲并不识字,她给我的是生命的教育","软而硬的性格,也传给了我。我对于一切人与事,都取和平的态度,把吃亏看作当然的"④。在母亲影响下,老舍爱花、好客、爱清洁、守秩序,这种性格伴随了老舍的一生,内化为老舍一生追求的精神理念。另一方面,作为封建思想的聚集地,家庭又是作家抨击的对象和逃离的场所。傅斯年在《新潮》的创刊号中将家庭视为"万恶之原","中国人对于家庭负累的重大,更可以使得他所有的事业,完全乌有",

---

① 戴锦华:《隐形书写——90年代中国文化研究》,江苏人民出版社1999年版,第215页。
② 李杨:《50—70年代中国文学经典再解读》,第179页。
③ 冰心:《论婚姻与家庭》,载卓如编《冰心全集(第六册)文学作品(1980—1986)》,第442页。
④ 老舍:《我的母亲》,《老舍全集(14)(散文·杂文)》,第328—329页。

不断感慨"家累！家累！家累！"①鲁迅在《狂人日记》里抨击了家族制度和家庭伦理道德的弊害；苏雪林、冯沅君在小说中表现了家庭亲情与自由爱情的冲突；庐隐在《胜利之后》《何处是归程》等小说中展现女性在家庭生活与个人事业之间的矛盾，"受了高等教育的女子，一旦身入家庭，既不善管理家庭琐事，又无力监管社会事务，简直是高等游民，女子进了家庭，不做社会事务，究竟有没有接受高等教育的必要"，只能无奈地感慨"中国的家庭，实在足以消磨人们的志气"②。作家既强调家庭温情，重视家庭亲情，又抨击家庭生活中负重、落后的一面，对家庭呈现出爱恨交加的复杂态度。

30年代以来，家庭生活与革命生活构成不可调和的矛盾，"由革命的羁绊到成为革命的对象，在现代性的演进中，离我们的生存越来越遥远的'家'变得越来越不可企及与不可思议"③。作家在作品中表现"革命与恋爱"的冲突时，往往以阶级意识代替家庭伦理，期待革命青年摆脱家庭和爱情的束缚，真正走向革命。抗日战争背景下，革命时代要求青年把"爱情看作一种情感驱动力，内化了社会改革的动劲力"，将爱欲视为"生命的能量，足以推动终极的革命之轮"④。

"1949年以后的社会政治文化结构，进一步以阶级的、集体的认同摧毁了血缘家庭的结构模式。"⑤"作家们努力要为私人生活找到历史的侧面，而表现历史则努力采用'家庭的方式'"⑥，家庭生活场景为政治主题服务，是意识形态框架下的局部补充。"阶级与家庭之间的对立关系成为敌我之间现实政治关系的一种体现方式，阶级关系与家庭关系成为'革命'与'反革命'的分水岭。"⑦投身家庭生活，

---

① 傅斯年：《万恶之原》，《现实政治》，陕西人民出版社2012年版，第25页。
② 庐隐：《胜利之后》，载戴锦华编选，中国现代文学馆编《庐隐代表作》，华夏出版社1998年版，第110页。
③ 李杨：《50—70年代中国文学经典再解读》，第187页。
④ 王德威：《历史与怪兽——历史、暴力、叙事》，台北麦田出版社2004年版，第24页。
⑤ 戴锦华：《隐形书写——90年代中国文化研究》，第215页。
⑥ 钱中文主编：《巴赫金全集（第三卷）》，河北教育出版社1998年版，第416页。
⑦ 李杨：《50—70年代中国文学经典再解读》，第181页。

会被视为留恋个人主义生活方式、脱离社会大众的表现。《青春之歌》中的林道静,最初与具有"骑士兼诗人的超人的风度"的余永泽结合,充满着家庭的温情,"这旧式的小屋经他们这么一布置,温暖、淡雅,仿佛有了春天的气息"①。但是,林道静与余永泽自由结合的家庭生活最终被政治生活打败,"林道静拒绝的,不仅是余永泽这个人,还意味着她拒绝了与时代,与社会改造,与理想,与浪漫主义格格不入的个人的日常生活"②。"政治话语开始介入爱情,并开始控制爱情的展开过程。"③ 江华作为林道静政治道路的引导人,提醒林道静想革命就要和劳动者接触,江华委婉的劝导中暗含着时代语境下人民对家庭生活的态度。

在时代语境下,家庭生活在作品中被漠视、被忽视,但不能因此否认家庭生活场景的意义和价值。家庭话语与政治话语在隐秘的关联下,并置于此阶段的文学作品中。"在对旧有的传统以及这一传统支持着的地方空间的继承中,'日常性'的描写因此也成为1949—1966年许多小说的叙事领域,这也是所谓'生活气息'的重要来源之一。我们不能因为政治而否认了这一时期的日常生活的存在,恰恰相反,日常生活领域中的政治冲突,正显示了中国现代性的某种'在地'特征,它与对传统和传统支持的这一地方空间的继承有关。而所谓'地方'或者'地方性知识'也因了这一'继承',以多种方式进入小说叙事,并相应构成一种并置、冲突、斗争甚而妥协的关系。"④ 日常家庭话语,或作为主人公生活场景,或用来交代作品写作背景,在描写民俗风貌、表现人物关系、叙述故事情节中发挥了不可替代的作用。梁斌在创作《红旗谱》时,曾言,"在那个时代,在他们之间存在着真正的爱情:父子之爱,夫妇之爱,母子之爱。在他们之间存在着伟

---

① 杨沫:《青春之歌》,北京出版社1998年版,第80页。
② 蔡翔:《日常生活的诗情消解》,学林出版社1994年版,第22页。
③ 蔡翔:《革命/叙述 中国社会主义文学——文化想象(1949—1966)》,北京大学出版社2010年版,第155页。
④ 蔡翔:《革命/叙述 中国社会主义文学——文化想象(1949—1966)》,第65页。

大的友情，敦厚的友谊。当我发现了旧中国时代这些宝贵的东西，我不禁为之钦仰，深受感动，流下了眼泪。"[1] 家庭生活让作品充满生活气息和人文色彩，引起了读者与作家的情感共鸣，成为区别政治报告与文艺作品的因素之一。

在公开的文学作品中被忽略的日常家庭生活，却是此阶段冰心等作家日记中着重表现的部分。时代环境影响了作家的家庭生活，"在中国文化中，血缘关系不仅仅是伦理关系的基础，更是政治关系的基础"[2]。作家日记中的家庭生活，既体现了家人之间血浓于水的亲情，又显示了时代环境对家人关系的直接影响。亲人之间的温情缓和了作家审慎的心灵，是作家应对世事变幻的精神支撑；亲人之间在思想上的互相引导，家庭亲情与政治感化并行于作家日记。作家在日记中记录琐碎的家庭生活日程，描绘具体、感性的生活场景，捕捉细腻、瞬时的情感，日记将严肃的作家还原成生活中的普通人；家庭生活的记录，为全面了解作家的家庭生活和日常生活态度提供了史料。

## 第一节　作家与父母辈的关系

进入当代社会的时间点，冰心等作家已进入中年的人生阶段，作家的父母已进入老年阶段。人到中年，身为父母，作家格外珍惜自己与父母之间的亲情，对身为老年的父母有了更多精神上的理解和身体状况上的担心；作家从父母亲情中感受生活温情，获得情感慰藉，汲取应对世事变幻的精神力量。日记中对父母辈生活的记录主要集中在以下两个方面。

### 一　梦境中的思念

梦境显现出作家对父母的深深思念。冰心在《寄小读者》《我的

---

[1] 梁斌：《我怎样创作了〈红旗谱〉》，《春朝集》，上海文艺出版社1980年版，第3页。
[2] 李杨：《50—70年代中国文学经典再解读》，第51页。

童年》《往事》等早年作品中用细腻的情感歌颂父母对自己无私的爱，"她的爱是不附带任何条件的，唯一的理由，就是我是她的女儿"①，"在别后的思念中歌唱母爱的超功利性和永恒性，并以同等的爱回报母亲"②。对于性格的形成，冰心言"说到童年，我常常感谢我的好父母，他们养成了我一种恬淡，'返乎自然'的习惯，他们给我一个快乐清洁的环境，因此，在任何环境里都能自足，知足。我尊敬生命，宝爱生命，我对于人类没有怨恨，我觉得许多缺憾是可以改进的，只要人们有决心，肯努力"③。

  进入当代社会阶段，冰心的父母已经去世，冰心对父母的思念只能通过梦境体现出来。1957 年 5 月，冰心在上海考察时，也许是触景生情，想到 1930 年母亲在上海逝世，夜里做梦，"梦母亲镜箱，我收买了来，忽而痛哭"④。于是，在考察结束后，到三弟谢为楫家，与三弟、弟媳和孩子们到母亲墓上，剪草、献花，表达思念之情。在云南考察时，也许是想到 1940 年将要离开云南默庐的时候接到大弟的来信，被告知父亲谢葆璋去世，夜里梦见父亲，"哭醒过来"⑤。

  对父亲母亲的思念，也出现在冰心的晚年日记中。冰心曾在 1931 年写作散文《南归》纪念母亲，1991 年回忆此场景时依然痛苦，"又看一次《南归》，哭了一场。"⑥ 晚年日记中，冰心会记录其"父亲忌日"⑦，半夜里醒来也会想到父亲，"近来觉不舒服，早睡，小辉陪，半夜醒了半天，总想我父亲"⑧。潜意识的梦境里体现的是冰心对父母

---

  ① 冰心：《寄小读者·通讯十》，载卓如编《冰心全集（第二册）文学作品（1923—1941）》，第 31 页。
  ② 李玲：《"五四"女作家笔下的母女亲情》，《福建师范大学学报》（哲学社会科学版）1999 年第 1 期。
  ③ 冰心：《我的童年》，载卓如编《冰心全集（第三册）文学作品（1942—1957）》，第 6—7 页。
  ④ 冰心著，王炳根编：《冰心日记》，1957 年 5 月 9 日，第 34 页。
  ⑤ 冰心著，王炳根编：《冰心日记》，1975 年 6 月 24 日，第 137 页。
  ⑥ 冰心著，王炳根编：《冰心日记》，1991 年 5 月 11 日，第 229 页。
  ⑦ 冰心著，王炳根编：《冰心日记》，1991 年 8 月 4 日，第 255 页。
  ⑧ 冰心著，王炳根编：《冰心日记》，1994 年 5 月 8 日，第 387 页。

的思念和浓厚的情意。

冰心同时代作家的日记中也显现出作家对母亲的眷恋。"事父母，能竭其力"（《论语·学而》），田汉、叶圣陶、郑振铎尽心照顾年老的母亲，日记中记录了母亲的日常精神状态，在家时与母亲交流的内容，以及外出时对母亲的担心，显示出作家们对母亲的感恩和对母亲的浓厚深情。

田汉善于捕捉生活细节，从母亲的快乐中感悟生活的快乐，"亲家母、海男夫妇、邵阳、海云都来吃午饭。老母吃得很好，真使人感到幸福"①；在团圆年晚餐上，"老母很高兴。沅也吃得颇为愉快。这是一个难得的晚餐"②，还会及时将快乐分享给母亲，看到原子弹爆炸的新闻，"妈妈已入睡，我赶忙告诉她老人家。她老人家也高兴得不得了"③。"父母唯其疾之忧"（《论语·为政》），外出时，田汉将母亲的身体状况记挂在心，日记中多表达了对母亲的思念和对母亲健康的担心。家中无信寄来时，田汉担心母亲的情况，"真不知老母情况如何？希望没有什么变动"，"心里很着急，不知老母情况如何？看来一定有变故，否则不会一个月不来信。但若有变故也应来信啊"，"久不得家信，不知老母安否？现在还关心我的人，就算她老人家了"④；收到家里来信，"今天是我幸福的日子"，"真叫人高兴，这下放心了！"⑤ 日记中朴素、真挚的感情流露显示出作家对父母的情感依赖和浓厚深情。

---

① 田汉著，陈刚、季定洲等编：《田汉全集（第20卷）（书信、日记、难中自述）》，1965年3月21日，第348页。
② 田汉著，陈刚、季定洲等编：《田汉全集（第20卷）（书信、日记、难中自述）》，1966年1月20日，第431页。
③ 田汉著，陈刚、季定洲等编：《田汉全集（第20卷）（书信、日记、难中自述）》，1965年5月14日，第372页。
④ 田汉著，陈刚、季定洲等编：《田汉全集（第20卷）（书信、日记、难中自述）》，1967年5月22日、1967年5月30日、1968年3月25日，第487、491、510页。
⑤ 田汉著，陈刚、季定洲等编：《田汉全集（第20卷）（书信、日记、难中自述）》，1967年10月1日、1967年6月6日，第504、493页。

## 二 时代中的母亲

日记展现了父母与作家之间的自然亲情关系，也记录了时代环境对亲情的影响，弥补了此阶段文学作品对自己父母辈生活记录的不足。

冰心等作家在当代文学作品中对父母辈的记录，主要是对母亲的记录，作品主要呈现为两类。

一是，"母亲"概念既代表生理学意义上的亲属关系，也具有"祖国""北京"等内涵，显示出鲜明的时代印记。

在冰心等作家的文学作品中，"母亲"不仅是生理学上的亲情伦理概念，也带有政治内涵和集体主义成分，不同于早年文学作品对"母亲"的表现。

"母爱"是冰心早期作品中执着追求"爱与同情"的根基。"我写儿童通讯的时节，我似乎看得见那天真纯洁的对象"[1]，但是提笔时总有母亲的"颦眉或笑脸涌现在我的眼前"[2]；在《寄小读者·通讯十二》里，冰心在对母亲的极度思念里感慨道，因为母爱，"我死心塌地的肯定了我们居住的世界是极乐的。'母亲的爱'打千百转身，在世上幻出人和人，人和万物种种一切的互助和同情……只愿这一心一念，永住永存，尽我在世的光阴，来讴歌颂扬这神圣无边的爱"[3]。冰心的早年文学作品里记录了母亲与儿女之间的自然亲情，展示了母亲对自己性格形成、精神成长的重要作用，表达了对亲情的感恩和对家庭亲情伦理的眷恋。20世纪30年代，冰心受到了蒋光慈、茅盾等革命文学作家的批评，诚然，蒋光慈的"冰心走来走去，总跳不出家庭

---

[1] 冰心：《寄小读者·通讯二十五》，载卓如编《冰心全集（第二册）文学作品（1923—1941）》，第86页。

[2] 冰心：《〈寄小读者〉四版自序》，载卓如编《冰心全集（第二册）文学作品（1923—1941）》，第3页。

[3] 冰心：《寄小读者·通讯十二》，载卓如编《冰心全集（第二册）文学作品（1923—1941）》，第39页。

## 下编　冰心与同时代作家日记的互文研究

的一步"① 与茅盾的"灵魂的逃避薮"② 等批评有着因政治立场、文学观念不同而出现的批评局限，但也确实指出了冰心在创作反映面上的不足。冰心自己也曾觉悟到"因着母亲，使我承认了世间一切其他的爱，又冷淡了世间一切其他的爱"③。

为适应新中国的文艺环境，冰心在创作主题上有了拓展，重要的表现之一就是由主要关注家庭中的人、事到关注家庭之外的广阔世界。在《一篇小说的结局》的小说里，主人公满怀深情地说："有两件事，我心中永远不至于模糊的，就是我爱我的祖国，我爱我的母亲。"④"爱母亲"与"爱祖国"贯穿着冰心一生的创作，但在不同的阶段，作品主题表现的重点有了变化。"爱母亲"是冰心早期作品的主旋律；20 世纪 50—70 年代的着重点则是借助、发挥母亲的力量倡导"爱祖国"的时代观念。冰心在《献给北京——我的母亲》《祖国母亲的心》《共产主义的母爱》《"党就是我们的亲娘"》等作品中，将北京、祖国、共产主义称为"母亲"，在中华人民共和国成立前后生活的对比中表达对新中国的热爱。老舍也如是。老舍在《我热爱新北京》一文中，将对北京的爱比作对母亲的爱，"我知道北京美丽，我爱她像爱我的母亲"⑤。在冰心等作家的笔下，"母亲"这一概念有了时代含义。

二是，"母亲"概念是传达时代政策的力量，带有一定的时代印记。周作人在《祖母的一生》一文中，讲述了旧时代男权观念下祖母和母亲不幸的生活遭遇，呼吁新时代婚姻政策的出现。冰心以"母亲"为话题的作品中，道德教育与思想教育并重，说教成分和时代印

---

① 蒋光慈：《现代中国社会与革命文学》（节录），载范伯群编《冰心研究资料》，知识产权出版社 2009 年版，第 193 页。
② 茅盾：《冰心论》，载范伯群编《冰心研究资料》，第 235 页。
③ 冰心：《寄小读者·通讯十二》，载卓如编《冰心全集（第二册）文学作品（1923—1941）》，第 40 页。
④ 冰心：《一篇小说的结局》，载卓如编《冰心全集（第一册）文学作品（1919—1923）》，第 68 页。
⑤ 老舍：《我热爱新北京》，《老舍全集（14）（散文·杂文）》，第 437 页。

记浓厚。《好妈妈》中,将"我"对父母的依赖与永真姐弟替父母分担家务的表现进行对比,从李永瑛对母亲的态度中,"我"认识到了自己的任性和懒惰,体会了母亲做家务劳动的辛苦,学会了自立的精神,"从今天起我要天天帮您做事了,好—妈—妈"①。《陶奇的暑期日记》一文,讲述了王瑞萱母亲、李春生母亲不同的生活方式,内含着对享乐主义、个人主义等生活方式的批判。在《给日本学生的一封公开信》中,"把我们姊妹在家庭与社会的地位,无限量的提高,使我们能够尊重她们的人格,言论,与思想,借着她们的和平,稳健,坚定,温柔的天性,来感化我们,匡助我们,共同的在复兴建设的路途上携手迈进"②。在《一个母亲的建议》一文中,以一个母亲的视角提出了对儿童衣服款式、颜色的建议。在《我控诉——看了日本电影〈混血儿〉以后》一文中,借助母爱的力量,呼吁"世界上的母亲们,和爱好自由、民主、和平的广大人民,应当联合起来,向美帝国殖民主义提出最严正的控诉"③。在文学作品中,冰心代表的不仅仅是家庭生活中的母亲身份,也是社会集体中母亲形象的代言人。冰心"代表的是中国妇女温柔、美丽、睿智、贤惠、热爱和崇尚生活的形象",是"新中国女性形象的代言人"④。

时代环境影响了冰心文学作品及日记中对母爱的表达。在湖北汉口考察期间,武汉实验中学语文教师廖碧蜀的发言让冰心深受震动,"他深受宣传母爱之毒、模糊阶级观点,在评改学生作文上亦持此态度"⑤。早年强调自然亲情的母爱,20世纪50—70年代则强调带有集体概念的母爱,冰心在笔记和日记中谈到了早年倡导的母爱,对文学作品中母爱内涵转变的原因进行了解释。

---

① 冰心:《好妈妈》,载卓如编《冰心全集(第三册)文学作品(1942—1957)》,第303页。
② 冰心:《给日本学生的一封公开信》,载卓如编《冰心全集(第三册)文学作品(1942—1957)》,第94页。
③ 冰心:《我控诉——看了日本电影〈混血儿〉以后》,载卓如编《冰心全集(第三册)文学作品(1942—1957)》,第292页。
④ 王炳根:《玫瑰的盛开与凋谢:冰心吴文藻合传(下编)》,第722页。
⑤ 冰心著,王炳根编:《冰心日记》,1965年12月14日,第115页。

冰心等作家 20 世纪 50—70 年代文学作品中的"母亲"概念带有一定的时代宣传使命，对自然亲情描述过少，日记弥补了此阶段作家文学作品中对个人父母亲情记录的不足。日记里的记录，既展示了自然状态下作家与父母辈之间的亲情，也展示了时代环境对家庭亲情的影响。作家对父母辈的思念、担心与父母辈对作家的亲情关爱、政治关怀融为一体，显示出自然伦理亲情与时代环境的互动影响。

## 第二节 作家与同辈的关系

冰心等作家在日记中记录了与同辈之间的亲情关系，其中记录最多的就是作家与爱人之间的关系。作家与爱人之间的关系，有外出时的思念、担心，有抱怨中的相互理解，也有面对时代变幻时的互相关怀。

### 一 夫妻之间的浓厚深情

冰心在散文《论婚姻与家庭》中说，"家庭首先由夫妻两个人组成。夫妻关系是人际关系中最密切最长久的一种"，"一个家庭对社会对国家要负起一个健康的细胞的责任，因为在它周围还有千千万万个细胞"[①]。冰心、叶圣陶在日记中记录了对爱人的担心、思念，郑振铎在日记中记录了妻子对自己文物工作的支持，日记里显示了夫妻之间的浓厚深情。

冰心、叶圣陶等作家在日记中记录了外出时对爱人的思念。1959年 10 月，冰心到黄土岗人民公社采访，而此时丈夫吴文藻却生病在家，冰心对吴文藻的担心通过日记体现出来，"五时打电话回家，知道陈大夫又来给文藻看病"，"中午饭后打电话回家，知文藻没有烧

---

① 冰心：《论婚姻与家庭》，载卓如编《冰心全集（第六册）文学作品（1980—1986）》，第 442 页。

## 第三章　日记中的家庭生活

了","从那里到右安门转19路到西直门,转32路到家,天未黑,文藻有烧,见我回来,甚喜"①。在西南考察时,星期天时总会想起家里的亲人,"今天又是星期(天),不知文藻回去没有?"②"今天又是星[天],孩子们又都回来了,不知文藻回来否?"③想到结婚纪念日,"今日是结婚纪念43年,文藻坐东北,我坐西南,亦可喜也"④。冰心与友人的书信中也常常显示出冰心对丈夫的关心,比如冰心致赵清阁的信中提到,"文藻身体不太好,常发风疹块,有时还发烧","文藻在我去西南时,他那一组去了东北,身体不好,还住了一段医院,现在已回家了","北京今年夏天很热,你知道我到西南走了一趟四川、云南、贵州、湖南,去了四十天,收获很大。文藻去了东北,但回来就病了"⑤。日记与书信中对爱人身体情况的记录,显示出冰心对爱人的关心。1956年,叶圣陶去印度参加亚洲作家会议,20多天的日记里记录了叶圣陶对妻子病情的担忧。田汉离家期间担心母亲的健康,思念生病的妻子,当收到书信后看到"式沅也在信封上写了几个字,很清楚,显然身体有进步",感到"真叫人高兴,这下放心了"⑥,显现出田汉对爱人的思念和担心。冰心、叶圣陶、田汉日记中对爱人的担心、思念,显示着夫妻之间的浓厚深情。

郑振铎日记体现了妻子对自己事业的支持和精神上的帮助。为保护古书,郑振铎不得不倾其全力买书,"减衣缩食","典衣节食不顾也",为了买书,"故常囊无一文,而积书盈室充栋"⑦。郑振铎倾全力买书造成家庭生活拮据,虽也有"惟囊空如洗,将来不知如何继续收

---

① 冰心著,王炳根编:《冰心日记》,1959年10月22日、10月23日、10月24日,第48、48、49页。
② 冰心著,王炳根编:《冰心日记》,1975年7月6日,第144—145页。
③ 冰心著,王炳根编:《冰心日记》,1975年7月13日,第149页。
④ 冰心著,王炳根编:《冰心日记》,1975年6月15日,第131页。
⑤ 冰心:《致赵清阁》,载卓如编《冰心全集(第八册)书信(1928—1997)》,第53、143、144页。
⑥ 田汉著,陈刚、季定洲等编:《田汉全集(第20卷)(书信、日记、难中自述)》,1967年6月6日,第493页。
⑦ 郑振铎:《劫中得书记》,《郑振铎全集(7)(中国俗文学史)》,第780页。

购。与箴愁容相对，亦以拮据故也"，"与箴吵闹甚烈，总因钱不够之故。不能谅解我的工作，何苦如此的苦作着呢"①的抱怨，但郑振铎仍倾力购书、购俑，是与妻子的支持分不开的。中华人民共和国成立后，郑振铎将过去个人收藏的陶俑全部捐献给政府；郑振铎因飞机失事去世后，妻子高君箴及子女将郑振铎一生费尽心力搜集的近十万册古书捐献给了国家，完成了郑振铎生前未完成的心愿。

## 二 时代中的夫妻关系

冰心在《论婚姻与家庭》中写道："在平坦的路上，携手同行的时候，周围有温暖的春风，头上有明净的秋月。两颗心充分地享受着宁静柔畅的'琴瑟和鸣'的音乐。在坎坷的路上，扶掖而行的时候，要坚忍地咽下各自的冤抑和痛苦，在荆棘遍地的路上，互慰互勉，相濡以沫。"② 日记显示了夫妻之间的浓厚亲情，也记录了"荆棘遍地的路上"夫妻之间的"互慰互勉，相濡以沫"。

日记记录了夫妻在特殊年代的政治压力下互相给予的精神安慰。1959年在河南考察时，许广平与冰心谈话，"许大姐和我谈向家中右派应坚持斗争帮忙"，"谈到与文藻、宗生等一同改造，不进则退，真是金玉良言！"③暂时还没有受到政治冲击的冰心，想到家人的处境，"一路背着不轻的精神负担"④。冰心在晚年散文中回忆了这段经历，是"意外的灾难，对他和我都是一个晴天霹雳"，吴文藻在"迷茫和疑惑"中剖析自己，冰心虽然也"感到委屈和沉闷"，但为了不在丈夫心里引起疑云，冰心只好"鼓励他"⑤。《冰心日记》中，"文藻同

---

① 郑振铎著，陈福康整理：《郑振铎日记全编》，1943年4月29日、1948年1月7日，第150、337页。
② 冰心：《论婚姻与家庭》，载卓如编《冰心全集（第六册）文学作品（1980—1986）》，第443页。
③ 冰心著，王炳根编：《冰心日记》，1959年3月22日、3月23日，第40页。
④ 王炳根：《冰心日记刍议》，《中华读书报》2017年5月24日第9版。
⑤ 冰心：《我的老伴——吴文藻（之二）》，载卓如编《冰心全集（第六册）文学作品（1980—1986）》，第314—315页。

我谈检查事,要以今天的标准提高去看,深入分析当时心理"①。冰心在晚年散文《论婚姻与家庭》中谈到了夫妻感情的重要性,"有着忠贞而精诚的爱情在维护着,永远也不会有什么人为的'划清界限',什么离异出走,不会有家破人亡,也不会有那种因偏激、怪僻、不平、愤怒而破坏社会秩序的儿女"②。夫妻之间的互相安慰,是缓解内心压力的温暖力量。

在此阶段的文学作品中,夫妻感情、夫妻生活是被忽略的,作家有时会以同辈亲人经历的事件为材料,表达时代主题。老舍的作品《老姐姐们》,从三个姐姐的生活状态表现了新中国人民的生活方式和精神状态,"北京解放后,连老婆婆的心也变了。她们认识了一些从前向来未有认识过的道理,而且用一种新的道理态度去实行那道理。她们牙已脱落,衣服很破,吃喝很苦,可是在操劳之外,她们似乎看到尔后有了光明的前途,所以老有那么一点从心里发出的亮光儿"③。《接生的故事》一文中,周作人以弟妇救活一个刚出生的女婴的事件为话题,对旧时代妇女命运的同情中蕴含着对新时代妇女的期待,在一定程度上延续了早年关注女性命运的思想理念,"将来为中国与她的同性去奋斗,使得乐园早日出现,这是她该走的道路"④。作家在文学作品中漠视和回避了对夫妻家庭生活的记录,对同辈其他亲人的记录也多是作为作品主题的话题和引子,缺少对日常生活细节的展示。日记弥补了文学作品中对夫妻家庭生活表现的不足,记录了夫妻之间在生活、事业中的关爱和矛盾,叙写了夫妻之间面对政治压力时的互相安慰、相濡以沫,蕴含着深深的夫妻感情。日记中对同辈生活的记录,是了解作家家庭生活的一面镜子。

---

① 冰心著,王炳根编:《冰心日记》,1966 年 8 月 7 日,第 122 页。
② 冰心:《论婚姻与家庭》,载卓如编《冰心全集(第六册)文学作品(1980—1986)》,第 443 页。
③ 老舍:《老姐姐们》,《老舍全集(14)(散文·杂文)》,第 418 页。
④ 周作人:《接生的故事》,载周作人著,钟叔河编《周作人文类编 5(上下身 性学·儿童·妇女)》,第 516 页。

## 第三节　作家与晚辈的关系

冰心等同时代作家将无限关爱洒向晚辈的孩子们，日记中对儿辈、孙辈生活的记录里体现了浓厚的亲情。

文学作品中，作家表示要为晚辈的成长而努力。在《为了共产主义的幼苗》一文中，冰心将新中国的儿童称为共产主义的幼苗；在《归来以后》一文中，"我素来喜欢小孩子"，"举目四望，有的是健康活泼的儿童，有的是快乐光明的新事物"，"愿为创作儿童文学而努力"[①]。作家有时会从儿辈的日常生活中提取写作素材，表达新时代的感悟，对孙辈的生活没有记录。冰心的《北京的声音》一文中，小女儿的一声"是呀，劳驾您"[②]，引发了冰心对新时代人民精神风貌的感叹；小说《回国以前》，以儿童视角讲述冰心全家1951年从日本返回北京的曲折经历，叙述视角"我"中内含冰心儿女的影子。老舍的《可喜的寂寞》一文，儿女的不同专业引发了作家的思考，"我"既有交流不得的寂寞，也为孩子们的成长感到欣喜。文学作品中，作家以儿辈的视角，阐释时代理念，表现社会生活；与文学作品不同，作家在日记中记录了与儿辈、孙辈相处时的生活细节，展现了温情的家庭生活。《冰心日记》与冰心同时代作家日记共同补充了20世纪50—70年代文学作品中对亲情细节表现的不足，彰显了日记的独特价值。

### 一　作家与儿辈之间：关怀与督促

冰心等作家在当代日记中记录了作家与儿辈之间的关系，展示了温暖的家庭生活。

---

[①] 冰心：《归来以后》，载卓如编《冰心全集（第三册）文学作品（1942—1957）》，第222页。

[②] 冰心：《北京的声音》，载卓如编《冰心全集（第四册）文学作品（1958—1961）》，第70页。

## 第三章 日记中的家庭生活

一方面，日记显示了作家与儿辈既在生活上互相关心，也在工作上相互交流。一是，作家与儿辈之间在生活上互相关心。冰心外出考察时，为大女儿买手表，为小女儿买底袜；上海考察结束后，临回北京前又专程到儿媳袁家，"看见毓麟母亲和她太姑和哥哥弟弟等"①；冰心为儿子与儿媳的婚姻关系感到忧心，女儿的来信打消了冰心心中的忧虑，"得小妹信，极其详尽又好，心中甚喜，对于宗生事一分为二"；外出考察时想念家人，"回家在即，不知家中情况如何，真是'近乡心更怯'也"②。郑振铎放心不下儿子尔康的远行，"已经长成了，单独出门旅行，想没有什么困难。但总是放心不下他"③；为女儿的关心而感动，"小箴来此，要我进医院治疗痔疾。我坚持不去。她继之以哭泣，殊可感动。但实在无法放下要做的事而到医院去也"④。二是，作家与儿辈之间在工作上、学业上互相交流。叶圣陶给儿子写信缓解压力，在精神上鼓励儿子，指导儿子写作，"至诚书来，言不久将动手草剧本之稿，须'开夜车'，须反复讨论改动，颇露忧虑之感，胆怯之情"，"至诚又来信，言作稿不顺利，限期又紧迫，大为苦事。余灯下写覆书，与彼闲谈而已"⑤。儿子为叶圣陶抄写旧稿、出版旧作，"至善归来后，青年出版社拟重出余之童话集，以明年交稿。冷饭又需重炒，实无多意味。拟令至善选之，选出后就语言方面作修润，他不更动"，"至善助我思索，直至晚饮时，全首诗稿修改完毕"，"至诚抄余旧作谈青年治文艺之言八百字光景，供其友编文艺刊物应用，余重新过目，又改了一小时以上"⑥。此外，父亲与儿子在文学创作上也互相交流。1956 年，叶圣陶去南京考察，见到儿子至诚一家，

---

① 冰心著，王炳根编：《冰心日记》，1957 年 5 月 12 日，第 35 页。
② 冰心著，王炳根编：《冰心日记》，1965 年 11 月 16 日、1975 年 7 月 18 日，第 98、153 页。
③ 郑振铎著，陈福康整理：《郑振铎日记全编》，1957 年 7 月 10 日，第 535 页。
④ 郑振铎著，陈福康整理：《郑振铎日记全编》，1957 年 6 月 13 日，第 529 页。
⑤ 叶圣陶著，叶至善、叶至美、叶至诚编：《叶圣陶集（23）》，1976 年 3 月 11 日、4 月 7 日，第 327、335 页。
⑥ 叶圣陶著，叶至善、叶至美、叶至诚编：《叶圣陶集（23）》，1954 年 4 月 8 日、1976 年 1 月 8 日、1982 年 6 月 4 日，第 95、305、447 页。

下编　冰心与同时代作家日记的互文研究

并与儿子共谈剧本,"三人共为磨砚,颇有乐趣,时得佳句,则共欣然","近今所为文,皆至善起草而余润色之"①。父亲对儿辈的创作提供精神的鼓励和实际的指导,儿辈为年老的父亲提供建议、抄写旧稿,父子在工作上的互相鼓励和交流,既密切了父子之间的关系,也在交流中完善了作品,促进了双方创作能力的提高。

另一方面,作家以长者的身份,关心儿辈的前途和命运。郑振铎认为劳动锻炼可促进女儿进步,"小箴可能下放,亦锻炼的好机会也"②;冰心在西南考察时,"这两天尽想给三个孩子写信,谈谈自己的万千感想,并勉励他们及第三代要奔向革命的最前线,比枯守在北京好得多"③。日记显示了无论是作家还是儿辈,在应对世事变化时,都受到了时代环境的影响。

## 二　作家与孙辈之间:　细节、行动中的关爱

作家日记中记录的对孙辈的关爱,也从细节、行动等方面体现出来。

第一,作家细致观察并记录了孩子们玩耍时的神态、动作,流露出浓浓的幸福感。郑振铎在日记中描写了外孙女们玩耍时的动作、神态,"旁[傍]晚,在园子里作[摘]枣,孩子们嬉笑跳跃,观之,怡然!""到空了处,携新旗及点儿回家。又到新宅去。她们在那里东奔西跑地玩得高兴极了"④。郑振铎日记在表现孩子们活泼可爱性格的同时,也体现了亲密的亲人关系。田汉在日记中细致地记录了孙女玩转椅时紧张的神态、看花时对花的喜爱和留恋,文静又可爱,"我们带欢欢上车,打针后上公园,见她正和许多孩子坐在转椅上转着,不哭也不笑,很严肃的样子。在园子里转了一个圈,下去了几次,欢喜看花,抓

---

① 叶圣陶著,叶至善、叶至美、叶至诚编:《叶圣陶集(23)》,1961年5月22日、1982年4月20日,第227、432页。
② 郑振铎著,陈福康整理:《郑振铎日记全编》,1958年1月19日,第597页。
③ 冰心著,王炳根编:《冰心日记》,1975年6月24日,第137页。
④ 郑振铎著,陈福康整理:《郑振铎日记全编》,1958年9月21日、1958年10月5日,第638、641页。

## 第三章 日记中的家庭生活

着铁丝望着,不愿离开"①,细节的捕捉显露了田汉对孙女的怜爱。作家细致地观察孙辈的神态、动作,在日记中描绘了一幅幅富有生活情趣的画面。其乐融融的生活画面里蕴含了作家对孙辈的疼爱之情。

第二,作家在日记中记下对孙辈来说具有特殊纪念意义的日子。郑振铎在日记中记下外孙女新旗第一次喝甜酒的日子,"与孩子们玩了好一会。新旗第一次喝甜酒"②。茅盾日记里记录了小孙女出生的日期,以及第一次见到小孙女时的样子,"小毛毛甚健康,相当胖。吃饱即睡,极少哭"③;记录孙辈下乡的时间、孙女在外出的过程和作家的担心,"小钢本在农村劳动,原定月杪回来,即两星期。昨忽调回,给任务为国庆节在天安门广场上排字型,须先练习。而其母(小曼)则于今日下乡劳动,并带小宁去"④。叶圣陶在日记中记下去南京考察时见到孙子叶兆言时的情景,并概括了孙子的性格特点,"小孩颇活泼,不怕生,爱说话,一口南京音;缘见余照片,一见即相认"⑤。作家对孙辈的疼爱、怜惜,通过日记体现出来。

第三,作家以实际行动表达对孙辈的喜爱。外出考察或适逢特殊节日时,作家会为孙辈买礼物:郑振铎为外孙女买皮鞋,作为儿童节的礼物;冰心在都江堰参观李冰父子庙,在河滩捡了小石头回去送给同名的小外孙李冰,在遵义的小卖部买五块手巾,送给第三代的五个孩子。作家也在日记中记录对孙辈的依恋和担心。与外孙女玩耍后,外孙女的离去,常让郑振铎有寂寞之感,郑振铎送妻子和外孙女新旗到上海去,"回家,有寂寞之感","携点儿到百货公司购汗衫、糖等,即送她回家。归时,觉得寂寞之至"⑥。茅盾担心孙女外出时的安全,

---

① 田汉著,陈刚、季定洲等编:《田汉全集(第20卷)(书信、日记、难中自述)》,1965年7月20日,第390页。
② 郑振铎著,陈福康整理:《郑振铎日记全编》,1957年4月14日,第504页。
③ 茅盾:《茅盾全集(40)(日记二集)》,1969年8月17日,第477页。
④ 茅盾:《茅盾全集(40)(日记二集)》,1968年9月19日,第371页。
⑤ 叶圣陶著,叶至善、叶至美、叶至诚编:《叶圣陶集(23)》,1961年5月20日,第223页。
⑥ 郑振铎著,陈福康整理:《郑振铎日记全编》,1958年5月22日、6月8日,第619、622页。

### 下编　冰心与同时代作家日记的互文研究

"今晨三时许即醒,又不能即睡,此则因小钢将赴兰州,我心不宁静之故"①;因为不满意孙女学校编写的诗集,茅盾为孙女重编诗集并亲自授课。日记中对生活细节的记录,处处体现了作家对孙辈的疼爱,生活细节中蕴含着深情。

总体而言,20世纪50—70年代文学作品中,作家对家庭成员关系、家庭生活日程记录较少,多以"家庭生活"为话题,传达新时代家庭风貌和时代观念,表达对时代新人的呼唤,有较强的教谕目的。被文学作品忽略的日常家庭生活,是作家日记的重要组成部分。作家重视家庭亲情、关爱家人,显示出对传统儒家家庭伦理文化的辩证继承,既打破了传统文化的尊卑等级观念,强调家庭成员之间平等相处,又延续、践行了儒家家庭伦理"仁者人也,亲亲为大"(《中庸》)、"父子笃,兄弟睦,夫妇和,家之肥也"(《礼记·礼运》)的观点。儒家文化的研究者徐复观认为,打破尊卑观念的现代家庭正是建立现代民主政治的基础,"家庭及由家庭扩大的宗族,它尽到了一部分自治体的责任"②。家人之间的相互关怀,是作家们应对世事变化的坚定后盾。

琐碎的家庭生活里孕育着日常生活的真实,被报刊媒体和文学作品忽视的家庭生活,是日记中着重表现的部分,彰显了日记的独特价值。家庭成员关系、家庭生活日程、家庭亲情细节等家庭生活的记录,是作家日记的宝贵之处。在日记中,冰心及同时代作家记录了与父母辈、同辈、儿辈、孙辈之间相处的家庭生活,描绘具体、感性的生活场景,捕捉细腻、瞬时的情感,日记使严肃的作家还原成生活中的普通人,展示了作家在日常生活中亲切、感性、随和的一面,丰富了作家的形象。日记中对家庭生活和家人关系、自然亲情的记录里显示了作家对亲情关系的重视和对家人的深深眷恋。家庭亲情在作家心中有着重要的地位,作家在家庭中投入感情和精力,也从家庭中收获喜怒

---

① 茅盾:《茅盾全集(40)(日记二集)》,1970年6月15日,第566页。
② 徐复观著,李维武编:《徐复观文集(一卷)(文化与人生)》,湖北人民出版社2009年版,第52页。

哀乐，满足了作家的情感需要。日记中对家人关系和家庭生活场面的记录，补充了报刊媒体、文学作品对人伦亲情表现的不足，为了解冰心及同时代作家日常家庭生活中的生活态度、亲情态度提供了宝贵的史料。

# 第四章　日记中的劳动生活

"劳动"一词，因国家、时代不同，有不同的含义。"在大多数欧洲语言里，表示拉丁语和英语中的'劳动'的词汇，都是极端努力与痛苦相合之意。"①"劳动突然从最低级、最卑贱的地位上升到最高级、在所有人类活动中最受尊敬的地位，这种变化始于洛克发现劳动是一切财产之源，接着亚当·斯密断言劳动是一切财富的源泉，最后在马克思的'劳动体系'中达到了顶点，在那里变成了全部生产力的源泉和人性的真正体现。"② 20世纪40年代以来，意识形态认同马克思的劳动观念，将劳动上升到至高无上的地位，劳动占据意识形态话语场的重要位置。劳动话语和劳动人民的地位提高，"劳动光荣"这一理念使群众"主体的尊严得到了确定"③。以体力劳动和集体劳动为生的群众，被冠以"劳动人民"的尊称。

对劳动的强调，强化了作家的劳动观念。作家积极参加劳动，并在文学作品中描绘劳动场景、抒发劳动感悟、宣扬劳动豪情。本章将《冰心日记》与冰心同时代作家日记、文学作品互文阅读，探究日记中的劳动人民形象、劳动人民生活和劳动观念，作家日记为了解中华

---

① ［法］伊夫·R. 西蒙、瓦肯·魁克：《劳动、社会与文化》，周国文译，中国经济出版社2009年版，第12页。
② ［美］汉娜·阿伦特：《人的境况》，王寅丽译，上海人民出版社2009年版，第73—74页。
③ 黄子平、张楠：《当代文学中的"劳动"与"尊严"——在中国人民大学的演讲》，《当代文坛》2012年第5期。

人民共和国成立后的劳动生活提供了史料。

## 第一节 日记中的劳动人民形象

　　冰心及同时代作家的日记里记录了大量的劳动人民。有的是作家访问或考察时结识的工人、农民，如冰心日记中有剪纸艺人张永寿、劳动模范郑依姆、花队的张琳老汉、毛主席房东谢槐福老人、潜水作业人员丁耀民，茅盾日记中有演出的演员、夜里守卫的士兵；有的是游玩时见到的、听到的或印象深刻的人物，如冰心日记中提到的前清遗老萧退庵老人、灵岩寺的妙真法师和小僧圆澈；有的是日常生活中接触的劳动人民，如田汉日记中的大庆油田家属、茅盾日记中的医务工作者……劳动人民坚守在各自的行业里，汇聚成建设新中国的重要力量。

　　作家们在日记中赞扬了劳动人民朴素、善良等优秀品质，批评了劳动人民在思想意识上的缺点，又以仰慕的态度学习劳动人民的社会实践经验。作家日记中对劳动人民形象的塑造，以及对劳动人民赞扬、批评与仰慕的复杂态度，源于时代环境与作家早年人道主义思想的共同影响。

### 一　日记中劳动人民形象的特点

　　冰心及同时代作家在日记中，赞扬了劳动人民朴素、善良等优秀品质，展示了劳动人民丰富的生产生活经验和政治生活经验，批评了劳动人民在思想意识上的缺点，较为客观、全面地塑造了劳动人民的形象。

　　（一）优点和缺点并存

　　一方面，作家在日记中以欣赏的态度描写了劳动人民的优点，塑造了具有朴素、能干、善良、热情等优秀品质的劳动人民形象。

　　第一，作家在日记中赞扬了劳动人民朴素、善良等优秀品质。冰心赞扬了劳动人民热情和善良的优秀品质。冰心在樊家村花队采访时，"二妹来给我棉袄，盛情可感"；在湖北考察时，"先看轴承厂，雨中有青年男女工人奏乐欢迎……有刘秀珍小妹陪我，大雨中背我过小

下编　冰心与同时代作家日记的互文研究

河";到河北任丘考察油田,赞扬了滨海潜水作业人员丁耀民,"他和王铁人同时在玉门油矿工作的,很热情"①。田汉赞扬了劳动人民的朴素品格,田汉朋友黎之彦的母亲"把之彦小时候穿的小衣裳洗得干干净净都带来了。这真是中国农民好风气"②。劳动人民的帮助让作家感到了温暖。

第二,作家在日记中赞扬了劳动人民的敬业精神。冰心赞扬了嗓子哑了仍坚持演唱的演员,"江溪两个女演员甘月华、张明华均甚好,甘因挑塘泥,天热脱衣着凉,嗓子哑了,仍坚持唱下去,后来到唱不出来了"③。茅盾赞扬了河北梆子演员"演技精采",在"天热,场中无冷气设备,演员均汗透重衣"的条件下仍坚持演出;赞扬了在"寒流正袭八所,大风呼啸,甚冷"的天气下,仍"露立终宵"的夜守卫人员。④ 朴素、善良、敬业等优秀品质指向美好的人性,作家赞扬了劳动人民的优秀品质。

另一方面,作家在日记中批评了劳动人民思想意识上的缺点。

冰心等作家批评了农村卫生条件、农民卫生意识等方面存在的问题。《冰心日记》中,"今天午间,在被上发现一个臭虫,怪不得颈上咬了一圈。临睡前我们开会时,他们给洒了DDT粉"⑤。田汉日记中,"街上商店门口较干净,住户门口不干净,没有人管,女孩子向街倒垃圾,应教育,这样也关系集体利益,维尼龙厂有日本专家,也关系国家观瞻"⑥。老舍到哈尔滨市区考察,"城很大,分南岗,道里道外。南岗几全部新建,有重要机厂,皆甚大。道里则昔为贫民区,今仍杂

---

① 冰心著,王炳根编:《冰心日记》,1959年10月23日、1960年3月8日、1977年11月26日,第48、60、157页。
② 田汉著,陈刚、季定洲等编:《田汉全集(第20卷)(书信、日记、难中自述)》,1965年4月9日,第356页。
③ 冰心著,王炳根编:《冰心日记》,1965年12月2日,第110页。
④ 茅盾:《茅盾全集(39)(日记一集)》,1961年8月27日、1962年1月3日至5日,第222、263页。
⑤ 冰心著,王炳根编:《冰心日记》,1964年5月26日,第82页。
⑥ 田汉著,陈刚、季定洲等编:《田汉全集(第20卷)(书信、日记、难中自述)》,1965年10月24日,第409页。

乱。道外体面"①，城市贫富差距、贫民区的杂乱让老舍印象深刻。在作家看来，农村生活方式和农民形象并非完美，农民思想意识中还有许多需要提高的地方。

（二）生产经验丰富

作家们赞扬了劳动人民不怕吃苦、任劳任怨的精神，将自我与劳动人民的处境相对比，在对比中感到了生产生活中的差距，作家积极向劳动人民学习生产生活经验。

冰心日记中，"晨起，在校门外，与郝自修（天津省委部门干部）看农田、棉花、大豆幼苗，我都不识，可笑人也"②。出身海官家庭的冰心自然对农作物的生长不甚了解，冰心与劳动人民对比后意识到自己在农业生产知识方面的缺乏，"可笑人"的自嘲中包含着自责，也体现了向劳动人民学习生产实践知识的愿望。冰心赞扬了劳动模范六好旗手马学礼，认为其"和蔼朴素，是工人本色"，"比知识分子气味好得多！"③ 劳动模范马学礼的精神④曾被全国职工效仿。马学礼，1931年生，山东平度县人，全国劳动模范，提出革新建议近300项，完成技术革新数十项，被称为"刀具大王"，曾受到毛泽东等领导人的接见。"见困难就上，见荣誉就让，见先进就学，见后进就帮"，"照马学礼那样干"成为那个时代响亮的号召。冰心等作家反思自己与劳动人民在生活处境上的差距。在成都考察时，冰心拒绝了招待所人员送来取凉用的冰块，"工人在流千斤汗，我们怎能不在气候上受点热？"⑤ 访问海南黎苗自治州首府通什时，茅盾将守卫人员的处境与自己的处境进行对比，"是夜守卫人员露立终宵，虽有棉大衣，但未必不瑟缩也，思之甚为不安"⑥。作家们在考察过程中，将自身条件与

---

① 老舍：《老舍全集（19）（日记·佚文·汉语教材）》，1961年7月30日，第77页。
② 冰心著，王炳根编：《冰心日记》，1964年6月2日，第85页。
③ 冰心著，王炳根编：《冰心日记》，1960年3月5日，第59页。
④ 中华全国总工会编：《中国工会百科全书（上卷）》，经济管理出版社1998年版，第838页。
⑤ 冰心著，王炳根编：《冰心日记》，1975年6月21日，第135页。
⑥ 茅盾：《茅盾全集（39）（日记一集）》，1962年1月3日至5日，第263页。

劳动人民进行对比，如一方是穿大衣的考察人员，一方是赤膊炼铁的工人，作家在对比中感受到与劳动人民的差距，明确了向劳动人民学习的态度。冰心等作家在对比中感到了自己与劳动人民的差距，积极、谦虚地学习劳动人民的生产生活经验。

（三）政治经验丰富

作家将自身与劳动人民群众进行对比后，感到了劳动人民丰富的政治经验，确立了向劳动人民学习的态度，以仰慕的态度学习劳动人民的政治学习热情和政治工作经验。

参观考察时，作家们接触到的劳动人民模范代表，《冰心日记》中有人大女代表朱早弟、五好工人赵长生、六好旗手马学礼、柑橘种植者劳模杨兆栋；田汉日记中有大庆家属代表、养猪能手杨玉田；茅盾日记中有青年五级工赵振武……赵长生是江西省江西拖拉机制造厂的六级车工，在他当学徒期间就掌握了高速切削的专业技术，创造了革新项目，提高了生产效率。冰心在日记中简单提及了赵长生讲解差压器四孔寄钻的创造经验以及铸造、锻冶、热处理技术等名词，重点记录了听赵长生报告后的心得，"讲得非常透彻、踏实，如同本人，冈［岗］位也不是高不可攀，只要像他那样一心为人民服务"[①]。冰心在日记中记录了学习心得，"开门学习是为了向群众学习，向工人、贫下中农学习……和他们接触以后，不论在拥护党和毛主席方面，在学毛著，在一切为了革命方面，都把我们比得一无是处"，"一面学习、一面找一切机会和劳动人民接近，来消灭知识分子5分钟的狂热"[②]。冰心及同时代作家在日记中以仰慕的态度学习劳动人民的政治生活经验。

## 二 日记中客观表现劳动人民形象的原因

日记中，冰心及同时代作家对待劳动人民的态度呈现出赞赏与批

---

① 冰心著，王炳根编：《冰心日记》，1965年11月12日，第96页。
② 冰心著，王炳根编：《冰心日记》，1965年12月6日"这一段心得"，第112页。

评、学习与仰慕交织的态度。全面、客观地塑造劳动人民形象，源于时代环境与作家早年启蒙思想的共同影响。

（一）时代环境的影响

正面塑造劳动人民形象，是时代环境对作家的政治要求和文学要求。

早在20世纪20年代初期，李大钊、陈独秀等中国共产党早期领导人就强调劳动人民的价值。"现代文学中的民粹主义倾向的发展与现实中发生的历史运动有着内在联系。"① 1919年，李大钊提出"要想把现代的新文明，从根底输到社会里面，非把知识阶级与劳工阶级打成一气不可"②。1920年，陈独秀在《劳动者的觉悟》的演说中，将古人倡导的"劳心者治人，劳力者治于人"的言论，改变为"劳力者治人，劳心者治于人"③，肯定劳动人民的地位和价值。重视劳动人民，强调劳动人民的价值，在20世纪20年代中后期及随后的抗日战争时期、解放战争中继续发展，劳动人民在争取革命力量、实现战争胜利中发挥了重要作用。毛泽东在《在延安文艺座谈会上的讲话》中明确了人民大众的性质，工人是"领导革命的阶级"，农民是"革命中最广大、最坚决的同盟军"，"武装起来了的工人农民"是"革命战争的主力"，"城市小资产阶级劳动群众和知识分子"是"革命的同盟者"④，劳动人民大众是革命的中坚力量，"对人民群众，对人民的劳动和斗争，对人民的军队，人民的政党，我们当然应该赞扬。人民也有缺点的……只要不是坚持错误的人，我们就不应该只看到片面就去错误地讥笑他们，甚至敌视他们。我们所写的东西，应该是使他们团结，使他们进步，使他们同心同德，向前奋斗"⑤。新中国的政治意识

---

① 刘祥安：《摆脱民粹主义　研究都市文学》，《北方论丛》1989年第2期。
② 李大钊：《青年与农村》，载李大钊著，《李大钊全集》编委会编《李大钊全集（第三卷）》，河北教育出版社1999年版，第179页。
③ 陈独秀：《劳动者底觉悟》，载陈独秀、李大钊等编撰《新青年精粹（3）》，中国画报出版社2013年版，第172页。
④ 毛泽东：《在延安文艺座谈会上的讲话》，载中共中央文献研究室编《毛泽东文艺论集》，第58页。
⑤ 毛泽东：《在延安文艺座谈会上的讲话》，载中共中央文献研究室编《毛泽东文艺论集》，第50—51页。

下编　冰心与同时代作家日记的互文研究

形态，坚持和延续了解放区政治对劳动人民的定位，为作家塑造正面劳动人民形象、礼赞劳动人民生产生活经验和政治工作经验，提供了外部政治环境。

　　为了适应时代要求、早日融入劳动人民集体，冰心等作家对早年倡导的文学理念进行了反思。冰心认为早年的思想，"范围是狭仄的，眼光是浅短的，也更没有面向着人民大众"①，"既没有表现劳动群众的情感思想，也没有用劳动群众所喜爱熟悉的语言形式"②。肯定、强调劳动人民的优点，以宽容的态度对待劳动人民的缺点，将文学作品作为唤起劳动人民奋斗的力量，正面表现劳动人民形象的理念内化为作家们的自我要求。文学作品中对劳动人民形象的正面塑造，是作家们在时代语境要求下的文艺实践。冰心在第二次全国文代会上立下"好好联系群众……努力创造正面艺术形象，表现新型人物"③的创作目标。老舍在"全国人民的建设热情"的感动下决定"歌颂新人新事"④。周作人在早年作品中曾说，"我是不相信群众的，群众就只是暴君与顺民的平均罢了，然而因此凡以群众为根据的一切主义与运动我也就不能不否认，——这不必是反对，只是不能承认他是可能"⑤。周作人反思了早年"不相信群众"的观点，"单为知识阶级的利益着想，未能念及更广大的人民大众，这当然是错误，我也是承认的"⑥。在时代环境的影响下，冰心等作家开始以劳动人民的思想作为思考问题的出发点进行文学创作。

----

　　① 冰心：《归来以后》，载卓如编《冰心全集（第三册）文学作品（1942—1957）》，第222页。
　　② 冰心：《我是怎样写〈繁星〉和〈春水〉的》，载卓如编《冰心全集（第四册）文学作品（1958—1961）》，第158页。
　　③ 冰心：《归来以后》，载卓如编《冰心全集（第三册）文学作品（1942—1957）》，第222页。
　　④ 老舍：《十年笔墨》，《老舍全集（15）（散文·杂文·书信）》，第47页。
　　⑤ 周作人：《北沟沿通信》，载周作人著，钟叔河编《周作人文类编5（上下身　性学·儿童·妇女）》，第102页。
　　⑥ 周作人：《致周恩来总理信》，载高瑞泉选编《理性与人道　周作人文选》，上海远东出版社1994年版，第464页。

冰心等同时代作家学习劳动人民至上的理念，仰视劳动人民的品质和生活方式，以仰慕的态度学习劳动人民的生产生活经验和政治工作经验。日记和文学作品中对劳动人民赞美、仰慕与学习的态度，正是时代环境对作家思想影响的体现。

（二）作家早年启蒙思想的延续

冰心及同时代作家在日记中欣赏、赞美了劳动人民的优点，也在尊重劳动人民行为的前提下，发现劳动人民在工作、思想等方面的缺点，在一定程度上说明早年启蒙思想在作家思想中的延续。

受新文化运动影响的冰心等同时代作家早年以启蒙大众、争取个性解放、推动社会进步为己任，强调知识分子对劳动人民的启蒙作用，批判劳动人民思想中落后的一面，以此来提高劳动人民的觉悟，促进社会的进步。一方面，作家关注劳动人民群体，呼吁知识分子要发挥启蒙大众的职责。郑振铎在《新社会》的《发刊词》中强调要"以博爱的精神，恳切的言论为感化之具"，改造平民的生活、习俗、思想，"一边启发他们的解放心理，一边增加他们的知识，提高他们的道德观念"[1]；在《怎样服务社会》一文中，号召知识分子对待平民，"要有锲而不舍的精神，时时去刺激他们的脑筋，他们才能慢慢为我们所动"[2]。另一方面，作家认为文学作品需揭示人民思想中落后的一面，作家要行使启蒙大众、促进人民思想进步的使命。冰心希望通过描写"旧社会旧家庭的不良现状"，以达到"感化社会"，"叫人看了有所警觉，方能想去改良"[3] 的目的。老舍在作品中对旧社会人民思想的弱点进行揭露，"通过戏剧性的夸张，揭示这些人物的精神病态，从而实现他对北京文化乃至传统文化中消极落后方面的批判"[4]。20世纪30年代以及随后的抗日战争时期、解放战争时期，革命时代要求知识

---

[1] 郑振铎：《新社会〈发刊词〉》，《郑振铎全集（3）（杂文、文学杂论、〈汤祷篇〉）》，第4页。

[2] 郑振铎：《怎样服务社会》，《郑振铎全集（3）（杂文、文学杂论、〈汤祷篇〉）》，第24页。

[3] 冰心：《我做小说，何曾悲观呢?》，载卓如编《冰心全集（第一册）文学作品（1919—1923）》，第42页。

[4] 温儒敏：《论老舍创作的文学史地位》，《中国文化研究》1998年第1期。

分子唤起大众投入抗日战争,强调启蒙、反思劳动人民思想弱点的理念已经不适应革命的要求。时代环境的冲击下,作家早年的思想发生了一定的改变。但是,思想的成长是"向前发展而非连根拔起"[①]的,早年的启蒙思想已经内化为冰心及同时代作家思想深处永恒追求的精神理念。作家在日记中指出了劳动人民思想意识等方面的不足,是作家早年启蒙思想影响的直接体现。

冰心等作家在日记中全面塑造了劳动人民形象,客观表达了对劳动人民的态度,是时代环境与作家早年启蒙思想共同作用的产物。

### 三 日记中客观表现劳动人民形象的意义

冰心及同时代作家在日记中全面、客观地刻画了劳动人民形象,展示了更为真实的人性,弥补了文学作品中片面塑造劳动人民形象的不足,补充和修改了对劳动人民性格的定型化塑造。

与日记中全面表现劳动人民的优点、缺点不同,冰心及同时代作家在 20 世纪 50—70 年代的文学作品中多是强调劳动人民的优点,文学作品中的劳动人民形象是完美的。冰心"完全的抛掷自己在他们中间"[②],到建设工地、园艺队、水利工程基地等,住在帐篷里采访、观察,听民歌,抄写民诗,写出了许多反映劳动人民生活的时代风貌的散文,"以虔诚谦和的态度歌颂工农与共和国的变化,不能不使读者对这位老知识分子肃然起敬"[③]。冰心从外在精神状态、工作状态等方面正面塑造了劳动人民形象,肯定和礼赞了劳动人民的社会价值。

冰心等作家在文学作品中塑造的劳动人民形象,有的是模糊的劳动人民群体,如《还乡杂记》里有参加劈山、填海、修铁路、修水库、修工厂、修发电站等"沉着地,静默地,流着血汗,低头苦干"[④]

---

① 袁可嘉:《新诗戏剧化》,《诗创造》1948 年第 12 期。
② 冰心:《〈燕大青年会赈灾专刊〉发刊词》,载卓如编《冰心全集(第一册)文学作品(1919—1923)》,第 317 页。
③ 盛英:《中国女性文学新探》,中国文联出版社 1999 年版,第 148 页。
④ 冰心:《还乡杂记》,载卓如编《冰心全集(第三册)文学作品(1942—1957)》,第 432 页。

的劳动人民；有三门峡大坝工地上"双辫的大姑娘""年轻的小伙子""几千个英雄的工人"①。老舍的作品《北京干净——为北京解放十周年而作》《向妇女同志们致敬》中有女售票员、女司机、修十三陵水库的女工人等劳动人民；叶圣陶的作品《坝上一天》里有修建水库的"铁汉""铁姑娘""铁老太太",《刺绣和缂丝》中有刺绣女工等劳动人民。除了表现模糊的劳动人民群体外，作家也会在文学作品中具体刻画劳动人民形象。冰心作品中有军马饲养员张新奎（《一个最高尚的人》）、宣武区文教群英会代表王企贤老师（《用心血浇花的园丁》）；老舍作品中有两个满族朋友（《新城喜见百花新》），过去不忍心踩蚂蚁却在新社会里参与除四害工作的王大妈（《新风气》）；叶圣陶作品中有江苏省话剧团演员张辉（《优秀的青年演员张辉同志》）、用黑霉菌增产酒精的苏国进（《增产酒精的能手——记苏国进同志用黑霉菌制曲》）、参加涿鹿劈山大渠的郭全举老人、刘存满与刘存桂兄弟、转业军人张雨（《涿鹿的劈山大渠》）等。冰心在《大东流乡的四员女健将和女尖兵》一文中，将大东流乡的"四健将和四尖兵"称作"高高树起的两面鲜红的旗帜"②。冰心及同时代作家在作品中具体、详细刻画的劳动人民形象，就是作家宣传劳动人民精神的模范和"旗帜"。

文学作品中对劳动人民形象的塑造，在一定程度上拓宽了文学作品反映的宽度和深度。以冰心的文学作品为例：

  北京只是尘土飞扬的街道，泥泞的小胡同，灰色的城墙，流汗的人力车夫的奔走。③

           ——《寄小读者·通讯二十》

  初到北京的时候，我看见的是黄瓦上长满了乱草的故宫；褪

---

① 冰心：《奇迹的三门峡市》，载卓如编《冰心全集（第四册）文学作品（1958—1961）》，第196页。
② 冰心：《大东流乡的四员女健将和女尖兵》，载卓如编《冰心全集（第四册）文学作品（1958—1961）》，第92页。
③ 冰心：《寄小读者·通讯二十》，载卓如编《冰心全集（第二册）文学作品（1923—1941）》，第74页。

了色的红墙;下雪下雨时泥泞污浊,刮风时尘土飞扬的街道;坐着汽车马车的,是扬威耀武的洋人和骑在人民头上的统治者;行走和开车拉车的却是饥饿憔悴的劳动人民。①

——《再寄小读者·通讯十五》

尘土飞扬、泥泞的街道、褪色的城墙,深深地印在了冰心的脑海里,构成了冰心根深蒂固的北京记忆。对比发现,1959 年《再寄小读者》比 1924 年的《寄小读者》对北京的回忆,在反映面上有了拓展。《寄小读者》的年代里,冰心想到的是"北京城里此时街上正听着卖葡萄,卖枣的声音呢"②,回忆的是熟悉的声音和儿时的往事,是个人情感的折射;《再寄小读者》的年代里,"什么吹糖人的,卖糖葫芦的,打糖锣的……都是我们极其熟识的朋友——他们除了从我们手里接过'一大子儿'或'一小子儿'的时候,偶然会微微地一笑,而眉宇之间却是何等地悲凉忧抑呵"③,则与笔下人物有了情感的撞击。早期作品里《三儿》里的三儿、《一个不重要的兵丁》中地位低下却忠厚善良的士兵福和、《最后的安息》中的惠姑等,劳动人民的生活充满苦难却又逆来顺受;当代作品中,冰心不仅关注了他们曾经受过的苦难,更表现了他们在生活生产中的变化,由逆来顺受的弱者变为勇于追求新生活的新时代劳动者。"漂浮在社会生活表层的作家是不可能进入生活深处的,没有与时代和民族文化融为一体的作家也不可能真正揭示出时代精神。"④冰心把眼光投向广阔的社会生活,在一定程度上丰富和拓展了文学作品的反映面。

冰心在文学作品中表现了劳动人民形象的发展变化,通过劳动人

---

① 冰心:《再寄小读者·通讯十五》,载卓如编《冰心全集(第四册)文学作品(1958—1961)》,第 50 页。

② 冰心:《寄小读者·通讯八》,载卓如编《冰心全集(第二册)文学作品(1923—1941)》,第 19 页。

③ 冰心:《"面人郎"访问记》,载卓如编《冰心全集(第三册)文学作品(1942—1957)》,第 526 页。

④ 贺仲明:《中国心像:20 世纪末作家文化心态考察》,中央编译出版社 2002 年版,第 10 页。

民朴实、勤劳、能干的正面形象来礼赞社会进步,拓展了作品的主题;但是单一、正面的表现,也使作品中的劳动人民形象呈现出模式化、定型化的特点。在外在装扮上,劳动人民往往衣着简单朴素,面色健康红润,面容质朴和善,身体壮实有力,性格爽朗乐观;在工作状态上,劳动人民勤劳、勇敢、聪慧、能干、任劳任怨,满腹社会主义建设的热情,以兴奋的姿态面对劳动重担,具有冲天的干劲和不认输的精神。冰心作品中,从甘南地区来北京参加群英会的年轻医生李贡,"身穿蓝布制服,胸前佩着闪闪发光的奖章,中等身材,两道粗粗的浓眉,双颊红润,满面含笑"[1];康庄人民公社的生产队长李景祥,"穿着灰蓝色的衬衫,青裤子,光脚,青布鞋;长方脸,平头,眉目间流露着朴质与热情"[2]。冰心作品中劳动人民身穿的灰蓝色"人民装",正是当时流行的外在打扮,"社会鄙夷挂红穿绿的奢侈服饰风尚,人们对衣着时尚美的追求转化为对革命工作的狂热。劳动最光荣、朴素最时尚成为社会认同的价值观"[3],"新时代的精神风貌体现在服装上,是一种简朴和实用式的时髦"[4]。作家在文学作品中,通过表现劳动人民质朴的外在打扮、任劳任怨的工作状态,表现劳动人民的精神面貌。冰心在散文中用同行女伴的话表达了歌颂时代的心声,"到底是年轻,又生在这个朝气蓬勃的时代,难怪她们会成长得这样美好"[5]。

时代环境下,劳动人民至上的理念是影响作家劳动人民观念的主要因素。重视劳动人民的社会价值,正面塑造劳动人民形象,提高了劳动人民的社会地位和劳动人民工作和生活的热情;作家在参与劳动

---

[1] 冰心:《再寄小读者·通讯十七》,载卓如编《冰心全集(第四册)文学作品(1958—1961)》,第53—54页。
[2] 冰心:《再到青龙桥去》,载卓如编《冰心全集(第四册)文学作品(1958—1961)》,第214—215页。
[3] 王鸣:《中国服装史》,上海交通大学出版社2013年版,第215页。
[4] 卞向阳:《中国近现代海派服装史》,东华大学出版社2014年版,第370页。
[5] 冰心:《从苹果脸姑娘说起》,载卓如编《冰心全集(第四册)文学作品(1958—1961)》,第339页。

下编　冰心与同时代作家日记的互文研究

人民的生产实践中，认识到劳动人民的价值和集体的力量，丰富了知识分子的生产和生活经验。然而，重视"人多力量大"的集体力量，在一定程度上忽略了文化技术和生产效率的重要性，未能全面表现劳动人民形象，具有一定的局限性。

综上所述，通过正面塑造劳动人民形象来赞美新时代的精神风貌，作家的文学作品呈现出劳动人民形象模式化和作品主题单一化的特点。冰心及同时代作家在日记中全面、客观地刻画了劳动人民形象，多角度地表现了劳动人民性格，弥补了文学作品中片面塑造劳动人民形象的不足，展示了更为真实的人性；对劳动人民赞赏、批评与崇拜的态度，补充和修改了文学作品中对劳动人民形象的定型化塑造。作家在日记中对劳动人民赞赏、批评与崇拜复杂交织态度，是时代环境和作家早年启蒙思想共同作用的产物。

## 第二节　日记中的劳动人民生活

冰心及同时代作家的文学作品和日记中都表现了劳动人民的生活。文学作品中，作家通过描写劳动人民生活水平的进步、社会地位的提高、精神生活的丰富，着重表现劳动人民幸福的个人生活；通过描写集体协作的劳动场面，表现劳动人民互帮互助、团结奋进的集体生活，文学作品充满着劳动的自豪感和礼赞新生活的时代情绪。日记中，作家除了表现人民生活的进步外，也以关爱和同情的态度记录了劳动人民在生活和工作中的苦恼，展示了更为全面和真实的劳动人民生活。

### 一　幸福与不幸相伴的个人生活

冰心等作家在文学作品中主要表现劳动人民的幸福生活；在日记中，除了表现劳动人民生活的幸福，也记录了劳动人民的个人生活中的不幸，全面地展示了劳动人民的个人生活。

在文学作品中，作家们多用对比的手法记录劳动人民自述的自己

第四章　日记中的劳动生活

或父辈在旧社会和新社会的不同生活，在新旧生活的对比中表达新生活的幸福之感。冰心等作家从三个方面表现了劳动人民的生活。

一是，从物质生活条件的进步表现劳动人民幸福的生活。

冰心作品中，十三陵水库的四名女健将讲述了"从苦难转向了新生"的生活变化，张惠茹的父亲和爷爷在抗日战争期间被日本人活埋，沈秀珍动员大家为八路军做鞋而受到日本人的痛打，"共产党来了，一切都变了样，尤其是农村妇女的生活，简直是一步登天"，"谈到她们乡的最近与较远的将来，她们的心情是极其乐观而兴奋的，远景是十分美丽而鲜明的"[1]。北京工艺美术研究所的民间艺人绍安谈到少年痛苦的学徒生活、青年携家带子的游艺生涯，"旧社会真是个陷人坑，像我们这样靠手艺吃饭的劳动人民，到哪里也没有活路"；谈到新时代生活时，"脸上开朗了，微笑从嘴角展到眼边"[2]。老舍作品中，通过表现天桥老住户王大妈的生活变化，"反映着一部由酸辛到幸福的生活史。这点个人的经历也足以反映整个天桥的由黑暗到光明"[3]。叶圣陶作品中，赤峰市区过去是荒地，"人民生活困苦，一年里头吃不上三个月饱饭"，如今"户户有五百元以上的收入，大部分人家在银行里开了户头存了款呢！"[4] 作家们通过展示劳动人民生活条件的进步来达到歌颂新时代的目的。

二是，从劳动人民社会地位的提高来表现新时代人民的幸福生活。

冰心作品中，军马饲养员张新奎在新社会有了住所和工作，改变了过去"最卑贱、最被踩躏、连尘土都不如"[5] 的社会地位；中国的劳动妇女改变了"数千年来受尽了压迫，忍气吞声地过着牛马不如的

---

[1]　冰心：《大东流乡的四员女健将和女尖兵》，载卓如编《冰心全集（第四册）文学作品（1958—1961）》，第91页。

[2]　冰心：《"面人郎"访问记》，载卓如编《冰心全集（第三册）文学作品（1942—1957）》，第523—524页。

[3]　老舍：《人的跃进》，《老舍全集（15）（散文·杂文·书信）》，第107—108页。

[4]　叶圣陶著，叶至善、叶至美、叶至诚编：《叶圣陶集（7）》，第191—192页。

[5]　冰心：《一个最高尚的人》，载卓如编《冰心全集（第四册）文学作品（1958—1961）》，第73页。

黑暗痛苦的生活",在新社会里"与男子们并肩奋斗之下,获得了自己的自由和解放"①。老舍在《向妇女同志们致敬》《最值得歌颂的事》《十年笔墨》等作品中表现了妇女社会地位的提高,"妇女不再是玩物,妓女也被救出火坑,得到新生"②,"我写了艺人,特别是女艺人,在从前怎样受着剥削与虐待,而在解放后他们却被视为艺术家,不但不再受剥削与虐待,而且得到政治地位"③。田汉作品中,过去"任何艺人的一生都是受侮辱、受损害的一生",中华人民共和国成立后"艺人们翻身了,地位提高了"④。

三是,作家在文学作品中通过描写劳动人民丰富的精神生活来表现劳动人民的幸福生活。

冰心作品中,十三陵水库的工人在劳动之余可以参加扫盲运动、学习文化知识、读《十三陵水库报》;劳动人民学习了机器生产技术,"不是人们吃力地用双手双肩劳动的世界,而是巨大的机器劳动的世界,是人们灵活地操纵着巨大的机器来替他们劳动的世界"⑤。老舍作品中,老婆婆认识了人生的新道理(《老姐姐们》),劳动人民有了学习的条件和场所(《北京》),作家用劳动人民精神生活的进步来印证劳动人民的幸福生活。

冰心等作家在20世纪50—70年代的文学作品中,多是正面表现劳动人民的幸福生活,只有较少的作品表现了劳动人民生活中的问题。田汉在《戏剧报》先后发表《必须切实关心并改善艺人的生活》(1956年4月15日)和《为演员的青春请命》(1956年6月14日),列举了艺人生活中的困苦和艺人的潜力没有充分发挥等问题,呼吁改善艺人的生活条件。

---

① 冰心:《伟大的劳动 崇高的理想》,载卓如编《冰心全集(第四册)文学作品(1958—1961)》,第151页。
② 老舍:《最值得歌颂的事》,《老舍全集(15)(散文·杂文·书信)》,第76页。
③ 老舍:《十年笔墨》,《老舍全集(15)(散文·杂文·书信)》,第49页。
④ 田汉:《为爱国主义的人民新戏曲而奋斗》,《田汉全集(第17卷)(文论)》,第190页。
⑤ 冰心:《奇迹的三门峡市》,载卓如编《冰心全集(第四册)文学作品(1958—1961)》,第196页。

## 第四章 日记中的劳动生活

　　时代的进步让冰心等作家感到欣喜，正面表现劳动人民的生活，成为冰心等作家文学作品的主旋律。在文学作品里，作家常常描述劳动人民生活进步的状况后，对劳动人民的幸福生活进行政治抒情（以下着重号为笔者所加）。冰心在《再寄小读者》中表达新旧生活变迁带来的幸福感，"我们都是幸福的！我总算赶上了这个时代，而最幸福的还是你们，有多少美好的日子等着你们来过，更有多少伟大的事业等着你们去作呵"[1]。老舍在散文《十年百花荣》感慨艺人在新时代下的幸福生活，"生在新社会的艺术家们是多么幸福啊！是啊，每当我想起解放前的黑暗，我就不寒而栗"[2]；在《观众与演员都真幸福》里感慨劳动人民的幸福生活，"真幸福啊！非再说一百次不可，真幸福啊"[3]。作家在文学作品中通过记录劳动人民在新旧社会里生活水平、社会地位和精神生活方面的变化来表现劳动人民生活的幸福感，进而达到表现新时代、宣传新时代的目的。

　　与文学作品中强调劳动人民幸福的个人生活不同，冰心等作家的日记中除了表现劳动人民生活的进步外，也表现了劳动人民生活中的不幸。冰心作品《还乡杂记》和冰心日记中都提到郑依姆。在作品《还乡杂记》中，冰心通过郑依姆引出合作社和少年农场，表现发展合作社的时代主题。在日记中，冰心关心的则是郑依姆家庭生活的苦乐，郑依姆的前妻下落不明，与姜宝珠结婚时条件艰苦等，"极其动人"[4]；记录了郑依姆对合作社未来的畅想和担忧，"郑依姆说合作社想扩充至鼓岭一带，又怕自己看不见，但接班人已排好了"[5]。由日记中记录的重点，可以看出与郑依姆的社会地位相比，冰心更关心、同情郑依姆个人生活中的不幸。文学作品中的郑依姆是时代政策的符号，日记中的郑依姆才是一个有血有肉、真实的人，对郑依姆生活苦恼的

---

[1] 冰心：《再寄小读者·通讯一》，载卓如编《冰心全集（第四册）文学作品（1958—1961）》，第15页。
[2] 老舍：《十年百花荣》，《老舍全集（15）（散文·杂文·书信）》，第43页。
[3] 老舍：《观众与演员都真幸福》，《老舍全集（15）（散文·杂文·书信）》，第68页。
[4] 冰心著，王炳根编：《冰心日记》，1955年12月4日，第19页。
[5] 冰心著，王炳根编：《冰心日记》，1955年12月3日，第18页。

记录表现了劳动人民生活的真实状态。

## 二 愉快与苦恼并存的集体生活

在文学作品中,作家描述了劳动人民集体生活的劳动场面,表现了劳动人民互帮互助、团结奋进的友爱关系,充满着昂扬自豪的时代情绪。日记中,作家记录了劳动人民集体生活中的矛盾和苦恼,补充了文学作品对劳动人民集体生活问题表现的不足,展示了更为全面和真实的劳动人民集体生活。

冰心等作家文学作品中,重在表现劳动人民集体团结协作的友爱精神和集体主义精神。冰心作品里,挑土的、打夯的等劳动人民齐心协力参加筑坝工地建设,"人山人海,欢声动地!"(《记幸福沟》);丹江口建坝工地的工人"挑担的、推车的,上下飞走,欢声雷动"(《再寄小读者·通讯二十》);十三陵水库工地五个修水库的少年,"在队伍的前前后后,奔走追逐,欢呼高唱,自己发泄了说不尽的热情,使不完的干劲"[1]。老舍作品中"最令人高兴的是成千上万的家庭妇女参加劳动,干劲冲天,大搞生产。妇女解放了,妇女劳动力解放了,人民公社的确叫北京起了根本的变化"[2];"不要说青年男女,就是老人们也不肯完全闲着"[3]。叶圣陶作品里,擅长石工的刘存满、刘存桂兄弟,"工作抢在先,总愿意自己多做,帮助别人不遗余力"[4]。此阶段的文学作品中,劳动人民满腹社会主义建设的热情,在劳动中团结合作,关系和谐友善,格调幸福愉快,作家以此来表现劳动人民集体团结协作的精神。

日记中,作家除了表现劳动人民集体生活的团结、和谐以外,也以同情的态度记录了劳动人民在集体生活中的矛盾,并为此寻找解决

---

[1] 冰心:《十三陵工地上的小五虎》,载卓如编《冰心全集(第四册)文学作品(1958—1961)》,第96页。
[2] 老舍:《人民公社好》,《老舍全集(15)(散文·杂文·书信)》,第84页。
[3] 老舍:《新风气》,《老舍全集(15)(散文·杂文·书信)》,第54页。
[4] 叶圣陶著,叶至善、叶至美、叶至诚编:《叶圣陶集(7)》,第164页。

## 第四章　日记中的劳动生活

的办法。冰心日记和笔记中多处记录了新旧艺人的矛盾问题,传统民间艺人被青年艺人排挤,存在无法融入新社会的焦虑:

"北京棉布已经改造很好,愿意早点合营,大厂有顾虑,怕国家不要老工人。"(冰心笔记手本,1955年12月10日"金斗山劳动文化宫市总工会副主席陈水俤发言",现存于福建冰心文学馆。)

"旧艺人受无数压迫,政治提高,文化艺术水平也提高。教员子女多,负担重,托儿所没有。"(冰心笔记手本,1955年12月12日"林芝芳发言",现存于福建冰心文学馆。)

"抗战后艺人无人照顾,消沉转业,现人民政府提倡,但没有徒弟。"(冰心笔记手本,1957年4月19日"云锦合作社报告",现存于福建冰心文学馆。)

"至张永寿剪纸室,桌上有瓶花盆景等,他当场剪纸一幅相赠,又述省文联何燕明排挤之事情,甚为愤慨。"(冰心日记:1957年4月24日)

"到桃花坞木刻处,因农民不买年画了,最近只制棋盘,又被江苏印刷局抢占生意,艺人生活很痛苦,写信到北京请求解决。"(冰心日记:1957年5月4日)

冰心注意到新旧艺人之间的人际矛盾,传统民间艺人进入新时代后受到了社会的重视,但仍存在被青年艺人排挤的问题。此外,冰心还注意到劳动人民的工作才能与实际待遇之间存在矛盾,"至玩具小组,系许宝瑛,看她大有创作才能,颜色配得最好,神气亦生动,但似有委屈,眼泪盈眸"[1]。冰心同情老艺人在新时代的遭遇,在《全国手工业合作社总社华东中南工艺美术工作汇报会议讨论意见综合报告(初稿)》里提出"加强保护老艺人问题",并提出"艺人归队,传授

---

[1] 冰心著,王炳根编:《冰心日记》,1957年5月9日,第34页。

学徒，参加政治活动，改正旧社会不良作风，组织参观研究机会"①的建议；看到劳动人民，如日记中提到的玩具小组社员许宝瑛的才能被埋没，"回来后，与陈同志研究，看是否再深入，让她出来走走，给她以艺术地位，培养她"②。冰心在日记中以关爱和同情的态度记录了劳动人民集体生活中的人际矛盾和苦恼，并试图为劳动人民集体生活中出现的问题寻求解决的办法。

总体而言，冰心等作家20世纪50—70年代文学作品中着重表现劳动人民的幸福生活，日记中除了表现劳动人民生活的进步、工作的团结，也记录了劳动人民在个人生活和集体生活中的苦恼和矛盾。作家在日记中对劳动人民生活的描述较为客观、全面，弥补了文学作品片面表现劳动人民生活的不足，为客观、全面地了解劳动人民的生活状况提供了史料。

### 三 日记中对劳动人民生活表现的原因

作家文学作品中对劳动人民个人生活和集体生活的正面描述，既有新旧时代对比后作家内心的实际感触，也源于时代政策的宣传和影响。1942年，毛泽东在《在延安文艺座谈会上的讲话》中鼓励创作"愿意歌颂革命人民的功德，鼓舞革命人民的斗争勇气和胜利信心"③的文学作品。正面表现劳动人民的幸福生活，是作家在时代要求下的文艺实践。

冰心等作家在日记中对劳动人民生活问题的记录，既源于作家对社会问题的发现与关注，也源于其早年的人道主义思想的影响。创作早期，冰心把劳动者的地位提到了和五四时期的新学生一样的地位，学生和劳动者是"可敬可爱的""可钦可佩的"，只有他们才配"享受

---

① 冰心笔记手本，"全国手工业合作社总社华东中南工艺美术工作汇报会议讨论意见综合报告（初稿）"，现存于福建冰心文学馆。
② 冰心著，王炳根编：《冰心日记》，1957年5月9日，第34页。
③ 毛泽东：《在延安文艺座谈会上的讲话》，载中共中央文献研究室编《毛泽东文艺论集》，第78页。

## 第四章 日记中的劳动生活

这明耀的朝阳,清新的空气"①;警告自己"不要看低了愚夫庸妇,他们是了解生命的真意义,知道人生的真价值。他们不曾感慨,不曾烦闷,只勤勤恳恳地为世人造福。回来罢!脚踏实地着想!"②郑振铎指出,"'五四运动'曾在文坛上留下了它的深入的足迹,至少,它是唤起了一般作家的人道的自觉"③。郑振铎、冰心等作家倡导"博爱一切"的人道主义。在博爱观念的影响下,冰心主张爱母亲、爱儿童、爱自然,倡导不分国界和不分阶级的人类之爱,"人类呵!相爱罢!我们是长行的旅客,向着同一的归宿"④。人道主义思想成为作家早年的主要思想。

在人道主义思想的影响下,冰心等作家尊重劳动,重视劳动人民,关注、同情劳动人民的不幸和苦难。早年文学作品中,作家以人道主义的同情态度描述了劳动人民生活中的不幸和痛苦。冰心在《最后的安息》《一个兵丁》等作品中表现了童养媳、士兵等劳动人民的苦难。郑振铎在《铜铃之什》《厌憎》等作品中,对无家的孩子、衣衫褴褛的乞丐、捧着竹篮的小贩充满同情。

20世纪30年代及随后的抗日战争时期、解放战争时期,强调个人、博爱,反对暴力的人道主义已经不适应革命的要求,作家的思想发生了一定的改变。冰心写于1931年的小说《分》中,不同阶级的人在"精神上,物质上的一切都永远分开了"⑤。郑振铎在平绥路上旅行时写给妻子的《西行书简》中说,"谁知道矛盾的人间是分隔着怎样的若干层的生活的阶级呢"⑥,承认了阶级的存在。1942年,毛泽东在《在延安文艺座谈会上的讲话》中认为"世上决没有无缘无故的

---

① 冰心:《晨报……学生……劳动者》,载卓如编《冰心全集(第一册)文学作品(1919—1923)》,第56页。
② 冰心:《问答词》,载卓如编《冰心全集(第一册)文学作品(1919—1923)》,第229页。
③ 郑振铎:《我们所需要的文学》,《郑振铎全集(5)中国文学研究(下)》,第328页。
④ 冰心:《十字架的园里》,载卓如编《冰心全集(第一册)文学作品(1919—1923)》,第349页。
⑤ 冰心:《分》,载卓如编《冰心全集(第二册)文学作品(1923—1941)》,第314页。
⑥ 郑振铎:《西行书简》,《郑振铎全集(2)(诗歌、散文)》,第337页。

## 下编　冰心与同时代作家日记的互文研究

爱,也没有无缘无故的恨。至于所谓'人类之爱',自从人类分化成为阶级以后,就没有过这种统一的爱"①。冰心等作家倡导的"人类之爱",与强调关爱劳动人民的阶级之爱发生了矛盾,为了适应时代的要求,作家对早年的人道主义思想进行了自我反思和自我批判。冰心反思了早年的作品,对早年倡导的"人类之爱"观念进行了反思,"退缩逃避到狭仄的家庭圈子里,去描写歌颂那些在阶级社会里不可能实行的'人类之爱'"②。老舍认为,在过去的作品中,只表现了对穷人的同情,"而不敢也不能给他们指出一条出路"③。

作家早年的人道主义观点受到时代环境的冲击,但"欲以行政力量改变文风,此岂易事乎"④,人道主义思想的影响并非断裂,仍会从作家潜在的文本里体现出来。竹内好借用佛教用语"回心"表示"鲁迅走上文学道路的一个关键性的契机"⑤;伊藤虎丸将竹内好称为"回心"的东西理解为"类似于宗教信仰者宗教性自觉的文学性自觉"⑥。伊藤虎丸所说的"宗教性自觉的文学性自觉",是指作家思想深处原质性的部分,是作家不受时间、地点影响而执着坚守的思想信仰。人道主义思想是冰心等作家思想深处原质性的部分,是作家思想中的"回心"。日记文体的私密性促进了冰心等作家思想深处人道主义思想的迸发。在日记中,作家们对劳动人民个人生活不幸和集体工作苦恼的关注和同情,正是作家早年人道主义思想延续的体现。

---

①　毛泽东:《在延安文艺座谈会上的讲话》,载中共中央文献研究室编《毛泽东文艺论集》,第75页。
②　冰心:《〈冰心小说散文选集〉自序》,载卓如编《冰心全集(第三册)文学作品(1942—1957)》,第268页。
③　老舍:《毛主席给了我新的文艺生命》,《老舍全集(14)(散文·杂文)》,第488页。
④　叶圣陶著,叶至善、叶至美、叶至诚编:《叶圣陶集(22)》,1950年1月31日,第92页。
⑤　[日]竹内好:《鲁迅》,李心峰译,浙江文艺出版社1986年版,第46页。
⑥　[日]伊藤虎丸:《鲁迅、创造社与日本文学——中日近现代比较文学初探》,孙猛、徐江、李冬木译,北京大学出版社1995年版,第175页。

## 第三节 日记中的劳动观念

20世纪50—70年代,冰心等同时代作家在文学作品及日记中都阐释了自己的劳动观念。与公开作品相比,作家在日记中印证、补充或质疑了时代宣传的劳动理念,对劳动场面、劳动感受的记录更为客观、公正,日记为了解作家的劳动观念提供了史料。

### 一 客观、真实的劳动感受

与报纸媒体和作家作品中表现的昂扬的劳动态度相比,作家在日记中对劳动感受的记录更为客观、真实。

文学作品中,作家多以旁观者的角度,表现劳动人民不惧艰险、克服万难、轻松愉悦的劳动感受;作家将恶劣的自然条件、艰苦的工作环境作为衬托劳动人民勇敢、不服输等伟大精神的背景,重在表现劳动人民迎难而上、不怕艰险、不服输的昂扬精神风貌。冰心作品中,内蒙古小学教师那嘎格斯尔最初需要面对没有房子、桌凳、黑板的教学环境,但最终克服万难,用破木板自垒土台做桌凳、给学生们补鞋、亲自到老乡家为孩子补课,获得了老乡的信任,也让偷东西的孩子和顽皮的孩子成为好学生(《"一位专家,几万儿童"》)。十三陵水库的"四健将","腿上都结着一层冰,冻得像根红棒子似的,手上也裂满了小口,五个指头都伸不直"[1],但仍是不停工,挖水渠道、拆房子、支帐篷、推手车、帮民工补衣服、替房东收拾房院、刷房顶。福建惠安八名妇女克服了"石头,野草,无水,台风,暴雨,野兽"的困难,让荒岛变成了"庄稼满地,花果满园的仙岛"[2]。叶圣陶作品中,涿鹿劈山大渠工地上,怀孕五个月的杨光荣坚持劳作,转业军人张雨

---

[1] 冰心:《大东流乡的四员女健将和女尖兵》,载卓如编《冰心全集(第四册)文学作品(1958—1961)》,第87页。

[2] 冰心:《最可爱的姑娘》,载卓如编《冰心全集(第四册)文学作品(1958—1961)》,第424页。

下编　冰心与同时代作家日记的互文研究

"总是挑最重的活儿，哪儿有困难就赶到哪儿"①；修建水库的"铁姑娘""每天往返蹚两回河，冰水激骨，毫不在意"②，小脚的"铁老太太"从上工后一百多天从未停过工。老舍作品中，盲艺人"在冬天冒着风雪，夏天不畏酷暑暴雨"③ 学习曲艺。劳动人民克服了恶劣的条件，在各自岗位上做出不平凡的业绩，践行了时代宣传的政治理念。冰心等作家的文学作品，注重表现劳动人民不怕艰险的昂扬精神，强调劳动的伟大和劳动带来的精神愉悦，回避了劳动的辛苦，漠视了作家在劳动过程中的多样感受。

在日记里，作家记录了劳动带来的身体伤痛，展示了作家在劳动过程中身体和心理从不适应到适应的过程，对劳动感受的记录更为客观真实。冰心到樊家村人民公社与农民"同劳动"期间，"磨破了手，撕了一条裤子"④。冰心、郑振铎、叶圣陶等作家都曾去十三陵水库参加劳动，国家机关近三百人在一起，"安排在每天下午和晚上劳动六小时"⑤。郑振铎日记、叶圣陶日记里记录了知识分子在十三陵工地劳动的过程和心理感受。郑振铎负责为水库大坝捡石块、装筐，经历了"颇见累乏""渐见熟练"到"已经熟练得多了"的过程，以及"感到劳动的益处""今天的劳动更见愉快，配合得也更好。人人都很兴奋，很有干劲"⑥ 的心灵过程。叶圣陶的任务先是搬石头，后装运沙子，"两个腿觉僵硬，不易屈伸"，"两腿几乎提不起，勉强支撑，乃达宿所"⑦，叶圣陶日记中对劳动感受的记录显示出劳动对作家来说并非易事。

作家在日记中记录了劳动的辛苦、繁重和作家加入劳动行列的艰

---

① 叶圣陶：《涿鹿的劈山大渠》，载叶圣陶著，叶至善、叶至美、叶至诚编《叶圣陶集（7）》，第166—167页。
② 叶圣陶：《坝上一天》，载叶圣陶著，叶至善、叶至美、叶至诚编《叶圣陶集（7）》，第171页。
③ 老舍：《曲艺的新军》，《老舍全集（14）（散文·杂文）》，第462页。
④ 冰心著，王炳根编：《冰心日记》，1959年10月23日，第48页。
⑤ 刘炟：《郑振铎日记手稿》，《文献》1980年第4期。
⑥ 郑振铎著，陈福康整理：《郑振铎日记全编》，1958年6月22日、6月23日、6月24日，第624、624、625页。
⑦ 叶永和、蒋燕燕：《叶圣陶日记中的1958》，《炎黄春秋》2010年第6期。

第四章　日记中的劳动生活

难，展示了更为真实的心理感受，修改、补充了报刊媒体和作家公开作品中表达的劳动感受。

## 二　赞同与质疑的劳动态度

在公开的文学作品中，冰心等作家肯定劳动价值、强调劳动人民的奋斗精神、肯定劳动对思想改变的作用；在私下的日记中，作家既强调劳动的必要，记录了劳动的过程，也对劳动理念的必要性、适用性进行了思考和质疑。

在文学作品中，作家们肯定劳动对改变思想的重要作用。特殊的政治环境下，劳动"作为一种惩罚和改造手段存在"，"不光是改造人的身体，同时也是改造人的思想"①，时代环境下的劳动理念内化为作家的自我追求，并从作家的文学作品中体现出来。作家从劳动人民直面困难的勇敢精神中，感到了与劳动人民在语言、生活经验、政治意识上的差距，"体会了劳动的伟大，劳动人民的可爱，集体的无敌，个人的渺小"②，强化了通过劳动来提高自己思想意识的决心。

在与劳动人民的接触中，冰心认识到了自己在生活语言、生产经验和政治意识方面的不足。采访十三陵水库工人时，冰心意识到自身与劳动人民在语言上的隔膜，"可惜我不熟悉她们的生动的语言，笔记不但来不及写也顾不得写，现在更无从追摹了"③；为缺乏生活经验而自责，"我的钻探的经验，是如何地浅薄呵"④；劳动人民学习政治、应用政治的能力强，冰心感到了自己与劳动人民的差距，"问她们的

---

① 黄子平、张楠：《当代文学中的"劳动"与"尊严"——在中国人民大学的演讲》，《当代文坛》2012 年第 5 期。
② 冰心：《十三陵水库工地散记》，载卓如编《冰心全集（第四册）文学作品（1958—1961）》，第 103 页。
③ 冰心：《大东流乡的四员女健将和女尖兵》，载卓如编《冰心全集（第四册）文学作品（1958—1961）》，第 91 页。
④ 冰心：《大东流乡的四员女健将和女尖兵》，载卓如编《冰心全集（第四册）文学作品（1958—1961）》，第 90 页。

· 265 ·

下编　冰心与同时代作家日记的互文研究

干劲儿哪里来,她们的回答是简单而明确的:为了将来美好的生活嘛,为了奔向社会主义嘛,不一个劲儿地往前奔,就做不到'多快好省'里的'快',社会主义几时才来到呀!"[1] 在对比、反思后,冰心确定了向劳动人民学习的想法,"对于这些建设社会主义的杰出人物,除了羡慕钦敬之外,还应该大大地下个比、学、赶、帮的决心。我们要每天细读他们的发言,注意大会的决议,以他们个人和集体的努力和成就来鞭策自己"[2]。叶圣陶在《涿鹿的劈山大渠》一文中借郭沫若的话表达了向劳动人民学习的决心,"我们来这儿,拜你们为师。我们拿笔杆的人,要好好学习你们的干劲儿,使笔杆像你们的铁锹一样,发挥更大的力量"[3]。作家们在文学作品中肯定了劳动对文学创作和思想进步方面的重要作用,强调了劳动的必要性。

与文学作品中着重强调劳动的作用不同,作家们在日记中既记录了作家劳动的过程,强调劳动的必要,又对劳动的强度、效果等方面进行了质疑。

一方面,冰心等作家强调劳动的重要性,积极参加劳动锻炼,期待通过劳动达到增加生活经验的目的,日记赞同了时代政治强调的劳动理念。

日记显示出冰心等作家对集体劳动的积极践行。冰心到樊家村花队访问,"与农民同住、同吃、同劳动"[4],跟张琳老汉学"抹""屯"山虎子;到河北怀来涿鹿人民公社考察,"和下放干部见面,并做了一点劳动"[5];在江西考察,帮社员晒谷子、捡豆子,帮忙开饭。冯雪峰日记记录了冯雪峰的劳动实践,冯雪峰参加了挑石灰、和灰、捡石头、

---

[1] 冰心:《大东流乡的四员女健将和女尖兵》,载卓如编《冰心全集(第四册)文学作品(1958—1961)》,第91页。
[2] 冰心:《灿烂群星照北京》,载卓如编《冰心全集(第四册)文学作品(1958—1961)》,第378页。
[3] 叶圣陶:《涿鹿的劈山大渠》,载叶圣陶著、叶至善、叶至美、叶至诚编《叶圣陶集(7)》,第165页。
[4] 冰心著,王炳根编:《冰心日记》,1959年10月23日,第48页。
[5] 冰心著,王炳根编:《冰心日记》,1960年9月11日,第67页。

挖干渠、修桥等生产劳动，也参加了打猪草、搬南瓜、剥玉米、晒玉米、打农药、刨土、打坯、锄草、翻土、种菜等农业劳动，如"4点半起床，5点半出工，平整土地准备种菜，9点收工"，"上下午下湖挖干渠，天黑（6点多）收工"①。冰心等作家既参加统一的集体劳动，也将劳动落实到日常生活中，日记显示出作家对劳动理念的重视和积极践行。

另一方面，作家在日记中也对特定时代政治宣传的劳动理念进行了质疑。

茅盾、叶圣陶等作家在日记中对劳动实践能否促进文学创作、思想变化发表了看法。公开的文学作品里，茅盾承认劳动对文艺创作的作用，能"丰富作家生活经验、激发作家的创作灵感"，"锻炼写作技巧"，也承认作家参加劳动生产和斗争"是改造作家世界观的最有效的方法"②。日记中，"做清洁工作一小时。计家中无女仆已将一月矣，每日早起洒扫，原亦不坏，至少可医便秘（恐怕这些劳动对于改造思想未必有助，不但这些劳动，我曾见下放农村劳动一年者，脸晒黑了，手粗糙了，农业生产懂一点，会一点，嘴巴上讲一套，比过去更能干了，然而思想深处如何？恐怕——不，不光是恐怕而是仍然和从前一样）"③。茅盾在日记中认为劳动后的思想"恐怕而是仍然和从前一样"，也许认为劳动促进思想变化的观点并不合理；也许认为劳动时间过短，因而思想改变得还不够。无论哪种说法，都表明茅盾对劳动理念表达了自己的思考。叶圣陶也在日记中质疑了劳动对思想变化、文学创作的功效，"思想改造乃至实践变革，谈何容易，虽欲勉力追随，恐未必能立见功效耳"④，"强欲创作而死啃理论，或往工厂农村

---

① 冯雪峰：《冯雪峰全集（7）》，1970年8月11日、1970年12月29日，第254、264页。
② 茅盾：《反映社会主义跃进的时代，推动社会主义时代的跃进——一九六〇年七月二十四日在中国作家协会第三次理事会会议（扩大）上的报告》，载中国文学艺术界联合会编《中国文学艺术工作者第三次代表大会资料》，中国文学艺术界联合会1960年版，第77页。
③ 茅盾：《茅盾全集（39）（日记一集）》，1961年5月30日，第185—186页。
④ 叶圣陶著，叶至善、叶至美、叶至诚编：《叶圣陶集（22）》，1952年1月16日，第271页。

参观，以期有所启发，皆未必有大效"①，叶圣陶对劳动可以促进思想进步、促进文学创作的观点进行了质疑。

在公开的文学作品里，冰心、茅盾、叶圣陶等作家认同时代政治宣传的劳动理念；在私密的日记里，作家从举例分析、反省思考中对劳动的功效、适用性做出了更为客观的评定。

在20世纪50—70年代的政治环境下，时代政治对集体劳动的强调，直接或间接地影响了冰心等作家的劳动观念。作家们有意识地提高自己的劳动理念，并支持和引导着家人重视劳动实践。与公开作品相比，作家在日记中对劳动场面、劳动感受的记录更为客观、公正，印证、补充或质疑了特定时代宣传的劳动理念，为了解作家的劳动观念、劳动心态提供了史料。

总体而言，作家文学作品与日记中体现出不同的劳动话语。一方面，在劳动人民形象的塑造、劳动人民生活的表现等方面，作家在文学作品和日记的记录中存在差异。公开的文学作品中，劳动人民形象大多是完美的，作家以赞赏、仰慕、学习的态度，从外在精神状态、工作状态等方面正面肯定和礼赞了劳动人民的价值；日记中，劳动人民的形象是全面的，作家对劳动人民呈现出赞赏、批评与崇拜并存的复杂态度。作家对劳动人民优点、缺点的记录里，延续了早年的启蒙思想和人道主义思想；对劳动人民生产生活经验和政治经验的仰慕、学习中，显示出特定时代语境下集体劳动观念对作家的影响。作家在日记中记录了劳动人民生活和工作中的幸福、苦恼，记录了劳动人民性格的优点和思想意识上的缺点，展示了更为真实的生活和人性。另一方面，作家在文学作品与日记中表现的劳动观念不同。在公开的文学作品中，作家肯定劳动价值，肯定了劳动对文学创作、思想改变的作用，契合了时代政治规范的需要；私下日记里，作家对劳动的态度则赞同与质疑并存，作家日记印证、补充或质疑了时代政治宣传的劳动理念，对劳动场面、劳动感受的记录更为客观、公正。作家在公开

---

① 叶圣陶著，叶至善、叶至美、叶至诚编：《叶圣陶集（22）》，1952年5月22日，第325页。

文学作品与私下日记中不同劳动话语的形成，源于时代政治下集体劳动观念与作家早年人道主义、启蒙思想的互动影响。公开文学作品中，作家按照时代的要求着重正面塑造劳动人民形象、阐释劳动观念；私下的日记中，作家较为理性地分析劳动人民性格中的缺点，直面劳动人民生活中的问题，较为全面地思考时代政治宣传的劳动理念。早年人道主义的观点与新中国时代政治的集体劳动观念矛盾又统一地并存于作家的思想理念中。作家日记中对劳动人民既崇拜又批评的复杂态度、对劳动人民生活的多角度表现、对劳动锻炼理念的认同与质疑，正是作家启蒙思想与时代政治理念共同作用的体现。冰心等作家的日记为了解中华人民共和国成立后的劳动生活提供了史料。

# 第五章　日记中的文学生活

中华人民共和国成立后,冰心等作家继续创作文学作品,文学活动的独立性和作家身份的独立性契合了作家的文学追求;作家接受了行政任务,通过创作文学作品来践行宣传时代的使命。日记为了解作家的文学观念、文学风格提供了史料。

## 第一节　作家的文学观念

### 一　强调文学活动的独立性

在新文化运动影响、成长起来的中国现代文学第一代作家,将"自由""民主"等思想内化为自我坚守的文学精神,强调文学创作主体和创作活动的独立性。新文化运动的倡导者陈独秀、胡适都强调人格独立、个性自由,陈独秀曾强调"尊个性独立自主之人格,勿为他人之附属品"①。

一方面,创作主体是自由的、独立的,强调自我感情的真实表达。冰心认为,文学是表现自己的文学活动,"能表现自己的文学,就是'真'的文学"②;文学创作者要坚持自身的主体性,曾发出"'我'

---

① 陈独秀:《陈独秀著作选(第一卷)》,上海人民出版社1993年版,第172页。
② 冰心:《文艺丛谈》,载卓如编《冰心全集(第一册)文学作品(1919—1923)》,第196页。

## 第五章 日记中的文学生活

呢?'我'到哪里去了?有了众人,难道就可以没了'我'?"① 这样的追问。"假的,模仿的,不自然的著作的,无论他是旧是新,都是一样的无价值;这便因为他没有真实的个性。"② 冰心、周作人从遵从内心的角度强调创作主体的独立性。

另一方面,作家认为文学创作活动是独立的。在早年的文学作品中,作家将文学创作称之为"终身的事业",反对将文学视为"职业"。第一,强调文学的"事业"性(以下着重号为笔者所加)。文学研究会发起人之一周作人在《文学研究会宣言》中指出:"我们相信文学是一种工作,而且又是于人生很切要的一种工作;治文学的人也当以这事为他终身的事业,正同劳农一样。"③ 周作人在《圣书与中国文学》中引用了俄国作家安特来夫的话,"我是治文学的,我之所以觉得文学的可尊,便因其最高上的事业,是在拭去一切的界限与距离"④。第二,反对文学的"职业"化。郑振铎在《文学的危机》一文中,认为"文学是决不应视为一种职业的"⑤;在《光明运动的开始》一文中,郑振铎再次强调,"极力使自己所愿意做的事情避免职业化才好。艺术家更要紧。他们应该保持艺术的独立,不使她成为一种职业"⑥。作家并非将"事业"与"职业"对立起来,而是意在强调文学创作活动的独立性,即文学是表现社会人生或抒发内心情怀的无功利的创作活动。正如周作人在《自己的园地》中所言,文学创作要坚持"独立的艺术美与无形的功利"⑦,"迎合社会心理……其文学

---

① 冰心:《"是非"》,载卓如编《冰心全集(第一册)文学作品(1919—1923)》,第209页。
② 周作人:《个性的文学》,载周作人著,钟叔河编《周作人文类编3(本色 文学·文章·文化)》,第52页。
③ 周作人:《文学研究会宣言》,载周作人著,钟叔河编《周作人文类编3(本色 文学·文章·文化)》,第50—51页。
④ 周作人:《圣书与中国文学》,载周作人著,钟叔河编《周作人文类编8(希腊之余光 希腊·西洋·翻译)》,第444页。
⑤ 郑振铎:《文学的危机》,《郑振铎全集(3)(杂文、文学杂论、〈汤祷篇〉)》,第396页。
⑥ 郑振铎:《光明运动的开始》,《郑振铎全集(3)(杂文、文学杂论、〈汤祷篇〉)》,第410—411页。
⑦ 周作人:《自己的园地》,载周作人著,钟叔河编《周作人文类编3(本色 文学·文章·文化)》,第64页。

下编　冰心与同时代作家日记的互文研究

价值仍然可以直等于零"①。冰心等作家强调文学创作主体和创作活动的独立性，反对文学的依附性。

### 二　强调作家身份的独立性

冰心及同时代作家认为作家应该专心于文学创作，强调作家身份的独立性。

周作人强调文学创作者需专心于创作，认为新文化运动成绩不大的一个重要原因在于"中国士流向来看重政治，从事文化工作者往往心不专一，觉得弄政治更为有效，逐渐的转移过去了"②。郑振铎在早年日记中表达了专心文艺创作的想法，"我为只求能安分营商而已，永远不想参与政治也"③；三十岁生日时立下"不做非本行之文"④誓言；抗日战争胜利前后的政治局势使郑振铎感慨"'政治'这东西，实在太可怕了。还是做自己的'本行'为是"⑤；在刊物《民主》中，郑振铎多次强调"都不是搞政治的人……没有政治上的愿望"⑥。老舍曾言，"经济的压迫使我不敢放弃教书；同时，趣味所在又使我不忍完全放弃写作"⑦。抗日战争期间，老舍被选为中华全国文艺界抗敌协会（简称"文协"）常务理事兼总务部主任。"文艺协会的筹备期间并没有一个钱，可是大家肯掏腰包，肯跑路，肯车马自备"⑧，文艺创作者不分党派、不分流派自觉地团结一起，用文艺宣传抗日战争，"文协"被老舍视为"最干净、最珍贵的一个团体"⑨。老舍将自己定位为

---

① 周作人：《文艺的统一》，载周作人著，钟叔河编《周作人文类编3（本色　文学·文章·文化）》，第78页。
② 周作人：《新中国文学复兴之途径》，载周作人著，钟叔河编《周作人文类编3（本色　文学·文章·文化）》，第161页。
③ 郑振铎著，陈福康整理：《郑振铎日记全编》，1927年5月31日，第12页。
④ 郑振铎著，陈福康整理：《郑振铎日记全编》，1927年11月30日，第78页。
⑤ 郑振铎著，陈福康整理：《郑振铎日记全编》，1945年8月22日，第245页。
⑥ 郑振铎：《本刊一年回顾》，《郑振铎全集（3）（杂文、文学杂论、〈汤祷篇〉)》，第322页。
⑦ 老舍：《我的暑假》，《老舍全集（15）（散文·杂文·书信）》，第298页。
⑧ 老舍：《八方风雨》，《老舍全集（14）（散文·杂文）》，第387页。
⑨ 转引自刘明、石兴泽《人民艺术家老舍》，山东画报出版社1997年版，第126页。

"文艺界中的一名小卒","小卒心中没有大将的韬略,可是小卒该做的一切,我确是做到了。以前如是,现在如是,将来也如是"①,愿意做勤奋的文艺工作者。

作家强调文学创作和作家身份的独立性,老舍愿意做文艺界的"小卒";冰心渴望"宝贵着自己的一方园地","栽下平凡的小小的花,给平凡的小小的人看"②;周作人决定"在十字街头造起塔来住"③……中华人民共和国成立后,冰心等同时代作家继续以作家的身份创作文学作品,愿意坚守自己的文艺"园地"和思想之"塔"。

### 三 践行用文学宣传时代的使命

文艺是国家建设的重要组成部分。毛泽东在《在延安文艺座谈会上的讲话》中指出,"要使文艺很好地成为整个革命机器的一个组成部分,作为团结人民、教育人民、打击敌人、消灭敌人的有力的武器"④。"文学被组织起来,被安排和计划,成为党的事业的一部分,成为党所管理的部门和统一战线。"⑤ 中华人民共和国成立后,冰心等作家进入文化部、中国作家协会等单位,接受了行政任务,在创作文学作品的同时,也需要在时代文艺环境的要求下,履行行政职责,践行用文学宣传时代的使命。

对中国共产党的信任和期待,文人书生建立独立、民主新中国的使命以及实现人生价值的理想,坚定了作家融入新时代、接受行政任务的决心。叶圣陶在日记中写道,"以余简单之想法,国民党方面已不能复战,其主观愿望必难实现也";"返舍,仲华来谈,论及中共之

---

① 老舍:《入会誓词》,《老舍全集(14)(散文·杂文)》,第135页。
② 冰心:《我的文学生活》,载卓如编《冰心全集(第二册)文学作品(1923—1941)》,第329页。
③ 周作人:《十字街头的塔》,载周作人著,钟叔河编《周作人文类编9(夜读的境界 生活·写作·语文)》,第44页。
④ 毛泽东:《在延安文艺座谈会上的讲话》,载中共中央文献研究室编《毛泽东文艺论集》,第49页。
⑤ 王本朝:《中国当代文学制度研究(1949—1976)》,新星出版社1997年版,第12页。

优点在知过而改，能深察客观情势，且不惮批评。余深然其言"；"徐贾二君态度极自然，无官僚风，初入解放区，即觉印象甚佳"；"即以招待客人而言，秩序以有计划而井然。侍应员之服务亲切而周到，亦非以往所能想象。若在腐败环境之中，招待客人即为作弊自肥之好机会，决不能使客人心感至此也"；"余思共党从生活中教育人，实深得教育之精意。他日当将此意发挥之"①。叶圣陶以初来解放区的印象和亲身感受为基点，总结了中国共产党敢于自我批评、无官僚风、服务态度朴素亲切等优良品质。初到解放区的民主人士"酒罢共谈日来之感想，皆希望中共作得美好，为新中国立不拔之基"②。郑振铎日记记录了听闻解放军解放南京、革命胜利后的喜悦。在捷克开世界和平大会期间，"到了十二时许，主席宣布解放军已入南京，何其神速也……四时许，一队青年代表们忽拥进会场，致词后，各以鲜花送给我们，并抱吻。我为之热泪盈眶……十一时半，忽闻街头呼毛泽东声，盖青年们至旅馆门前欢呼也"③。隆重的欢迎会感动了初入解放区的作家，"开全体会，沫若感动得哭了，还有几个人也眼泪汪汪的"④。北上解放区前，茅盾在香港《华商报》发表的文章《迎接新年，迎接新中国》中表达了建设新中国"独立，自主，和平""平等，自由，繁荣康乐"⑤的期待。1949年6月，老舍对日本朋友说"中国不久将获新生了"，"我要尽快到中国去"⑥。老舍在话剧《一家代表》中说："借着这短短的话剧，我希望能尽一点扩大民主政治影响的宣传责任。民主政治是咱们新国家建国的基础，顶要紧。"⑦冰心在日本访问时受到

---

① 叶圣陶著，叶至善、叶至美、叶至诚编：《叶圣陶集（22）》，1949年1月27日、2月12日、3月5日、3月10日、3月7日，第13、21、32、37、34页。
② 叶圣陶著，叶至善、叶至美、叶至诚编：《叶圣陶集（22）》，1949年3月15日，第43页。
③ 郑振铎著，陈福康整理：《郑振铎日记全编》，1949年4月23日，第387—388页。
④ 郑振铎著，陈福康整理：《郑振铎日记全编》，1949年5月19日，第394页。
⑤ 茅盾：《迎接新年，迎接新中国》，载茅盾著，韦韬、陈小曼编《茅盾杂文集》，生活·读书·新知三联书店1996年版，第861页。
⑥ ［日］石垣绫子：《老舍——在美国生活的时期》，夏衍翔译，《新文学史料》1985年第3期。
⑦ 老舍：《我怎样写〈一家代表〉》，《老舍全集（17）（文论）》，第578页。

采访，冰心说，"我从心底里拥护这个政府，也就是为人民的政府"，"中国人热爱和平，对任何一个国家都没有任何侵略的念头，也没想过要侵犯其他国家……我觉得成为这样一个国家的公民是非常光荣的，现在是我一生中最愉悦的时期"[1]。

对于与过去所关注的领域、所从事的行业、所投入的兴趣契合的职务，如茅盾担任中国作家协会主席、郑振铎担任文化部文物局局长、叶圣陶担任国家出版总署副署长兼编审局局长等职务，作家的态度是欣喜并接受的，愿意将所学之长服务于国家建设，通过创作文学作品达到宣传时代的目的。

1953年，冰心担任中国作家协会儿童文学组组长。"愿为创作儿童文学而努力"，"在我的作品中，我要努力创造正面艺术形象，表现新型人物，让新中国的儿童看到祖国的新生的，前进的，蓬蓬勃勃的力量，鼓舞他们做一个有教养的，乐观的，英勇刚毅的社会主义社会的建设者"[2]；1954年在新中国第一部《宪法》的座谈会上，冰心在发言中说愿意做儿童"精神食品的炊事员"，为儿童提供"精神食粮"[3]。叶圣陶自1923年起就在商务印书馆从事编辑工作；郑振铎从青年时期就注重古书、古文物的保护。当叶圣陶得知国务院将他安排在教育部时说，"于余心稍慰"[4]，因为"余最望不入行政部门，教育出版社则不居社，教育出版社则不居社长之名，为一编辑，因此得暇可写些文字"[5]。作为国家出版总署副署长，叶圣陶怀着"不第须对原作者负责，并须对读者负责也"[6]的使命感，对学生教科书、著作译文等语句细心修改并润色，虽有"出版署责任之重，编审工作之难以

---

[1] 冰心：《新中国的作家生活》，载冰心著，王炳根选编《冰心文选 佚文卷》，福建教育出版社2007年版，第221—222页。

[2] 冰心：《归来以后》，载卓如编《冰心全集（第三册）文学作品（1942—1957）》，第222页。

[3] 冰心：《学习宪法草案的体会和感想》，载卓如编《冰心全集（第三册）文学作品（1942—1957）》，第267页。

[4] 叶圣陶著，叶至善、叶至美、叶至诚编：《叶圣陶集（23）》，1954年11月6日，第161页。

[5] 叶圣陶著，叶至善、叶至美、叶至诚编：《叶圣陶集（23）》，1954年9月21日，第151页。

[6] 叶圣陶著，叶至善、叶至美、叶至诚编：《叶圣陶集（23）》，1953年9月7日，第25页。

下编　冰心与同时代作家日记的互文研究

作好，一时纷集于胸"①的苦闷，但仍会以此为乐，"劝余减少办公时间，多事休息。余看稿改稿已成习惯，休息无所事事，亦甚无聊也"②，"今日伏案看稿件，虽亦不闲，颇觉有味，此可见我之性情于编审工作为宜"③。国营出版业注重集体讨论等措施契合了叶圣陶的出版理念。1950 年 4 月，叶圣陶在新华书店总管理处成立大会上发表了讲话，"咱们现在讲'民主集中'，不单是'自下而上'，请大家出主意，还要把大家的主意集中起来，'自上而下'，请大家一同来实行。这样上下循环交流，一切方针办法都是整体的表现，当然有强大的力量。这是我从前所理想的，今天亲眼看到了，并且生活在其中，心里非常的高兴"，而这些在私营书店里"是不大容易的"④。"叶圣陶的离沪北上，不能简单地被视为一介文人与出版社关系的孤立个案，它体现了借由五四运动而投入出版界的新文化人，对自身出版理念的坚持。"⑤ 作为国家文物局局长，郑振铎为保护古书、古文物付出了毕生精力，日记中记录他收集古物、整理古书的辛劳，"不知从何下手，颇为郁闷，是'书多为累'之一例也"⑥，又记录了他得到古书后的欣喜，四时到琉璃厂找书，八时半才回，"浑忘晚餐未进矣！不仅眼饱，腹亦饱了，甚是高兴！九时半，倚枕看书。不知何时入睡。冒雪访书，最有好兴致"，"到中国书店，购《古今文综》一部。我在童年时代，欣羡此书而不可得，曾手抄其中'论文'部分，成为二册。今始得以，亦快心也！"⑦ 郑振铎还对书的编目、版本、注释等提出了许多可行的建议，如认为书中掌故"最好是言必有据，才会有用。否则，辗转抄袭，会

---

① 叶圣陶著，叶至善、叶至美、叶至诚编：《叶圣陶集（22）》，1949 年 11 月 30 日，第 83 页。
② 叶圣陶著，叶至善、叶至美、叶至诚编：《叶圣陶集（23）》，1953 年 9 月 21 日，第 31 页。
③ 叶圣陶著，叶至善、叶至美、叶至诚编：《叶圣陶集（22）》，1951 年 8 月 14 日，第 217 页。
④ 叶圣陶：《主人翁感——在新华书店总管理处成立大会上的讲话》，载叶圣陶著，叶至善、叶至美、叶至诚编《叶圣陶集（17）》，第 301 页。
⑤ 邱雪松：《新论 1949 年叶圣陶"北上"缘由》，《新文学史料》2013 年第 2 期。
⑥ 郑振铎著，陈福康整理：《郑振铎日记全编》，1957 年 4 月 14 日，第 504 页。
⑦ 郑振铎著，陈福康整理：《郑振铎日记全编》，1957 年 2 月 28 日、1957 年 7 月 15 日，第 494、536 页。

误引人入歧途的"①；从古书中研究古代文学的面貌和发展状况，"写《宋人文集》目录。这个工作对自己很有益处，藉此，可以掌握宋代文学的全貌与其文献、资料的来源"②。郑振铎同意担任国家文物局局长，与郑振铎保护文物、保护中国传统文化遗产的心愿和使命分不开。

冰心等作家的行政工作契合作家的想法和关注兴趣，作家在履行行政职责、完成行政任务的同时，期待通过创作文学作品来践行宣传时代的使命。在《争取发展到更高的阶段》一文中，茅盾认为"在文艺圈子里，要有重视职业作家的风气"③。在《我拥护大力推行民族共同语》一文中，老舍说："我是个职业作家。为证明我拥护推行民族共同语，我愿从运用语言上尽到我的力量，有助于这个运动的顺利进行。"④当然，作家的行政工作有时与创作活动发生冲突，既要履行行政任务，又要遵循文艺规律，作家"经常陷于一种不能不斗争又不能不调整的两难处境"⑤。

冰心等同时代作家延续了早年的文学观念，强调文学活动的独立性和作家身份的独立性；同时，在时代环境的影响下，作家接受了行政任务，践行用文学宣传时代的使命。

## 第二节 作家的文学风格

日记记录了中华人民共和国成立后冰心等同时代作家对早年文学风格的延续和在时代要求下对文学风格的调整，对文学风格转变的原因进行了解释。

### 一 文学风格的延续

日记显示了冰心等作家对文艺创作规律的坚守，延续了早年的文

---

① 郑振铎著，陈福康整理：《郑振铎日记全编》，1957年2月4日，第489页。
② 郑振铎著，陈福康整理：《郑振铎日记全编》，1958年1月26日，第599页。
③ 茅盾：《争取发展到更高的阶段》，《茅盾全集（23）（中国文论六集）》，第160页。
④ 老舍：《我拥护大力推行民族共同语》，《老舍全集（14）（散文·杂文）》，第599页。
⑤ 杨匡汉、孟繁华主编：《共和国文学50年》，中国社会科学出版社1999年版，第98页。

学风格。

（一）坚持独立思考的文学精神

作家在日记中记录了对时代政策的态度，显示出作家独立思考的精神。

以对合作化的态度为例，作家会发现合作化的优点，也会清醒地看到合作化在产品质量、产品销售等方面的问题。冰心、叶圣陶、茅盾等作家在日记中发表了对合作化的看法。合作化是指农民或手工业者通过互助合作、集体劳动来发展生产。1953年，《人民日报》正式公布了过渡时期的总路线，要在一个相当长的历史时期内，基本上实现对农业、手工业和资本主义工商业社会主义改造；随后中共中央又颁布了《关于发展农业生产合作社的决议》《关于农业合作化问题》等决议，决定采取"积极领导、稳步前进"的方针逐步引导农业、手工业走向合作化。在中央政策的宣传和支持下，合作化在全国大规模推行起来，1956年底，全国基本实现了农业合作化和手工业合作化[1]。作家支持合作化政策，礼赞了合作化在解决城市、人民经济差距上的重要作用。叶圣陶在日记中赞扬了农业合作社在改善农村两极分化中的重要作用，"土改以来不到二年，农村两极分化已甚显著，有购地至百亩以上者。若不合作化，走上老路固至易也"[2]。在支持合作化政策的前提下，作家发现了合作社发展过程中的一系列问题。冰心、茅盾在日记中表达了对合作社问题的关注，"细细问去，问题甚多"[3]。在江南考察手工业合作社时，冰心认为合作社存在着产品样式不美观、合作社产品销售渠道单一、合作社产品的计件方式片面等问题。茅盾同样发现合作社在产品质量上的问题。茅盾到市场买铅笔，却得知铅笔缺货，只看到质量不好的铅笔，"不知合营之铅笔厂何以大量出产此等劣货而较好者反不生产了"[4]。冰心、茅盾在日记中对合作社产品

---

[1] 戴世锋：《社会转型与历史教学》，中国文史出版社2013年版，第79页。
[2] 叶圣陶著，叶至善、叶至美、叶至诚编：《叶圣陶集（23）》，1954年1月9日，第68页。
[3] 冰心著，王炳根编：《冰心日记》，1957年5月4日，第32页。
[4] 茅盾：《茅盾全集（39）（日记一集）》，1962年4月4日，第297页。

## 第五章 日记中的文学生活

质量问题的质问,触及合作社产品的实质问题。

(二)坚守文学创作的规律

日记中对文学创作过程的记录,显示了作家对文学创作规律的坚守。

从日记上看,为准备第三次文代会报告,茅盾在工作之余阅读了大量的新作,细心做笔记后又花费两个月时间进行写作,"觉甚倦,但已不能再睡,因为心里牵挂着一些事也。上午续写报告,阅报、《参资》。中午小睡一小时。下午续写报告,算是写完了。此报告都共四万字,四月八日开始,此后断断续续,中间有搁笔五六日之久而始续写者,都计约一百十余小时。平时每小时只写成三百字而已。至于阅报之作品,论文,共约千万字,阅时二月余,主要在晚上读,因白天仍有杂事须处理,而开会亦占去一部分时间"①。茅盾需要行使作家的使命,"从分析作品入手,不取空谈"②,也需要行使行政使命,"因为'报告'总是总结(空洞无味)性质"③,两种使命相互矛盾又合为一体。即便如此,繁忙的行政任务并没有降低茅盾对文学报告的高质量要求,茅盾的公开发言不是按照政治政策解读文学作品,而是从阅读文学作品出发,并经过提取、分析而成;写作中既有举例、归类、概括等方面的困难,还要考虑文学批评的态度、文学政策的变化。具体来说,茅盾要伏案阅读文学作品,"今日共伏案六小时,仅成二千余字耳""阅《武则天》剧本至次晨一时"④,要细心做笔记,"八时起整理两个月来阅读书刊所作的笔记"⑤;既要发现作品在主题和艺术上的优缺点,又要照顾作者的情绪,"碰到了评论作家照直说还是客气些(带点外交词令的味儿)的问题,因此踌躇,写作进度不快,至五时仅成三、四百字而已,头晕"⑥。报告举例需要几例相权,"最费

---

① 茅盾:《茅盾全集(39)(日记一集)》,1960年5月21日,第81页。
② 茅盾:《茅盾全集(39)(日记一集)》,1960年4月9日,第67页。
③ 茅盾:《茅盾全集(39)(日记一集)》,1960年5月30日,第85页。
④ 茅盾:《茅盾全集(39)(日记一集)》,1960年5月5日、5月12日,第75、78页。
⑤ 茅盾:《茅盾全集(39)(日记一集)》,1960年4月7日,第66页。
⑥ 茅盾:《茅盾全集(39)(日记一集)》,1960年4月12日,第68页。

时者，仍是举例，往往两例相权，筹思推敲，至再至三，始能概括写成十数至三、五十字，而耗时则将近半小时"①，又需要总结出不同作家的特色之处，"盖要品评具有个人风格之作家，指出其不同之风格，往往提笔难下，推敲再三"②。既需要分析作品，又得考虑中央指示，"遵中央指示，仍在报告中提及社会主义现实主义而不与'两结合'作比较"③。既想详细地畅所欲言地分析作品特点，又需要考虑报告的简练性质，"如畅所欲言，可写一本十万字的书，但报告中只能概括地写为三四千字，因而更觉为难"④。茅盾从文学作品的分析中提炼报告内容，保证了文学报告的客观性和说服力，因而叶圣陶阅读茅盾的文学报告后才会发出"于文学创作文学批评各方面谈之甚周密，亦复可佩"⑤的感叹。

文学风格的延续也体现在作家的文学作品中。在完成政治任务的过程中，冰心等作家并没有忘记自己作为文学家的使命，比喻、拟人、夸张、象征等修辞手法穿插运用，对语言的锤炼在一定程度上缩小了政治与文学的差距。

在冰心的文学作品中，大量比喻的使用，促进了文字的形象化与生动化。"像几条黄白相间的花带一般，缠在朝阳下的山腰"，用花带比喻水库里工人在山间穿梭往来，极富动感（《十三陵水库工地散记》）；将大连港的形状比作"青绿的玉玦"，大连港的作用比作人民当家作主的"罗圈椅"（《人民坐在"罗圈椅"上》）；把天真的孩童比作"关不住的小天使"，"小小的身躯上喷发着太阳的香气息"（《只拣儿童多处行》）。将文字比作灯里的烛光，思想内容比作纱灯映衬下的图画，在纱灯的亮暗与图画的映衬的对比中表现语文教学中思想内容的重要性（《漫谈语文的教与学》）。走进人民大会堂，把自己

---

① 茅盾：《茅盾全集（39）（日记一集）》，1960年5月5日，第75页。
② 茅盾：《茅盾全集（39）（日记一集）》，1960年4月26日，第72页。
③ 茅盾：《茅盾全集（39）（日记一集）》，1960年7月21日，第107页。
④ 茅盾：《茅盾全集（39）（日记一集）》，1960年4月15日，第69页。
⑤ 叶圣陶著，叶至善、叶至美、叶至诚编：《叶圣陶集（23）》，1953年9月26日，第33页。

第五章　日记中的文学生活

比作细小一滴水，用自身的渺小卑微衬托人民大会堂的庄严肃穆，表达心灵的震撼（《走进人民大会堂》）。花带、玉玦、水滴、纱灯等喻体简单、常见，加深了读者对所述对象的准确理解，增强了散文的形象性。拟人的手法也很常见。在《我们把春天吵醒了》一文里，将春天拟人化，借春天的见证，刻画了人民建设新生活的过程和状态，在她"暖暖的绒被下安稳地合目睡眠"，"揉着眼睛坐起来"，"驾着春风飞走了"，"揉着眼睛坐起来"到"在高空中把这一切都看在眼里"，"笑着自言自语"的表述中，将春天起床时的慵懒，见证后的欣喜，离去时的祝福刻画得惟妙惟肖，鲜明地流露出作者自豪与欣喜的情感倾向。排比手法的运用促进了散文的形式美，增强了文章的气势。在《黄河流到了人民的时代》里，"当我看到……时，我想到了……"的大段排比表现了对新时代勤劳能干的劳动者的尊敬。在《福州工艺美术参观记》，用"一次次"的排比，"漆器的颜色一次比一次静柔，花样一次比一次新颖，木雕牙雕与石雕，一次比一次多了浓厚的现代生活气息"，表现福州工艺美术的进步。在《像真理一样朴素的湖》里，冰心描述了在国内国外看过的值得记忆的湖："有的是山遮月映，加上湖边楼台的灯火，明媚得像仙境；有的是远岛青青，惊涛拍岸，壮阔得像大海；有的是雪山回抱，湖水在凝冷的云气之下，深沉得像一片紫晶；有的是丛林掩映，繁花夹岸，湖水显得比青天还蓝，比碧玉还翠"[①]。排比手法使句式整齐，富有节奏。此外，象征手法是此期冰心较之早期作品运用较多的修辞手法。《樱花赞》里，樱花象征了中日友谊；《一只木屐》中的木屐象征着劳动人民坚实的脚步声；《中野绿子和小慧》中的小布偶"中野绿子"象征着日本民众里的混血儿……多种修辞手法的运用增加了文章的艺术含量，提升了散文的艺术感染力，多种修辞手法的采用，正是冰心早期文学风格的自然流露。

---

[①] 冰心：《像真理一样朴素的湖》，载卓如编《冰心全集（第四册）文学作品（1958—1961）》，第153页。

下编　冰心与同时代作家日记的互文研究

　　对文艺创作规律和早年文学风格的坚守，主要体现在冰心的《小橘灯》《观舞记》《和演戏的孩子们一起看戏》等作品中。就文学作品而言，《小橘灯》是冰心"归来之后为新中国青少年所写的一篇重要的作品"，"以温情的笔调，描写革命斗争中的浪花的作品，是在她自己的生活视野中的人物与生活"①。《观舞记》里，冰心以异国风情表演——印度舞蹈为题材，用诗意的笔调为我们呈现了一场精彩的视觉盛宴。这篇散文延续了冰心早年细腻纤丽、清新典雅的艺术风格，在语言的锤炼、文字的选择上足见艺术功力。作品一开头就用了一组"如果我是个……"的排比句，表明自己渴望竭尽全力描绘姐妹舞姿的心愿。在行文中，冰心对卡拉玛姐妹的四肢、眉宇、身形、服装、舞蹈饰物以及她们变幻纷繁的舞步进行了写意描写，又对她们忽而颦蹙，忽而粲然，忽而垂睫，忽而嗔视，忽而温顺，忽而威武的情感表现予以了细致的分析，展现了印度舞蹈演员卡拉玛姐妹曼妙的舞姿。"我们看她忽而双眉颦蹙，表现出无限的哀愁，忽而笑颊粲然，表现出无边的喜乐；忽而侧身垂睫表现出低回宛转的娇羞，忽而张目嗔视，表现出叱咤风云的盛怒；忽而轻柔地点额抚臂，画眼描眉，表演着细腻妥帖的梳妆；忽而挺身屹立，按箭引弓，使人几乎听得见铮铮的弦响！"② 在描写蛇舞动作时，作者对舞者由"颈的轻摇"，到"肩的微颤"，再到左右臂的柔韧蠕动，进行了细致的刻画，卡拉玛姐妹高贵端庄的气质配上灵动丰富的舞蹈节奏，加之作者以白居易"珠缨炫转星宿摇，花鬘斗薮龙蛇动"的诗句辅助解释，令读者如闻其声、如视其人，既饱览了舞姿的曼妙，也品读了散文文字的精炼，美不胜收。在《和演戏的孩子一起看戏》里，冰心细致地表现了演戏孩子们听戏的神态、语言和心理表现，没有意识形态的说教，没有政治倾向的呼吁，有的只是慈母般的喜爱，"这情景，使我高兴得暗笑，他们看戏，我却静静地

---

① 王炳根：《王炳根说冰心》，海峡文艺出版社2011年版，第128页。
② 冰心：《观舞记—献给印度舞蹈家卡拉玛姐妹》，载卓如编《冰心全集（第三册）文学作品（1942—1957）》，第492页。

## 第五章 日记中的文学生活

看他们"①,细腻的情感流露,不受政治主题的限制和束缚,冰心自由地表达自己内心的真实情感,延续了早年的文学创作风格。

日记显示了冰心及同时代作家创作文学作品时坚持独立思考的文学精神,坚守文艺创作的规律,一定程度上延续了早年的文学创作风格。

### 二 文学风格的调整

作家日记显示了时代环境、行政职务对作家文学创作的影响,一定程度上对20世纪50—70年代部分文学作品内容概念化、符号化的原因进行了解释。

(一) 文学风格调整的原因

时代环境影响下,作家的文学风格也在发生变化。为了适应新时代的文艺要求,作家对早年的文学风格进行调整。日记显示了作家文学风格的调整与转型。

第一,新中国的时代环境下,作家需要调整文学风格以适应新中国的文艺规范。毛泽东在《在延安文艺座谈会上的讲话》中说,"许多同志有忽视艺术的倾向,因此应该注意艺术的提高。但是现在更成为问题的,我以为还是在政治方面"②。周作人在日记里说,"阅旧日译书浮世澡堂,亦觉不恶,对于昔日工作觉得满意,可见退步,但亦是实情,无岛村之蝙蝠亦是可悲"③,既对早年的文学作品颇为留恋,又意识到只有调整文学风格才能适应新时代的文艺要求,日记显示了时代环境下作家文学风格转变的必要。

第二,文学作品风格的变化,也是作家在新时代文艺环境下的自我调整。老舍在日记中记录了作品被退的经历,"赵树理来,退回

---

① 冰心:《和演戏的孩子一起看戏》,载卓如编《冰心全集(第四册)文学作品(1958—1961)》,第190页。
② 毛泽东:《在延安文艺座谈会上的讲话》,载中共中央文献研究室编《毛泽东文艺论集》,第74页。
③ 周作人著,鲍耀明编:《周作人与鲍耀明通信集(1960—1966)》,1965年11月8日,第417页。

《劝北京人》。另拿去《生产就业》"。"《劝北京人》（作废）140 行。"①日记显示了作家对早年作品的自我调整。叶圣陶在日记中否定了早年的文学作品，认为《倪焕之》没有重印的必要，"余谓此书无多价值，可以不印"②；为避免麻烦，有删除旧作之想法，有许多读者询问《古代英雄的石像》"究何所指"，"余亦不能省忆，答语无由明确。甚欲删去之以避麻烦，而同人不从，亦莫可奈何也"③。早年的文学风格已不适应新中国的文艺需求，为了履行行政使命，适应时代文艺要求，作家对过去的文学创作风格进行改变。

第三，作家需要按照时代政策要求写作文学作品，达到了宣传时代的目的。1959 年 9 月，冰心来到丰台区黄土岗人民公社采访。在黄土岗人民公社采访前，社长殷维臣讲述人民公社发展以来的优势，"若只看缺点或是听地富懒汉的话，不看见大变化，就看不见公社好得很"，"人就怕回想，要往前看，说不好是少说也要分谁说"④。根据此次的采访见闻，冰心写成了散文《像蜜蜂一样劳动的人们》和《"花洞"的生活方式》，响应了时代宣传的人民公社政策。茅盾有的作品是"应'制'作"，叶圣陶有的作品是受"嘱"所写（以下着重号为笔者所加）。茅盾在日记中写道，"上午写纪念列夫·托尔斯泰的短文……此文匆匆急就，聊以塞责而已"；"上午阅报、《参资》，送《人民文学》纪念延安文艺座谈会讲话短文一篇，此为应'制'作"⑤。叶圣陶日记中，"浩飞嘱余作一报告，意在促起大家注意，不第自己认真参加，且须负宣传鼓动之责"；"《北京日报》嘱作文字，昨日又来催索"；"嘱作诗或文，谓回京而后，索相片诗文稿者必多，宜预为之

---

① 老舍：《老舍全集（19）（日记·佚文·汉语教材）》，1950 年 2 月 2 日、1950 年 2 月 16 日，第 12、16 页。
② 叶圣陶著，叶至善、叶至美、叶至诚编：《叶圣陶集（22）》，1953 年 4 月 15 日，第 442 页。
③ 叶圣陶著，叶至善、叶至美、叶至诚编：《叶圣陶集（22）》，1952 年 9 月 30 日，第 368 页。
④ 冰心笔记手本，1959 年 9 月 19 日"殷维臣讲人民公社"，现存于福建冰心文学馆。
⑤ 茅盾：《茅盾全集（39）（日记一集）》，1960 年 8 月 20 日、1962 年 4 月 25 日，第 119、302 页。

备，为内蒙作宣传"①。

作家在日记中解释了文学风格调整的原因，日记为深入历史语境分析作品的内容和风格提供了史料。

(二) 文学风格调整的表现

文学风格转变的表现，体现在作家的文学作品中。对比日记与散文可知，冰心等作家的文学作品是以实际生活中的所见所闻为材料，保证了文学素材的真实性。担任行政职务的作家，需要履行行政使命，发挥文艺宣传时代的职责。作家或是在开头明确作品的政治背景，或在结尾处进行政治情感的升华，政治文件或言论的加入，使作品主题呈现出鲜明的政治色彩，作品风格呈现出一定的模式化。

一是，作家在文学作品中穿插文件、政策，对文学作品进行政治升华。

比如，1958年中国共产党第八次全国代表大会第二次会议在北京召开，会上通过了"鼓足干劲，力争上游，多快好省地建设社会主义"的总路线。引用"总路线"相关政治文件，成为此期间作家作品的共同特点。茅盾以"总路线"文件作为报告开头，明确了第三次文代会的时代背景，奠定了报告的政治基调；冰心则将"总路线"文件放置在作品结尾进行政治抒情，升华作品主题；老舍则将贯彻"总路线"的理念融合在文学作品中

茅盾在第三次文代会上的报告中就直接引用了政治文件的内容。1960年，茅盾在阅读大量文学作品的基础上，写成了第三次文代会文学报告《反映社会主义跃进的时代，推动社会主义时代的跃进！》，整个报告内容翔实、观点独到，竖向的整体概括与横向的具体分析相结合，显示了茅盾在文学评论上的卓越能力。茅盾在日记中详细记录了此次文学报告的写作过程，文学性浓厚；当其成为公开发言的报告时，

---

① 叶圣陶著，叶至善、叶至美、叶至诚编：《叶圣陶集(23)》，1953年12月5日、1954年9月21日、1961年9月14日，第59、150、290页。

### 下编 冰心与同时代作家日记的互文研究

茅盾则重视强调文学报告的政治性。茅盾以"总路线"为引子，指出在"鼓足干劲，力争上游，多快好省地建设社会主义"的总路线发展背景下，文艺作为"时代风雨表"[①]也发生了跃进，以此来证明总路线对文艺发展的作用。1960年，冰心去樊家村花队考察，将考察见闻写在日记中，并以见闻为素材，写作了散文《"花洞"的生活方式》。作品描述了花洞改建的办公室和食堂、在花洞内外的见闻，冰心在结尾处写道，"改得多么好，多么巧妙，多么适宜，这真是'因时制宜''因地制宜'"，"这样做，是完全符合多快好省的原则的"[②]，将中共八大二次会议提出的政策作为文章结尾的政治升华。1959年，老舍在《我们高兴 敌人心慌》一文中，指出"大家都深刻地了解，工作方法有时候是会发生偏差的，我们不应因此而怀疑总路线的绝对正确。逃避自己的革命责任，而专挑革命工作的毛病是没出息的"[③]。引用文件内容、贯彻文件理念，成为作家增强文学作品政治主题的普遍方式。

二是，强化文学作品的政治主题，体现了鲜明的时代特点。冰心以在樊家村花队的访问为材料，写作了《像蜜蜂一样劳动的人们》一文，把花房里辛勤劳动的人们，比作"在那千千万万不知名的繁花中间隐现"的蜜蜂，队长在忆苦思甜后展望了未来，"将来还用说么？人民公社是一轮初升的太阳呵"[④]，表现了人民公社的发展高潮。老舍以内蒙古考察见闻为素材，写作了《团结颂》《新城喜见百花新》《可爱的内蒙古》等散文。在《团结颂》一文的结尾，老舍写道："这些动人的景色，叫我怎能不想高唱劳动创造世界、改造世界的赞歌！"[⑤]

---

[①] 茅盾：《反映社会主义跃进的时代，推动社会主义时代的跃进！——一九六〇年七月二十四日在中国作家协会第三次理事会会议（扩大）上的报告》，载中国文学艺术界联合会编《中国文学艺术工作者第三次代表大会资料》，第76页。

[②] 冰心：《"花洞"的生活方式》，载卓如编《冰心全集（第四册）文学作品（1958—1961）》，第272页。

[③] 老舍：《我们高兴 敌人心慌》，《老舍全集（15）（散文·杂文·书信）》，第38—39页。

[④] 冰心：《像蜜蜂一样劳动的人们》，载卓如编《冰心全集（第四册）文学作品（1958—1961）》，第300—301页。

[⑤] 老舍：《团结颂》，《老舍全集（15）（散文·杂文·书信）》，第127页。

《可爱的内蒙古》里,老舍同样进行了政治抒情:"祖国多么伟大,到处可爱,到处都在建设社会主义!"① 作家或在开头明确背景,或在结尾进行抒情,用文件、政策强化作品的政治性,达到了宣传时代的目的。

强化文学作品的政治主题,体现在作品中意象表达、意境的塑造上。

以冰心文学作品中的意象为例。"花""春""海",是冰心早年文学作品中常用的意象,20世纪50—70年代的文学作品中,意象"花""春"除了代表自然景物,也带有了一定的政治色彩。

意象"花",常常出现在冰心的文学作品里。冰心一生爱花,小时候父亲爱养花,长大了自己家里的院里栽了丁香和珍珠梅,夏天有玉簪,秋天有菊花,冰心尤其喜欢兰花、桂花、香豆花和玫瑰,还有无香的海棠花②。早年文学作品中,《笑》里的安琪儿、小孩、茅屋里的老妇人,是"抱着花儿,扬着翅儿,向着我微微的笑"③;父母的爱让冰心坚定了人间有爱,"我生命中只有'花',和'光',和'爱',我生命中只有祝福"④。冰心把好友梁实秋称为"鸡冠花";翻译泰戈尔作品时,选择在花瓶里的玫瑰花正以沁人的香气萦绕在笔端的氛围下。不同于冰心早期作品里的自然景物或一个不起眼儿的物件、饰品,20世纪50—70年代的文学作品中,"花"的意象在一定程度上被提到了显示政治立场的高度。首先,"花"是热情的代表、友谊的见证。在香花缭绕的印度访问,中国访印代表团得到了印度人民的热情招待,"我们在这些集会上,接触的群众,有二十多万人。接受的花环,有三千多串","称起来有四百多公斤重,连接起来,有四公里长","我们头上是花瓣,颈上是花环,手里拿着的是花,臂上抱着的也是花,

---

① 老舍:《可爱的内蒙古》,《老舍全集(15)(散文·杂文·书信)》,第134页。
② 冰心:《一日的春光》,载卓如编《冰心全集(第二册)文学作品(1923—1941)》,第455页。
③ 冰心:《笑》,载卓如编《冰心全集(第一册)文学作品(1919—1923)》,第163页。
④ 冰心:《寄小读者·通讯十三》,载卓如编《冰心全集(第二册)文学作品(1923—1941)》,第41页。

我们简直被压在友情的花山底下了!"① 在日本人的眼里，樱花是报告春天到来的使者，樱花凋落是人生短暂的象征；在冰心的笔下，樱花象征着中日友谊，日本出租汽车公司工人为了送中国代表团上车而推辞罢工的行为，让冰心感到了可贵的中日友谊，"山路的两旁，簇拥着雨后盛开的几百树几千树的樱花！这樱花，一堆堆，一层层，好像云海似地，在朝阳下绯红万顷，溢彩流光。当曲折的山路被这无边的花云遮盖了的时候，我们就像坐在十一只首尾相接的轻舟之中，凌驾着骀荡的东风，两舷溅起哗哗的花浪，迅捷地向着初升的太阳前进！"② 在这里，流光溢彩的樱花已经幻化成友谊的云海，冰心谱写了一曲中日两国人民的友谊之歌，"樱花在艺术里面，在文学作品里面有其特定的含义，如瞬间之美、人生短暂的壮烈之美、春的气息等等，但冰心将这些都摒弃了，将其与友谊联系起来"③。其次，"花"是美好生活的象征。印度陵园里的玫瑰花群，是画谱上的登峰造极（《印度之行》）；莫斯科的丁香花园，栽着众多的丁香花束，人们可以寻香问迹到此，人们期待北京的明天也是香花扑鼻（《莫斯科的丁香和北京的菊花》）；在广州花市里随游人观赏美丽的花海，体验春深似海的佳节气氛，表现劳动人民对美好生活的热切期待（《记广州花市》）；京郊黄土岗人民公社的办公室是由花队改成的（《"花洞"的生活方式》），和北京近郊的花农一起抹山虎子、剪花枝，冰心领会到了劳动人民的勤劳朴实（《像蜜蜂一样劳动的人们》）。"花"还是美好人物的象征，冰心把活泼可爱的孩子们比作"欣欣向荣的花朵"（《京戏和演京戏的孩子》），把英勇斗争的阿尔及利亚妇女贾米拉赞扬为"娇红欲滴的自由之花"（《盛开的革命花朵》），等等。

"春"意象也是冰心常用的意象。1936年，冰心在一个冬天漫长

---

① 冰心：《印度之行》，载卓如编《冰心全集（第三册）文学作品（1942—1957）》，第237—239页。
② 冰心：《樱花赞》，载卓如编《冰心全集（第四册）文学作品（1958—1961）》，第459—460页。
③ 王炳根：《王炳根说冰心》，第141页。

的等待下，终于迎来了短暂的春天，乱哄哄地挤着开放的海棠花，使作者饱尝了春光的骄奢、光艳、烂漫与迷人的景象，把"春天吞咽得口有余香"（《一日的春光》）。相比而言，20世纪50—70年代的文学作品里，意象"春"除了代表"春天"这个节气，也代表政治的热情与建设的干劲。"春"是朝气蓬勃的生命力的象征。李商隐《暮秋独游曲江》一诗中，曾有"儿童不解春何处，只拣游人多处行"一句，冰心将其改为"游人不解春何处，只拣儿童多处行"，表现儿童朝气蓬勃的生命力。春天的颐和园成了儿童的海洋，儿童不知疲倦地在阳光下奔跑。儿童在哪里，哪里就有了欢乐的源泉，哪儿就喷发着太阳的气息。冰心把这些"关不住的小天使"比作生机勃勃的春天，因为有了生机勃勃的新生命，世界才"这样地烂漫，这样地泼辣，这样地华侈"①。这篇发表于1962年5月6日的《只拣儿童多处行》道出了作家冰心对孩子们的喜爱与期待。向大自然索取财富的人们用自己勤劳的双手开辟了新生活的春天，"我们在矿山里开出了春天，在火炉里炼出了春天，在盐场上晒出了春天，在纺机上织出了春天，在沙漠的铁路上筑起了春天，在汹涌的海洋里捞出了春天，在鲜红的唇上唱出了春天，在挥舞的笔下写出了春天"②。"春"象征着希望、活力，是战胜"冬"的利器，是人民精神状态的象征。虽然在气候上，有狂风有暴雪有冻住的河流，但人们建设社会、改变生活环境的愿望与热情丝毫未减，"'五年看三年，三年看头年，头年看前冬'……人民心里光明温暖的春天，把严冬给吞没了"③。总之，"春"已不再是单纯的季节，而是被赋予显示人民高昂精神状态的新内涵。

除了意象的使用，冰心也常常构建抒情意境，描绘抒情画面。在《花光和雪光》一文里，冰心细致地描绘了南北生活的画面：北方是

---

① 冰心：《只拣儿童多处行》，载卓如编《冰心全集（第五册）文学作品（1962—1979）》，第23页。
② 冰心：《我们把春天吵醒了》，载卓如编《冰心全集（第四册）文学作品（1958—1961）》，第143页。
③ 冰心：《我们这里没有冬天》，载卓如编《冰心全集（第四册）文学作品（1958—1961）》，第6页。

### 下编　冰心与同时代作家日记的互文研究

孩子们握着雪球，嚷着笑着地奔走追逐的北京孩童耍雪图；南方是翠竹、一品红、开着黄色小花的相思树、笼着一身轻纱烟雾似的木麻黄树的湛江海滨百花斗艳图。写景是为了赏景抒情，也是为了衬托人们改造自然的力量。在《奇迹的三门峡市》一文中，冰心笔下的黄河充满万丈狂澜的磅礴气势，"黄河从上流浩浩荡荡地长驱直下，忽然被夹在石壁当中，又被这条石栅拦腰挡住，它愤怒得狂吼，回旋地冲突，云烟沸涌，雷霆激绕，几万千年的爪裂角触，把这块巨岩，撞碎成嶙峋的怪石，零落地排列在三道汹涌的激流中间"[1]，突出黄河的蓬勃气势，既是为了赞美大自然的威武，也是为了表现人民不惧艰苦改造自然的信心和魄力。

文学作品中，冰心对自然景色的精心刻画和细致描绘，源于冰心对生活的赤诚态度和细心观察；然而，冰心将意象的塑造、意境的构建与政治主题相挂钩，使作品呈现出鲜明的政治色彩和一定的模式化，显示出冰心对早年文学作品风格的调整和转变。此阶段作为冰心一生创作中的重要一站，不应被忽视，深入历史语境分析作品的内容、风格，深入日记、文学作品了解冰心文学风格延续、调整、转型的原因，并对作品价值进行反思和追问，才能对冰心一生的文学风格有更加整体和客观的评价。日记为深入历史语境分析作品的内容、风格，客观评价冰心及同时代作家作品的价值和局限提供了史料。

总体而言，时代环境与写作规律共同影响着冰心等同时代作家的文学生活。作家在日记中记录了文学观念、文学作品的创作过程，对作品主题的政治性、作品质量的降低和文学风格延续、调整、转型的原因进行了解释。1981年，冰心在《〈冰心选集〉自序》中写道，"我只愿读者们看到这本书后，知道有这么一个人，生在中国的二十世纪，直到八十年代，她把自己当时当地的感想和希望，随时写了出来，'言为心声'，的确真实地代表她一生所走过的曲折漫长的

---

[1] 冰心：《奇迹的三门峡市》，载卓如编《冰心全集（第四册）文学作品（1958—1961）》，第195—196页。

路程"①。冰心及同时代作家，代表着一个时代，透过他们的文学作品，我们可以看到中国百年的社会变迁。时代环境与作家日记、作家的文学作品互文阅读，为了解中华人民共和国成立后作家的文学生活提供了史料。

---

① 冰心：《〈冰心选集〉自序》，载卓如编《冰心全集（第六册）文学作品（1980—1986)》，第74页。

# 结　　语

本编探讨的是"冰心与同时代作家日记的互文研究"。本编以冰心及冰心同时代作家群为研究主体，以日记为研究对象。作家日记可以补充、精确、修改、完善作家的生平资料，日记为作家主体研究提供了材料。具体来说，"冰心与同时代作家的互文研究"的研究意义表现在以下三点。

第一，重视日记文本，加强对作家日记文本和日记新材料的重视、使用和研究。《冰心日记》在 2017 年整理完毕，已于 2018 年 1 月出版，是"新的""原始材料"，目前仅有十余篇研究论文，《冰心日记》的研究需要引起重视。在冰心家人、冰心文学馆原馆长王炳根老师的支持和导师李玲教授的推荐下，笔者非常幸运地参与了冰心日记的整理工作。叶圣陶从 17 岁（1911）开始写日记，一直延续到 94 岁（1988），其七十余年的日记几乎涵盖了社会发展中的重大历史事件，但是对叶圣陶日记的研究不足，叶圣陶日记还需要进一步探究。茅盾日记厚厚两册集中在《茅盾全集》第三十九卷和第四十卷，但是对茅盾日记的利用多是作为旁证，茅盾日记内容的梳理与研究并不充分。一些作家的当代日记仍未全部出版，如郭沫若日记未出版，周作人日记未全部出版。日记中对考察见闻的记录为了解中华人民共和国成立后作家生活日程提供了史料。期待本编能够引起研究界对作家日记文本的重视，期待更多作家的日记得到整理和出版。

第二，加强对日记文体的研究。通过冰心及同时代作家日记的互文阅读，总结作家日记在语言、体例、表达及风格上的特点，加强了对日记文体的研究。

第三，作家日记的互文阅读，可以加深对作家生活日程、生活状态的了解。冰心等同时代的作家在日记中记录了作家之间共同参加的社会活动、文化活动，琐碎的生活记录里蕴含着丰富、生动的生活细节，完善了作家的生平资料。

比如，作家在日记中记录了一同参加的社会活动，从中可以了解作家的工作日程和工作中的细节。由郑振铎日记和冰心散文可以得知，郭沫若、茅盾、郑振铎与冰心都观看了印度波罗多舞舞蹈家卡玛拉和拉达姊妹的演出。郑振铎在日记中以优美的语句、诗意的笔调描绘了观看的视觉盛宴，"眼眉活动，颈肩柔转，臂指圆融以赴节，脚铃铿锵而悦耳，直是柔若无骨，疾如脱兔，亦复缓舞以应轻歌，更觉其柔情如水，美妙赚人。其蛇舞，尤大博掌声。演毕，偕郭沫若、茅盾等登台向之道贺"①。由郑振铎日记可知，郑振铎与茅盾、郭沫若等作家不仅共同观看了此次演出，还在演出后登台致谢，而这种生活细节在冰心日记、茅盾日记以及文学作品中都没有记录。冰心及同时代作家日记的互文阅读，可以丰富有关作家工作日程的史料。

再如，冰心日记、郑振铎日记、茅盾日记中有关郭沫若的记录，丰富了郭沫若的生平资料。郑振铎日记中记录了郭沫若的精神状态和出席的公务活动，塑造了一个感性而激情的郭沫若形象。到达解放区后，"开全体会，沫若感动得哭了，还有几个人也眼泪汪汪的"②。1949年参加世界和平大会期间，在捷克国会召开的第二次和平会上，"中国代表（郭）在十一时半许演说，全场热烈鼓掌。虽不懂话，而极为欢迎"③。在查尔士大学，郭沫若被授予学位，"参观该大学授予沫若哲学博士学位的典礼，仪式颇为隆重"④。《冰心日记》中对郭沫

---

① 郑振铎著，陈福康整理：《郑振铎日记全编》，1957年3月29日，第501页。
② 郑振铎著，陈福康整理：《郑振铎日记全编》，1949年5月19日，第394页。
③ 郑振铎著，陈福康整理：《郑振铎日记全编》，1949年4月22日，第387页。
④ 郑振铎著，陈福康整理：《郑振铎日记全编》，1949年4月27日，第388页。

## 下编　冰心与同时代作家日记的互文研究

若的记录,则展示了郭沫若的文人情怀。冰心到广州考察,在居住的羊城宾馆看到"是郭老写的大字";在湛江考察时,参观湛江堵海工程、湖光岩,"郭老在寺客厅有诗纪之",此诗为郭沫若在1961年2月参观湖光岩时所作,"楞严存古寺,点缀岩光湖;一亭编炮茂,几树洁檀殊。惜无苏轼迹,但有李纲书。拂壁寻诗句,三韩有硕儒"[1];到四川考察,参观杜甫草堂,"这里真的树木葱郁绿意迎人空翠爽,许多对联都很好,惜没有录下来,记得郭老一联曰'世上疮痍诗中圣哲,民间疾苦笔底波澜'";到毛泽东旧居参观看到"这几个字是郭老写的"[2]。郭沫若在考察时经常会题字或创作古体诗,体现了郭沫若丰沛的情感和文人情怀。郭沫若的当代日记虽然没有出版,但同时代作家日记中对郭沫若的记录展示了郭沫若的性情特点,为我们了解中华人民共和国成立后郭沫若的生活经历、精神状态提供了史料。冰心日记、郑振铎日记、茅盾日记中对郭沫若的记录,可以丰富郭沫若的研究史料。

　　本编将冰心同时代作家日记互文阅读,旨在对《冰心日记》的内容和风格有更加客观地定位和评价。将《冰心日记》与冰心同时代作家日记互文阅读,可以对日记文体的整体特点有所了解;日记印证、补充了文学作品中对家庭人员、劳动状况、文学创作等方面的表述,为了解作家的家庭生活、劳动生活、文学生活提供了重要的史料;作家日记之间互相补充、互相印证,丰富了作家研究的文献史料和中国现当代文学文献史料,日记为客观评价作家的文学成就、文学风格提供了史料。

---

[1]　郭沫若:《游湖光岩》,载黄振强编著《湖光岩旅游揽胜》,花城出版社1999年版,第170页。

[2]　冰心著,王炳根编:《冰心日记》,1961年12月15日、1961年12月26日、1975年6月15日、1975年7月12日,第70、75、131、148页。

# 参考文献

（按第一作者姓氏拼音首字母顺序排列）

## 一 作家日记、文学作品类著作

冰心著，王炳根编：《冰心日记》，作家出版社2018年版。

冰心著，王炳根选编：《冰心文选 佚文卷》，福建教育出版社2007年版。

冰心著，卓如编：《冰心全集（1—10册）》，海峡文艺出版社2012年版。

冯雪峰：《冯雪峰全集（1—12）》，人民文学出版社2016年版。

郭沫若：《郭沫若全集（文学编）1—20卷》，人民文学出版社1992年版。

胡适：《胡适谈读书》，百花洲文艺出版社2016年版。

老舍：《老舍全集（1—19卷）》，人民文学出版社1999年版。

鲁迅：《鲁迅全集（1—20卷）》，花城出版社2021年版。

茅盾：《茅盾全集（1—43卷）》，人民文学出版社1984—2006年版。

田汉著，陈刚、季定洲等编：《田汉全集（1—20卷）》，花山文艺出版社2000年版。

叶圣陶著，叶至善、叶至美、叶至诚编：《叶圣陶集（1—26卷）》，江苏教育出版社2004年版。

郑振铎：《郑振铎全集（1—20卷）》，花山文艺出版社1998年版。

郑振铎著，陈福康整理：《郑振铎日记全编》，山西古籍出版社2006

年版。

周作人著，鲍耀明编：《周作人与鲍耀明通信集（1960—1966）》，河南大学出版社2004年版。

周作人著，止庵校订：《知堂回想录（上、下）》，河北教育出版社2002年版。

周作人著，钟叔河编：《周作人文类编（1—10）》，湖南文艺出版社1998年版。

## 二　论著类

［英］本·海默尔：《日常生活与文化理论导论》，王志宏译，商务印书馆2008年版。

蔡翔：《革命/叙述　中国社会主义文学——文化想象（1949—1966）》，北京大学出版社2010年版。

曹锦清、陈中亚：《走出"理想"城堡——中国"单位"现象研究》，海天出版社1997年版。

陈吉主编，《福州市郊区志》编纂委员会编：《福州市郊区志》，福建教育出版社1999年版。

陈苗主编：《晋江市人物志》，上海三联书店1994年版。

陈平原：《触摸历史与进入五四》，北京大学出版社2010年版。

陈恕：《冰心全传》，中国青年出版社2011年版。

陈思和：《中国当代文学关键词十讲》，复旦大学出版社2002年版。

陈徒手：《人有病，天知否——1949年后中国文坛纪实》，生活·读书·新知三联书店2013年版。

陈左高：《中国日记史略》，中国书籍出版社2016年版。

程光炜：《文化的转轨"鲁郭茅巴老曹"在中国（1949—1981）》，北京大学出版社2015年版。

程思源主编：《中国全史（卷15）》，远方出版社2004年版。

戴锦华：《隐形书写——90年代中国文化研究》，江苏人民出版社1999年版。

# 参考文献

［英］戴维·英格利斯：《文化与日常生活》，张秋月、周雷亚译，中央编译出版社2010年版。

丁帆：《文学史与知识分子价值观》，人民文学出版社2014年版。

段海宝编著：《冰心一片　冰心》，民主与建设出版社2012年版。

段慕元编：《一个真实的冰心》，东方出版社2006年版。

范伯群、曾华鹏：《冰心评传》，人民文学出版社1983年版。

范伯群编：《冰心研究资料》，知识产权出版社2009年版。

［美］费正清、麦克法夸尔主编：《剑桥中华人民共和国史（1949—1965）》，王建朗等译，上海人民出版社1990年版。

［荷］佛克马：《中国文学与苏联影响（1956—1960）》，季进、聂友军译，北京大学出版社2011年版。

福建省地方志编纂委员会编：《福建省志·工人运动志》，辽宁大学出版社2001年版。

福州市政协文史资料委员会编：《福州文史集粹》，海潮摄影艺术出版社2006年版。

傅光明：《老舍与中国现代知识分子的命运》，复旦大学出版社2011年版。

傅国涌：《1949年：中国知识分子的私人记录》，长江文艺出版社2005年版。

盖军主编，张树军、刘晶芳等副主编：《中国共产党八十年历史纪事》，湖北人民出版社2001年版。

《共和国日记》编委会编：《共和国日记（1955）》，河南人民出版社2017年版。

郭风著，杨际岚选编：《郭风集》，海峡文艺出版社2016年版。

郝铭鉴、孙欢主编：《中华探名典》，上海锦绣文章出版社2014年版。

洪子诚：《问题与方法：中国当代文学史研究讲稿》，生活·读书·新知三联书店2002年版。

洪子诚、孟繁华主编：《当代文学关键词》，广西师范大学出版社2002年版。

# 参考文献

侯仁之主编，燕京研究院编：《燕京大学人物志（第 1 辑）》，北京大学出版社 2001 年版。

计荣主编：《中国妇女运动史》，湖南出版社 1992 年版。

姜异新：《互为方法的启蒙与文学——以 20 世纪中国文学史上的三次启蒙高潮为例》，中国社会科学出版社 2010 年版。

蒋荣钧、李兆雄主编：《世界著名女性演说精粹》，百花洲文艺出版社 1995 年版。

蒋云龙、余录生主编，宜兴市旅游园林管理局编：《宜兴旅游事业的开拓者——储南强》，方志出版社 2006 年版。

李玲：《书生邓拓》，福建教育出版社 2015 年版。

李杨：《50—70 年代中国文学经典再解读》，山东教育出版社 2003 年版。

李怡：《中国现代新诗与古典诗歌传统》，西南师范大学出版社 1994 年版。

梁斌：《春朝集》，上海文艺出版社 1980 年版。

刘国新、刘晓主编：《中华人民共和国历史长编（第三卷）》，广西人民出版社 1994 年版。

刘慧英：《女权、启蒙与民族国家话语》，人民文学出版社 2013 年版。

刘巨才：《李德全的故事》，河北少年儿童出版社 1995 年版。

柳中权主编：《简明妇女儿童百科辞典》，北方妇女儿童出版社 1989 年版。

路文彬：《历史的反动与进步的幻象》，昆仑出版社 2013 年版。

罗正楷主编：《中国共产党大典》，红旗出版社 1996 年版。

［美］欧文·戈夫曼：《日常生活中的自我呈现》，冯钢译，北京大学出版社 2008 年版。

潘文森主编：《闽都人家》，福州晚报社 1997 年版。

曲伟、韩明安主编：《当代汉语新词词典》，中国大百科全书出版社 2004 年版。

全国妇联办公厅编：《中华全国妇女联合会四十年（1949—1989）》，中国妇女出版社1991年版。

任芬主编:《中国妇女运动史》,北方妇女儿童出版社1989年版。

阮建平主编:《当代世界经济与政治》,武汉大学出版社2012年版。

汪文顶、万平近:《冰心评传》,重庆出版社2001年版。

王本朝:《中国当代文学制度研究(1949—1976)》,新星出版社2007年版。

王炳根:《爱是一切 冰心传》,作家出版社2016年版。

王炳根:《玫瑰的盛开与凋谢:冰心吴文藻合传(上下编)》,福建教育出版社2017年版。

王炳根:《王炳根说冰心》,海峡文艺出版社2011年版。

王炳根编著:《冰心年谱长编(上下卷)》,上海交通大学出版社2019年版。

王光明:《王光明讲现当代诗歌》,湖南教育出版社2012年版。

王鸣:《中国服装史》,上海交通大学出版社2013年版。

王文胜:《在与思:"十七年文学"现实主义思潮新论》,南京师范大学出版社2006年版。

王晓天、王国宇主编:《湖南古今人物辞典》,湖南人民出版社2013年版。

吴本祥主编:《中华人民共和国史》,高等教育出版社1999年版。

吴建春主编:《幸福母亲李友秀》,中国妇女出版社2009年版。

吴义勤编:《文学制度改革与中国新时期文学》,文化艺术出版社2013年版。

夏静:《中国思想传统中的文学观念》,生活·读书·新知三联书店2017年版。

萧乾、文洁若:《冰心与萧乾》,上海三联书店2010年版。

肖凤:《冰心传》,北京十月文艺出版社1987年版。

许纪霖:《近代中国知识分子的公共交往(1895—1949)》,上海人民出版社2008年版。

严家炎:《考辨与析疑"五四"文学十四讲》,中国海洋大学出版社

## 参考文献

2006 年版。

阎纯德：《二十世纪中国女作家研究》，北京语言大学出版社 2000 年版。

杨匡汉、孟繁华主编：《共和国文学 50 年》，中国社会科学出版社 1999 年版。

叶子铭：《梦回星移　茅盾晚年生活见闻》，南京大学出版社 1991 年版。

［法］伊夫·R. 西蒙、瓦肯·魁克：《劳动、社会与文化》，周国文译，中国经济出版社 2009 年版。

［日］伊藤虎丸：《鲁迅、创造社与日本文学——中日近现代比较文学初探》，孙猛、徐江、李冬木译，北京大学出版社 1995 年版。

阴岭山：《无锡名片》，南京出版社 2014 年版。

袁宝华主编：《中国改革大辞典》，海南出版社 1992 年版。

张健主编，张柠本卷主编：《中国当代文学编年史第 3 卷（1960.1—1965.12）》，山东文艺出版社 2012 年版。

张天禄主编，福州市地方志编纂委员会编：《福州人名志》，海潮摄影艺术出版社 2007 年版。

赵登明：《简明中外通史》，吉林文史出版社 2012 年版。

赵禄祥主编：《中国美术家大辞典》，北京出版社 2007 年版。

中共福建省委党史研究室、福建省总工会编：《八闽英模》，福建人民出版社 1999 年版。

中国民主同盟中央委员会编：《中国民主同盟成立六十周年纪念文集》，群言出版社 2001 年版。

周明：《为霞满天——冰心》，太白文艺出版社 1995 年版。

朱旦华口述，马杜香整理：《毛泽民夫人朱旦华访谈录》，人民文学出版社 2014 年版。

朱晓进等编著：《非文学的世纪 20 世纪中国文学与政治文化关系史论》，南京师范大学出版社 2004 年版。

［日］竹内好：《鲁迅》，李心峰译，浙江文艺出版社 1986 年版。

卓如：《冰心全传》，河北教育出版社 2007 年版。

## 三 期刊论文

［日］北冈正子、黄英哲：《关于〈许寿裳日记〉的解读》，《鲁迅研究月刊》1994 年第 7 期。

冰心：《一个大写的女人——在全国冰心文学系列讲座上的演讲（摘录）》，《扬州大学学报》（人文社会科学版）2008 年第 4 期。

陈福康：《记北京图书馆所藏郑振铎日记和手稿》，《文献》1986 年第 4 期。

陈子善：《冰心老人、痖弦先生与我》，《世纪》2020 年第 6 期。

程韶荣：《中国日记研究百年》，《文教资料》2000 年第 2 期。

［日］渡边新一：《论〈鲁迅日记〉中空白的一日》，王惠敏译，《鲁迅研究月刊》1992 年第 2 期。

方锡德：《冰心与刘廷芳的文学交游考述》，《中国现代文学研究丛刊》2009 年第 1 期。

冯锡刚：《"万家枵腹看梅郎"——读茅盾 1962 年的三则日记》，《同舟共进》2016 年第 3 期。

高国卫、高广景：《中印建交的历史考察》，《党史研究与教学》2011 年第 3 期。

黄子平：《当代文学中的"劳动"与"尊严"——在中国人民大学的演讲》，《当代文坛》2012 年第 5 期。

降红燕：《〈冰心日记〉中的云南之行》，《玉溪师范学院学报》2019 年第 4 期。

李斌：《〈静晤室日记〉中的郭沫若》，《郭沫若学刊》2014 年第 2 期。

李玲：《"五四"女作家笔下的母女亲情》，《福建师范大学学报》（哲学社会科学版）1999 年第 1 期。

李玲：《知识分子的命运遭际与精神风骨——评〈玫瑰的盛开与凋谢——冰心与吴文藻〉》，《扬子江评论》2015 年第 2 期。

李勇：《聊寄心声于异邦——论 20 世纪五六十年代冰心的翻译》，《爱心》2012 年第 45 期。

# 参考文献

凌孟华：《手稿与日记整理脞谈》，《南京师范大学文学院学报》2020年第2期。

刘炟：《郑振铎〈日记〉手稿》，《文献》1980年第4期。

刘东方、鲁普文：《冰心文学第五届国际学术研讨会综述》，《中国现代文学研究丛刊》2017年第5期。

刘湘如：《忆冰心老人回闽开讲座》，《福建老年报》2013年9月11日第4版。

刘增杰：《论现代作家日记的文学史价值——兼析研究中国存在的两个问题》，《文史哲》2013年第1期。

罗歌：《南行散记——学习札记之一》，《文物》1957年第10期。

马龙闪：《戴着镣铐写日记》，《炎黄春秋》2014年第2期。

钱念孙：《论日记和日记体文学》，《合肥教育学院学报》2002年第1期。

桑逢康：《现代作家日记研究——以胡适、鲁迅、郁达夫为例》，《浙江师范大学学报》（社会科学版）2012年第4期。

单于：《随冰心先生视察》，《世纪》1995年第6期。

商金林：《叶圣陶毅然"北上"》，《民主》2015年第5期。

[日]石垣绫子：《老舍——在美国生活的时期》，夏姮翔译，《新文学史料》1985年第3期。

王炳根：《冰心日记刍议》，《中华读书报》2017年5月24日第9版。

王炳根：《尘封的美文——冰心的佚文与遗稿》，《书屋》2007年第9期。

温儒敏：《论老舍创作的文学史地位》，《中国文化研究》1998年总第19期。

吴青：《冰心最关心的几件事》，《群言》1993年第7期。

夏衍：《赞颂我的"老大姐"》，《花城》1981年第4期。

解志熙：《人与文的成熟：冰心四十年代佚文校读札记》，《鲁迅研究月刊》2010年第1期。

熊飞宇、林小米：《泰华作家梦莉与冰心的交往考记》，《华文文学评论》2020年第7辑。

严敏：《心系教育的冰心老人》，《人民论坛》1994年2月号（总第23期）。

杨洪承：《中国当代文学的历史研究与"经典化"问题》，《中国文艺评论》2017年第8期。

袁可嘉：《新诗戏剧化》，《诗创造》1948年第12期。

赵宪章：《日记的私语言说与解构》，《文艺理论研究》2005年第3期。

郑尔康整理：《1949年郑振铎日记》，《档案与史学》2003年第5期。

周立民：《冰心晚年阅读点滴》，《现代中文学刊》2020年第3期。

竺柏岳：《从冰心遗愿想到的》，《中华魂》1999年第7期。

# 后　记

《〈冰心日记〉研究》是我 2020 年国家社会科学基金青年项目"《〈冰心日记〉疏证》"（项目编号：20CZW038）的阶段性成果，也是我自硕士阶段踏入冰心研究的成果总结。在本书行将付梓之际，我的心里充满深深的感激之情。《〈冰心日记〉研究》是研究《冰心日记》的书稿。能够有机会看到中国现代文学大家冰心先生的日记手稿，有机会参与整理、录入冰心先生的日记手稿，我的内心充满敬畏和感恩。感谢冰心先生的家人陈恕老师、吴青老师和冰心文学馆原馆长王炳根老师的支持和帮助，感谢李玲教授的推荐和指导。2016 年寒假，因查看冰心先生的日记，我在冰心文学馆生活了一段时间。在此期间，我得到了冰心文学馆所有老师和工作人员的关心，这段时光是我心中永远美好的回忆。感谢在学术道路上指导我前进的王文胜教授、李玲教授、夏静教授。三位恩师知识渊博、视野开阔、治学严谨、勤奋踏实、耐心细致，是我学习和生活上永远的榜样！

感谢我的硕士导师——南京师范大学文学院王文胜教授。王老师是我踏进冰心文学研究的领路人。读研期间，王老师定期听我们做学习汇报，指导我们探讨学术问题。刚上研一的时候，王老师就告诉我们，学习应以作家文本为基点，而不是用文学理论套作家作品，同时要考虑作家所处的时代背景，要重视文学史料，不要被别人的研究牵着走，要有自己的反思与发现……在王老师的教导下，我逐步养成了踏实严谨的求学态度，渐渐地有了反思与问题意识。研二上学期，王老师鼓励、指导我做冰心研究。王老师认为我的性格喜欢花草，与冰心的性格

## 后　记

有相似的地方，能够走进冰心的世界，适合做冰心文学研究，并将冰心文学馆的刊物《爱心》借给我看，介绍我认识研究冰心的专家。研究生刚入学时我就有考博的意愿和梦想，但拾起、放下，反反复复。王老师仿佛一直都在照顾我最初的也是最切合心意的梦想。在随园二舍门口的汽车里，王老师跟我谈话时间长达一个多小时，"年轻的时候就是要圆梦的，我知道你一直都是想考博的，我们冲一把；你很踏实、认真，能坐得住……"，千叮万嘱，苦口婆心，老师的关爱坚定了我考博的决心，帮助我坚持了我的学术梦想，每每想起，都一阵温暖和感动。

感谢我的博士导师——北京语言大学文学院李玲教授。李老师严肃认真，负责敬业，是带领我走进冰心文学研究的指导者。李老师放弃周末的休息时光，定期听我们汇报学习成果，为我们答疑解惑。从李老师这里，我知道了文本细读、论从史出的重要性，明白了史料的重要性。读博期间，李老师在我身上付出了很多的精力和心血。博一寒假前，李玲老师推荐我去福建冰心文学馆查看冰心先生的日记，为我提供了阅读、整理冰心先生日记的宝贵机会。写论文期间，老师的每次指导都会让我有恍然大悟之感。本书稿的部分内容，使用了我博士论文的材料和观点，这些都来自李玲老师的指导和帮助。李老师在繁忙工作之余为我写序，我也深深感动。在学习中，李老师会严厉地批评我，会耐心地指引我；在生活中，李老师随和、善良，关心我、爱护我。记得博一的冬天，因为帮一个同学搬书，我故意穿得很少。搬书前我去李老师家拿材料，李老师开门后看我穿得少，立即将一个厚外套披在我身上。虽然我再三强调是为了方便搬书故意穿少的，老师仍在念叨着，"不行，穿得太少了，这样容易感冒的"，边说边给我拉上拉链。我心里很温暖，默默地把老师的恩情记在心里。

感谢我的博士后合作导师——首都师范大学文学院夏静教授。夏老师是我在曲阜师范大学中国语言文学博士后流动站的合作导师，她既是我学习道路的引导者，也是我工作道路的引导者。我刚工作时，觉着自己刚刚读完博，在学术道路上想"歇一歇"，工作热情大于学习热情，学习上陷于停滞状态，是夏老师将我从停滞虚度的状态中拉

# 后　记

出来。夏老师分享学术文章让我学习，鼓励和指导我申报国家社科基金项目，本书的出版也是在夏老师的督促、指导和帮助下完成的。夏老师治学严谨，做事雷厉风行。夏老师经常说，写文章观点要突出鲜明，语言功底要深厚扎实，做文章和做事一样，都要分清主次，要扩大知识面，打开学术视野。生活中，夏老师平易近人，工作四年来，我们相处融洽，像朋友一样。刚工作时，夏老师没有嫌弃我没有工作经验，事无巨细地指导我，教会我很多为人处世的道理。夏老师让我明白知识、生活是相通的。生活中的夏老师温暖诗意，在内蒙古和宁波开会的空闲时间，瞻仰历史古迹时，知识渊博的夏老师会给我讲很多历史故事；办公室里的窗花和空气香氛，疫情严重期间她分给我的食物，都是让我感动和温暖的一幕幕瞬间。在夏老师的带领下，我的同门好友冯萌萌，师兄刘大正、赵忠富、王聪，师弟赵志恒，也一直在学习和工作上支持我、鼓励我。

本书稿的顺利出版，还离不开中国社会科学出版社杨康编辑。从出版合同的拟定，到书稿的审稿、修改、定稿、出版，都离不开杨编辑的辛苦付出。在书稿修改过程中，无论是字词、语句，还是标点符号，杨编辑都认真校对，耐心指出书稿中的问题。她严谨求实的学术态度，让我感动，催我进步。

在求学的路途中，我得到许多师长和同行的指导和支持，无法一一列举，在此谨表谢意！

此外，我也深深地感谢我亲爱的家人和朋友。书稿写作期间，家人、朋友的关心总会让我得到精神的放松。我常常想，我真是一个幸福的人，会遇到善良、可爱的你们。感谢自己对学术的一片赤诚。我虽没有敏锐的思想、聪明的头脑，但是我有踏实、认真的学习态度，我会怀着对文学的赤诚之心，愿意和老师们、学生们共同探索文学世界的奥秘。

本书不免有疏漏和不足，欢迎各位专家和读者与我交流，并批评指正。

2023 年 4 月